大跨度桥梁施工风险评估及实例

曾 勇 谭红梅 周建庭 著

科学出版社

北京

内 容 简 介

本书运用层次分析法等理论对大跨桥梁施工期的风险开展研究,采用概率理论与定量分析,增加桥梁施工期风险分析的客观性,以独塔单索面斜拉桥、山区超高互通立交现浇施工箱梁、大跨度自锚式悬索桥、大跨度预应力混凝土V腿连续梁桥等依托工程为背景开展研究。

本书可供高年级土木工程专业本科生、桥梁工程专业研究生阅读学习,也可供桥梁科研、设计、施工、管理养护的专业技术人员参考。

图书在版编目(CIP)数据

大跨度桥梁施工风险评估及实例 / 曾勇,谭红梅,周建庭著. — 北京:科学出版社,2025.3
ISBN 978-7-03-078440-7

Ⅰ.①大… Ⅱ.①曾… ②谭… ③周… Ⅲ.①长跨桥-桥梁施工-风险评价 Ⅳ.①U448.43

中国国家版本馆 CIP 数据核字(2024)第 085214 号

责任编辑:刘莉莉 / 责任校对:彭 映
责任印制:罗 科 / 封面设计:墨创文化

科学出版社 出版
北京东黄城根北街16号
邮政编码:100717
http://www.sciencep.com

四川煤田地质制图印务有限责任公司 印刷
科学出版社发行 各地新华书店经销
＊

2025年3月第 一 版　开本:B5(720×1000)
2025年3月第一次印刷　印张:13 1/2
字数:270 000
定价:119.00 元
(如有印装质量问题,我社负责调换)

前　言

　　风险评估虽然在企业管理、核电工业等方面早有应用，但是对于桥梁工程来说，风险评估依然是一个研究相对较少的领域，尚正处在发展完善阶段。在桥梁工程领域最早涉及风险评估的案例，可以追溯到 20 世纪 80 年代末的桥梁和船舶相撞问题，此后逐渐在桥梁施工过程中开展风险评估研究。桥梁结构在施工期的风险要远远低于使用期的风险，是值得高度关注和深入研究的。

　　本书选取比较特殊的桥梁结构，如独塔单索面斜拉桥、山区超高互通立交现浇施工箱梁、大跨度自锚式悬索桥、大跨度预应力混凝土 V 腿连续梁桥等作为风险评估研究对象，这些研究对象结构新型，施工难度大，代表性好，施工风险评估必要性突出。这些桥型结构大都在桥梁工程中第一次采用，具有重要的研究意义。本书以理论分析为基础并结合实际工程，运用层次分析法对大跨度桥梁施工期的风险进行研究，将定性的问题定量化，采用概率理论，增加了风险分析与控制的客观性。该方法在实际工程应用中具有较高的可行性，因此具有较好的应用前景。

　　本书共有 9 章。第 1 章介绍大跨度桥梁的发展、桥梁风险评估的意义及国内外研究现状。第 2 章介绍风险的概念、分析方法、风险识别、风险决策以及桥梁施工风险的基本概念等内容。第 3 章从大跨桥梁施工风险识别的特点出发，介绍基于人因因素和环境因素的桥梁施工风险评估。第 4 章从结构形式的比选、风险判断矩阵、施工过程分析、结构失效概率分析的角度，开展大跨度独塔单索面斜拉桥施工风险评估。第 5 章从基于层次分析法的云模型、基于 LEC 法的风险评估、基于模糊理论-层次分析法-云模型的综合风险评估和重大风险事件专项评估体系等内容，研究山区超高互通立交箱梁现浇风险评估体系。第 6 章引入层次分析法-云模型-专家打分-改进 LEC 法-模糊评价方法，开展山区超高互通立交箱梁现浇施工风险评估，介绍支架工程专项风险分析。第 7 章结合大跨度自锚式悬索桥施工过程，引入基于 ALARP 准则的风险决策，开展大跨度自锚式悬索桥施工风险评估。第 8 章针对大跨度预应力混凝土 V 腿连续梁桥的结构特点，开展施工风险评估。第 9 章是风险控制及对策研究。

　　本书由曾勇、谭红梅、周建庭、郑慧君、张倩萍等撰写，李中华、郭平、陈大汉、李仁杰等为本书的编撰提供了帮助，本书由曾勇拟定大纲和最终定稿。笔者团队在多年研究成果的基础上，依托多项国家级和省部级研究课题，结合工程实际开展研究工作，并把研究成果应用于实桥风险评估的实际应用中，取得了良好的实践效果。本书是笔者团队多年工作的积累，也是相关研究工作的体现。本书从桥梁结构特点、受力性能、施工关键技术、运营管理等方面来研究桥梁施工风险评估，希望对同类型桥梁的建设管理具有较好的参照意义。

  本书的编写得到了国家自然科学基金(52478139)、重庆市自然科学基金(2024NSCQ-MSX2566)、国家重点研发计划子课题(2022YFB2302501-3)、重庆市教委科学技术研究项目重点项目(KJZD-K202300702)、重庆市留学人员回国创业创新支持基金(cx2018113，cx2020117)等的资助。本书撰写的过程中，得到了相关专家与领导的支持和帮助，在此向他们表示感谢。本书的撰写得到了重庆交通大学土木工程学院、山区桥梁及隧道工程国家重点实验室、山区桥梁结构与材料教育部工程研究中心的大力支持，在此一并表示感谢。限于篇幅或者疏漏，有些参考资料未能一一注明，请见谅或予以指正。限于作者认识与经验，书中难免存在不妥或疏漏之处，敬请读者批评指正。

目 录

第1章 绪论 ··· 1
  1.1 大跨度桥梁的发展 ··· 1
    1.1.1 斜拉桥的发展 ··· 1
    1.1.2 自锚式悬索桥的发展 ·· 2
    1.1.3 大跨度V腿PC梁桥的发展 ·· 4
    1.1.4 山区超高墩立交梁桥的发展 ··· 7
  1.2 风险评估的意义 ·· 8
  1.3 国内外风险研究现状 ··· 12
    1.3.1 国内研究现状 ·· 12
    1.3.2 国外研究现状 ·· 14
  1.4 本书的主要内容 ··· 16
  参考文献 ·· 17

第2章 桥梁施工风险评估方法 ··· 18
  2.1 风险的概念 ·· 18
    2.1.1 风险的属性 ··· 18
    2.1.2 风险的度量 ··· 19
    2.1.3 风险的本质 ··· 19
    2.1.4 风险的特征 ··· 20
  2.2 风险分析方法 ··· 21
    2.2.1 常用的分析方法 ··· 21
    2.2.2 风险分析的原则 ··· 23
  2.3 桥梁施工风险的基本概念 ·· 24
    2.3.1 桥梁施工风险的定义 ·· 24
    2.3.2 桥梁施工风险的特征 ·· 25
  2.4 施工风险识别 ··· 26
    2.4.1 风险识别的步骤 ··· 26
    2.4.2 施工风险概率估计 ·· 28
    2.4.3 施工风险损失估计 ·· 31
    2.4.4 施工风险评估方法 ·· 32

iii

2.5 施工风险决策···33
　　2.5.1 风险应对策略种类··33
　　2.5.2 风险应对决策原则··35
　　2.5.3 施工风险决策的流程··36
参考文献···38

第3章 基于人因因素和环境因素的桥梁施工风险评估········39
3.1 大跨桥梁施工风险识别的特点·······································39
3.2 常用的理论分析方法··40
　　3.2.1 层次分析法··40
　　3.2.2 灰色关联理论··44
　　3.2.3 蒙特卡罗法··47
　　3.2.4 RBF神经网络···47
3.3 基于人因因素的风险识别··48
3.4 基于人因因素的风险评估原理·····································51
　　3.4.1 基于人因因素的风险理论·····································52
　　3.4.2 基于人因因素的神经网络风险预测原理··············54
　　3.4.3 基于人因因素的风险预测·····································59
参考文献···60

第4章 独塔单索面斜拉桥施工风险评估···························62
4.1 独塔单索面斜拉桥施工风险识别··································62
　　4.1.1 工程概况···62
　　4.1.2 构建层次结构模型··65
　　4.1.3 判断矩阵及计算权重··68
　　4.1.4 判断矩阵群及检验··72
4.2 结构形式的比选···77
　　4.2.1 指标的说明及量化··77
　　4.2.2 斜拉索索面结构形式方案选择的灰色系统特征···78
　　4.2.3 实际数据比较分析··78
　　4.2.4 确定最优指标集及规范化处理·····························80
　　4.2.5 计算关联度系数矩阵··81
　　4.2.6 索面结构形式的确定··83
4.3 施工过程分析···84
　　4.3.1 有限元模型的建立··84
　　4.3.2 计算结果···85
4.4 结构失效概率分析··86
　　4.4.1 生成神经网络训练样本··86

  4.4.2 建立并检验 RBF 神经网络 ·· 87
  4.4.3 利用神经网络进行风险分析 ·· 89
 参考文献 ·· 90

第 5 章 山区超高互通立交箱梁现浇风险评估体系

5.1 山区超高互通立交箱梁现浇风险识别 ·· 91
5.2 层次分析法风险估计 ·· 93
  5.2.1 层次分析法的概念 ·· 93
  5.2.2 层次分析法的计算步骤 ·· 93
5.3 基于层次分析法的云模型方案分析 ··· 95
  5.3.1 云模型的定义 ·· 95
  5.3.2 云发生器 ··· 95
  5.3.3 云模型的作用 ·· 96
5.4 基于 LEC 法的风险评估 ·· 96
  5.4.1 传统 LEC 法的计算原理 ·· 96
  5.4.2 传统 LEC 法的优化 ·· 97
5.5 基于模糊理论-层次分析法-云模型的综合风险评估 ························· 99
5.6 重大风险事件专项评估体系 ·· 100
  5.6.1 三维认知结构模型的定义 ·· 100
  5.6.2 五维认知结构的改进模型 ·· 101
  5.6.3 基于时间维度的安全风险识别 ·· 102
  5.6.4 基于空间维度的安全风险识别 ·· 103
 参考文献 ·· 105

第 6 章 山区超高互通立交箱梁现浇施工风险评估

6.1 工程概况 ·· 107
6.2 支架受力有限元分析 ··· 109
  6.2.1 支架工程概况 ·· 109
  6.2.2 支架搭设理想情况下的受力分析 ······································· 112
  6.2.3 支架搭设存在施工缺陷的受力分析 ··································· 115
  6.2.4 支架屈曲模态分析 ··· 116
6.3 层次分析法-云模型-专家打分-改进 LEC 法-模糊评价 ···················· 118
  6.3.1 风险层次模型 ·· 118
  6.3.2 风险事故权重排序 ··· 118
  6.3.3 风险源等级评价 ··· 123
  6.3.4 基于云模型的期望风险等级 ··· 124
  6.3.5 基于模糊层次综合评价的总体安全风险评估 ······················· 127

6.4　支架工程专项风险分析 128
　　6.4.1　基于三维认知结构的风险分析 128
　　6.4.2　基于时间维度的分析 134
　　6.4.3　基于空间维度的分析 140
　参考文献 141

第7章　大跨度自锚式悬索桥施工风险评估 143
　7.1　大跨度自锚式悬索桥的施工工艺 143
　7.2　基于模糊综合评价法的风险评价 146
　　7.2.1　模糊综合评价法定义 146
　　7.2.2　模糊综合评价法原理 146
　7.3　基于ALARP准则的风险决策 150
　　7.3.1　桥梁施工风险接受准则 150
　　7.3.2　ALARP准则 151
　　7.3.3　风险矩阵及风险应对策略 152
　7.4　天河大桥施工风险识别 153
　　7.4.1　构建风险层次模型 154
　　7.4.2　风险权重排序 157
　7.5　天河大桥施工风险评估 163
　7.6　天河大桥施工风险决策 168
　参考文献 170

第8章　大跨度预应力混凝土V腿连续梁桥施工风险评估 171
　8.1　工程概况 171
　8.2　风险分析方法 177
　　8.2.1　风险识别 177
　　8.2.2　施工风险概率估计 179
　　8.2.3　结构失效概率的求解 179
　　8.2.4　施工风险损失估计 180
　8.3　龙门大桥施工期风险评估 181
　　8.3.1　风险识别 181
　　8.3.2　随机变量选取与极限状态方程 187
　　8.3.3　训练样本的产生 189
　　8.3.4　风险概率计算 190
　　8.3.5　风险损失估计 192
　　8.3.6　风险评价 193
　　8.3.7　风险应对措施 193
　参考文献 194

第9章 风险控制及对策研究 195
9.1 不同主体对风险的态度 195
9.1.1 桥梁建设者——业主 195
9.1.2 桥梁设计者——设计方 196
9.1.3 桥梁建造者——承包商 196
9.1.4 科研咨询机构 196
9.2 工程风险应对策略介绍 197
9.2.1 风险规避 197
9.2.2 风险转移 198
9.2.3 风险缓解 198
9.2.4 风险自留 199
9.3 风险应对策略 199
9.4 安全风险应对措施分析 201
9.4.1 工程施工安全管理措施 201
9.4.2 基于人因因素和环境因素的风险应对措施 202
9.4.3 基于具体风险事件的风险应对措施 203

参考文献 204

第1章 绪　　论

1.1　大跨度桥梁的发展

1.1.1　斜拉桥的发展

自20世纪中叶以后,现代斜拉桥在世界桥梁工程发展中脱颖而出。据统计,关于现代斜拉桥的第一条记录出现在1952~1958年,在这以后的50年里,斜拉桥因其建造成本相对经济、受力性能较好、具有较高的美学观赏性而备受青睐。在国际桥梁和结构工程协会(IABSE)评选的15座"20世纪全球最美桥梁"中,斜拉桥独占5席,显然斜拉桥已经超越悬索桥成为大跨度桥梁建设中最有竞争力的桥型[1-3]。

在我国,斜拉桥的建设如雨后春笋般纷纷涌现,"五纵七横"国道主干线上,如三亚至同江国道上的五大跨海工程(琼州海峡工程、珠江口伶仃洋跨海工程、杭州湾跨海工程、长江口越江通道工程、渤海湾跨海工程),经常可以看到斜拉桥的身影。其中包括杭州湾跨海大桥(北航道桥为主跨448m的钻石形双塔双索面钢箱梁斜拉桥,南航道桥为主跨318m的A形单塔双索面钢箱梁斜拉桥)、伶仃洋跨海大桥(包括主桥900m的斜拉桥方案)、长江口越江通道(包括越江隧道和越江大桥),以及于2008年6月建成通车的苏通长江大桥(主跨1088m)和2009年12月通车的香港昂船洲大桥(主跨1018m)等一系列大型桥梁项目。

大跨度斜拉桥的施工建造是一项十分复杂、庞大的不确定性系统工程,在具体的工程开展过程中会面临施工技术要求高、操作环境复杂、操作工人劳动强度大、事故发生率高、人员流动性强、索力大且集中、单索钢绞线数量大、桥梁整体抗扭能力差、对项目经理的管理水平要求高等一系列问题。在这样一个处处充满风险的行业里,还经常涉及通航河流船撞风险、工程地质和水文勘查中的不确定风险等。施工过程中任何环节的差错或疏忽,都可能引发工程事故。因此,大跨度斜拉桥施工过程中必须对可能出现的风险进行全面分析和评估,建立各种行之有效的风险控制措施,减少事故的发生。

国内有关的规范尚未完善,风险管理工作比较滞后[4-6]。因此,尽快完善大跨度斜拉桥施工期间的风险管理体系和法律法规体系已成为当务之急。

1.1.2 自锚式悬索桥的发展

悬索桥是一种由主缆、吊索、塔、梁组成的组合体系桥梁结构,其以主缆为主要承重构件。其传力路径为荷载先由吊索传至主缆,再由主缆传递至桥塔和锚固构造[7]。因此传统的悬索桥需要用巨大的锚碇来承受来自主缆的拉力,但在某些特殊情况下不适合修建锚碇,这在一定程度上限制了悬索桥的应用。在这样的背景下自锚式悬索桥应运而生。自锚式悬索桥不同于普通悬索桥的是它的主缆直接锚固在加劲梁上从而不需要庞大的锚碇,主缆的水平分力将由加劲梁承受,从而只有吊索的竖向分力由其端部支撑,这有效地解决了某些地区因不适合修建锚碇而限制悬索桥应用的问题,极大地扩展了悬索桥的应用前景[8]。

自锚式悬索桥是一种新的桥型,它保留了地锚式悬索桥的线形和匀称柔和的、美丽的外形,受地质与地域条件制约较小。近年来,自锚式悬索桥因其形状好看、承力能力强、经济节省、适应性强等优点,渐渐得到了工程师们的喜爱,不仅丰富了人们的视觉体验,也提升了桥梁建筑的艺术内涵[9]。

自锚式悬索桥的主缆两端直接锚固在加劲梁上,主缆的水平张力将加劲梁压缩,从而使悬索桥系统内部形成自我平衡。主缆张力的水平分量由加劲梁承担,主缆张力的垂直分量由锚墩支持和压重平衡,没有必要修建庞大的锚碇,从而可以节省造价。自锚式悬索桥能够在不方便筑造锚碇的地方修建,适用于在不良地质条件和对景观要求高的地方,或地锚式悬索桥不易建设的地方,从而进一步扩大了悬索桥的适用范围。自锚式悬索桥不需要筑造巨大的锚碇,这就使其外形更为简洁好看,已然成为中小跨度的都市桥型之一。从受力性能的角度来看,自锚式悬索桥是一种多次超静定的结构体系,由于主缆锚固在加劲梁的梁端,可为加劲梁提供水平预应力,很大程度上改善了加劲梁受力。加劲梁承担了较大的轴向压力,有梁柱的受力特征,主要是弯矩和轴向压力。

自锚式悬索桥最早是由美国工程师本德和奥地利工程师朗金在19世纪后期分别独立构思出来的桥型。1859年朗金就提出了这种构想,1867年本德申请了自锚式悬索桥专利,1870年朗金在波兰设计建造了第一座小型的铁路自锚式悬索桥。

自锚式悬索桥于20世纪初期在德国兴起。世界上第一座大型自锚式悬索桥——科隆-迪兹桥由德国设计师于1915年在科隆的莱茵河上建造,其主跨是185m,主缆就位前,钢梁由临时木支架支撑。这深刻地影响了后续自锚式悬索桥的设计,日本的清洲桥以及位于美国宾夕法尼亚州跨越阿勒格尼河的多座桥在造型上与科隆-迪兹桥都非常相似。特别是位于美国宾夕法尼亚州的多座桥虽然其跨度比科隆-迪兹桥小,但其施工工艺取得了很大的进步。此后的25年里又有四座自锚式悬索桥在莱茵河上建成。自锚式悬索桥加劲梁的轴力将使该种桥梁的受力性能接近于弹性理论的观念在20世纪初被工程师们普遍认同，德国以及美国在这段时间内各自设计修建了一些自锚式悬索桥。

美国、日本、韩国等国的工程师们后又修建了多座自锚式悬索桥，特别是1990年跨度为(120+300+120)m 的世界上第一座自锚式公路悬索桥——日本此花大桥的建成，标志着自锚式悬索桥的进一步发展。世界上第一座双层行车的公铁两用自锚式悬索桥——韩国永宗大桥于1999建成，其跨度组合为(125+300+125)m。这些桥梁的建成进一步促进了自锚式悬索桥的蓬勃发展。国外的部分自锚式悬索桥的基本数据见表1.1。

表 1.1 国外自锚式悬索桥的基本数据

名称	主跨/m	矢跨比	加劲梁材料	国家
科隆-迪兹桥	185	1/8.6	钢梁	德国
第七街桥	134.8	1/8.1	钢梁	美国
清洲桥	91.5	1/7.1	钢梁	日本
科隆-米尔海姆桥	315	1/9.1	钢梁	德国
新奥克兰大桥	385+180	—	钢梁	美国
此花大桥	300	1/6.0	钢梁	日本
永宗大桥	300	1/5.0	钢梁	韩国
索洛克岛桥	250	1/5.0	钢梁	韩国

我国的自锚式悬索桥发展相对较晚，但近20年其发展十分迅速，且结构形式多样。我国在2002年建成了世界上第一座混凝土加劲梁的自锚式悬索桥——大连市金石滩金湾桥，此后我国的自锚式悬索桥刷新了多项世界纪录，自锚式悬索桥在我国出现了蓬勃发展的新局面，还被赋予了新的生命力。表1.2给出了我国部分自锚式悬索桥的基本数据。

表 1.2 国内自锚式悬索桥的基本数据

名称	主跨/m	矢跨比	加劲梁材料	地区
金石滩金湾桥	60	1/8.0	混凝土梁	大连
局子街人桥	160	1/7.0	混凝土梁	延吉
兰旗松花江大桥	240	1/7.0	混凝土梁	吉林
海盐塘大桥	72	—	混凝土梁	嘉兴
索山大桥	90	—	混凝土梁	苏州
万新大桥	160	1/6.0	混凝土梁	抚顺
义乌江大桥	100	1/7.5	钢混凝土梁	金华

续表

名称	主跨/m	矢跨比	加劲梁材料	地区
平胜大桥	350	—	钢梁	佛山
北关大桥	207	—	钢梁	江山
子牙河大桥	118	—	钢梁	天津
滨海大桥	188	—	钢梁	绍兴

1.1.3 大跨度 V 腿 PC 梁桥的发展

随着经济的发展及工程技术水平的提高，人们不仅对桥梁的要求日益提高，对桥梁美学也提出了新的要求。如今，城市新建桥梁更倾向于实用与美观的统一，与其周围环境的相互统一。城市桥梁不再是一个简单的连接两地的工具，同时成为当地一道亮丽的风景线或者著名的风景地标[10,11]。

梁桥从最初最为简单的实腹式矩形梁桥，发展到如今较为常见的空腹式变截面箱形梁桥，不仅满足了更加安全、实用和经济的要求，还使得梁桥看起来更为轻盈、美观。现在，人们或许已经看腻了这种千篇一律的梁桥，加上如今较为成熟的预应力技术，于是工程师们在中跨根部采用新颖的 V 形支撑来改观梁桥在人们心中的形象。近年来，我国新建了一些带有 V 腿结构体系的桥梁，如 V 腿连续梁桥、V 腿连续刚构桥、V 腿与拱组合体系等。V 腿连续梁桥与普通三跨连续梁桥的不同之处主要在主梁根部区域[6]。首先，V 腿桥梁受力合理，依靠两端斜腿水平长度能够有效地缩短桥梁的计算跨径，其自重下弯矩约等于去掉 V 腿间主梁长度的连续梁弯矩值。这样支点处最大负弯矩与中跨跨中处最大正弯矩都会相应大幅度地减小。这样就可以减小根部主梁截面尺寸，进而节约用材，降低工程造价。其次，V 腿结构提高了主梁的水平刚度，由于两端斜腿的支撑，主梁挠度相比同等跨径的梁桥要小许多。最后，V 腿结构部分以受压为主，而混凝土的抗压性能极佳，能够充分运用材料的特点。在温度、活载等情况下，V 腿结构部分发生偏心受压，也可以通过配置预应力筋的方式加以解决，V 腿的存在能够有效地减小墩身的高度。V 腿连续梁与 V 腿连续刚构相比，前者因为与墩之间采用铰接，没有约束桥梁的纵向水平位移，使得所受水平力小许多，下部结构受力更加明确，仅受压。同时在计算模型中，连续梁桥的超静定次数相应减少，结构由预应力或收缩徐变作用下产生的次内力也会相应减小。这种桥梁在建成之后，造型轻盈、独特美观，能够很好地与其周围环境统一，所以非常适合在城市和景观要求较高的地区采用。

V 腿梁桥与等跨径的连续梁桥相比，主梁受力有着明显改善，刚度较大，造价较低，更为轻盈美观，在城市桥梁中有着非常不错的发展前景。目前，这种常规的 V 腿连续梁桥和 V 腿刚构梁桥的发展方兴未艾。一般来说，桥梁中 V 形结构主要运用在主梁的根部截面，即桥墩处主梁截面，根据其下方与墩连接处是否设置支座而进一步分为 V 腿连续梁桥和 V 腿刚构桥[12,13]。

国外的 V 腿梁桥修建较早，最早约为 1955 年，法国罗讷河畔拉武尔特（La Voulte-sur-Rhone）桥（图 1.1）建成通车，该桥全长 300m，主跨 56m。主梁采用等截面梁，全桥共有 5 个 V 形支撑墩，墩梁固结，且与竖直线的夹角较小，约为 20°。1962 年，英国建成圣-米歇尔（Saint-Michel）桥，该桥全长 326m，主跨 65.2m，主梁截面采用变截面梁，V 形墩斜腿与铅垂线夹角约为 30°。在此之后，德国、荷兰、日本等众多国家也修建了一批类似结构的 V 腿梁桥，比如日本的十王川桥、泰国的沙吞（Sathorn）桥、德国的梅恩河（Main River）桥（图 1.2）等。20 世纪 90 年代，国外的 V 腿梁桥有了新的动向，主要表现为自重的减轻、跨径的不断增大。如 1994 年建成的法国阿尔萨斯大运河（Alsace Grand Canal）桥，其 V 腿结构首次采用了较轻的钢桁架。2005 年建成的荷兰尼德兰（Netherlands）桥的 V 腿采用了钢箱梁的结构形式。由于美学方面和景观价值因素，传统的直线形支撑逐渐被曲线形所取代。美国的伍德罗·威尔逊桥（图 1.3）共 31 跨，其最大创新点在于将传统 V 形斜腿设计成曲线形。总的来说其变化主要有以下四个方面：①跨径与斜腿间夹角得到提高，适用范围进一步扩大；②部分桥梁 V 腿结构采用钢材料替代原本钢筋混凝土材料（如意大利里诺桥，图 1.4）；③V 腿采用曲线形代替以往的直线形，使全桥更具观赏性；④在 V 腿以及主梁中施加预应力筋，以提高桥梁的安全性与耐久性。

图 1.1　法国 La Voulte-sur-Rhone 桥

图 1.2　德国梅恩河（Main River）桥

图 1.3　美国伍德罗·威尔逊大桥

图 1.4　意大利里诺桥

国内 V 腿梁桥建设起步相对较晚，1988 年国内第一座公路 V 腿刚构桥——雄山漓江大桥（图 1.5）建成通车，该桥主梁采用预应力混凝土结构，V 腿采用劲性骨架钢筋混凝土结构。1997 年，国内第一座铁路 V 腿刚构桥——八渡南盘江大桥建成(图 1.6)，该桥是世界第一高的 V 腿桥梁，建筑高度达 105m。步入 21 世纪之后，V 腿梁桥向着大跨度多跨数方向发展，其中比较具有代表性的是浙江千岛湖大桥(图 1.7)和广州琶洲大桥(图 1.8)。其中千岛湖大桥全长 1258m，其主桥长 928m，主跨 105m，于 2005 年建成通车，其上部结构采用预应力连续刚构即墩梁固结体系。琶洲大桥全长 1205m，为双向分离式双幅梁式桥，单幅桥宽 15m，主桥总长 570m，跨径布置为 70m+135m+160m+135m+70m，在设计与通车之时是世界上最大跨度的 V 腿梁桥。

图 1.5 雉山漓江大桥

图 1.6 八渡南盘江大桥

图 1.7 千岛湖大桥

图 1.8 琶洲大桥

表 1.3 和表 1.4 中列举了国内外部分 V 腿梁桥的跨径大小或结构形式。目前学界针对普通 V 腿梁桥即在 V 腿上仅是截面形式或者截面尺寸不同的梁桥进行的研究较多，关于其施工风险的研究较少。

表 1.3 国外部分 V 腿梁桥[12,13]

国家	桥名	跨径布置/m	结构体系	斜腿与竖线夹角/(°)
英国	卡艾莱斯库桥	71.9+132+71.9	连续刚构	50
日本	十王川桥	67.5+115+67.5	连续刚构	40
荷兰	布里斯勒马斯桥	80.5+112.5+80.5	连续刚构	40
荷兰	尼德兰桥	70+12×105+70	连续刚构	60
德国	梅恩桥	82+135+82	连续梁桥	30
泰国	沙吞桥	66+92+66	连续刚构	40
阿联酋	萨迪亚特桥	110+200+135	连续刚构	27.5

续表

国家	桥名	跨径布置/m	结构体系	斜腿与竖线夹角/(°)
美国	阿尔西厄湾桥	主跨107	连续刚构	45
法国	拉武尔特桥	主跨56	连续刚构	20
英国	圣-米歇尔桥	主跨65.2	连续刚构	30
苏联	西德维纳河桥	32.3+51+63+51+32.3	连续梁桥	—

表1.4 国内部分V腿梁桥[12,13]

桥名	跨径布置/m	结构体系	V腿截面类型	斜腿与竖线夹角/(°)
雉山漓江大桥	67.5+90+67.5	带挂梁刚构	SRC	45
八渡南盘江大桥	54.7+2×90+54.7	连续梁桥	SRC	22.5
怀化舞水二桥	75+110+75	连续刚构	RC	34.5
东阳江大桥	50+75+50	连续刚构	PC	40
跨北京南三环桥	68+110+68	连续梁桥	RC	60
青田塔山大桥	80+120+80	连续刚构	PC	37.5
义乌市宗泽大桥	46.8+72+46	连续刚构	PC	45
北京北运河大桥	42+78+42	连续刚构	PC	45
长沙湘江南大桥	66+3×88+66	连续梁桥	PC	40
宝鸡金陵河桥	21.5+2×30+21.5	连续梁桥	RC	30
琶洲大桥	70+135+160+135+70	连续刚构	RC	33
千岛湖大桥	70+7×105+70+40	连续刚构	RC	45
苏州相门大桥	28.3+40+28.3	连续梁桥	RC	45

注：PC为预应力混凝土；RC为钢筋混凝土；SRC为劲性骨架钢筋混凝土。

1.1.4 山区超高墩立交梁桥的发展

近年来，我国的公路建设得到了快速发展，公路桥梁建设的重心由内陆转向山地，交通建设开始转向西北地区。高墩桥梁在山地、峡谷有着先天的优势，但山区桥梁在建设过程中遇到的困难比内陆平原地区要多很多，在桥梁结构设计上不仅要考虑复杂的地形地势条件，还要考虑交通运输情况、水文地质情况、施工现场环境等。

山区超高互通立交匝道混凝土箱梁现浇施工还存在诸多问题。首先是重视不够。我国的山区高速公路建设任务繁重，建设中关注的重点主要集中在主线桥梁、隧道方面，对于立交工程由于被认为"次要"而较少关注。其次是支架系统施工属于常规施工，看似技术难度不大，而实际上影响因素繁多，施工安全风险控制难度大，安全事故频发，匝道混凝土质量及预应力体系建立可靠性差[14]。山区高墩桥梁建设期间遇到的问题如下。

(1)山区桥梁的修建主要是为了跨越山谷地段,桥墩较高且桥墩之间的高差也较大,因此要选择合适的桥梁结构体系和施工方案。

(2)修建山区桥梁是为了方便交通,加快地区经济发展。通常需要大量修建山区桥梁的地区,其经济发展和交通也就相对落后,因此桥梁施工期间的交通是最需要解决的问题,需要设计出高效的物资运输方案,加快施工进度。

(3)山区地形地质条件复杂,地质灾害发生率也较高,常见的特殊地形地质条件有湿陷性黄土、膨胀性岩土等,常见地质灾害有泥石流、山体滑坡、崩塌等。

(4)由于山区地势复杂,高低落差较大,因此山区桥梁的桥墩普遍较高;为了避免大规模的挖方工程,在桥梁设计阶段会选择在沿顺河谷处修建桥梁以适应地形的变化。山区高墩桥梁工程量较大、桥梁路线长且复杂、工程管理要求较高、安全组织管理难度较大。

(5)修建山区桥梁的过程中,施工技术和工艺可能需要根据现场实际情况进行更改,很大程度上会影响工程进度;在山区修建桥梁是一个封闭的过程,几乎与城市隔绝,长时间的封闭式工作环境会影响工作人员的工作状态。

(6)桥梁形式多样,施工方法也各不相同,项目建设过程中涉及多项高危施工作业,如基坑施工、支架工程、高大模板工程、大型吊装工程、现浇箱梁施工、梁体整体吊装等。对于山区高墩现浇桥梁,支架工程是主要的风险因素,同时不同分部工程的施工之间具有关联性,即风险源之间具有相关性。

山区桥梁建设过程中遇到的问题会增大风险事件发生的概率,因此,为了降低或消除山区桥梁建设过程中风险事件的发生概率,有必要对山区桥梁建设过程进行安全风险评估。

1.2 风险评估的意义

单从安全风险方面考虑,桥梁结构工程在使用期的风险远远低于施工期。美国土木工程师协会结构安全委员会对混凝土结构中存在的问题进行了调查分析,发现有超过 50%的结构损伤直至垮塌都是由于施工工序工法错误所致。美国于 1977~1981 年对国内外 85 起各种类型的桥梁工程事故做了全面的统计分析[15,16],其中发生在施工阶段的事故有 22 起,占总数的 25.9%。在已调查的 147 起工程事故中,由结构设计和施工问题而导致的事故有 98 起,约为事故总数的 2/3;剩下的约 1/3 事故大多是由外界的偶然因素(如撞击、地震等)引起的[17]。我国对该问题也做过统计,有学者统计了 1958~1987 年国内发生的 280 多起结构垮塌事故,有 220 多起发生在施工的不同阶段,发生在施工期的事故比例大于欧美[18,19]。

作者对 1972～2013 年间施工阶段典型桥梁事故的统计见表 1.5，其中部分桥梁事故的现场图片见图 1.9～图 1.16。

表 1.5 施工阶段典型桥梁事故统计

时间	桥名	桥型	事故原因	死亡人数/人	受伤人数/人
1972 年	意大利坎纳维诺桥	连续梁桥	吊杆断裂混凝土坍塌	2	0
1987 年	四川达州洲河大桥	斜拉桥	主梁失稳垮塌	14	0
1996 年	广东白桥坑大桥	拱桥	施工支架失稳	32	59
1996 年	南昆铁路喜旧溪大桥	连续梁桥	挂篮坠落	4	0
1998 年	天津彩虹大桥	拱桥	围堰桩倾覆	2	0
1998 年	浙江招宝山大桥	斜拉桥	主梁断裂	0	0
1998 年	巴东焦家湾大桥	拱桥	木拱坍塌	11	10
2000 年	深圳盐坝高架引桥	高架桥	支架坍塌	0	33
2001 年	京福高速三明连线互通 A 匝道桥	高架桥	模板支架预压坍塌	6	20
2001 年	四川泸州大桥	连续梁桥	桥墩坍塌	1	14
2002 年	四川自贡鸿鹤大桥	拱桥	脚手架失稳	3	7
2003 年	郑州黄河二桥	拱桥	龙门吊被吹倒	1	5
2004 年	河北无繁公路特大桥	连续梁桥	吊车倾翻	1	0
2004 年	江苏赛虹立交桥	立交桥	桥面坍塌	0	多人
2004 年	广东增槎路高架桥	高架桥	满堂支架坍塌	2	7
2005 年	重庆谢家湾立交桥	立交桥	架桥架倾覆掉落地面	6	6
2005 年	贵州小尖山大桥	连续梁桥	桥面坠落	8	12
2005 年	四川江安长江大桥	连续梁桥	钢筋垮塌	2	9
2005 年	遵义公路大桥	拱桥	拱架坍塌	13	3
2006 年	武汉天兴洲长江大桥	斜拉桥	吊车倾覆	2	3
2006 年	贵州珍珠大桥	拱桥	拱架垮塌	16	2
2007 年	广东黄埔大桥	悬索桥	脚手架坍塌	2	0
2007 年	湖南堤溪沱江大桥	连续梁桥	建造不规范	64	22
2007 年	武汉天兴洲长江大桥南桥	斜拉桥	墩身模板倾倒	1	2
2007 年	越南芹苴大桥	斜拉桥	吊车倒塌	60	170
2007 年	东莞东江大桥	悬索桥	龙门吊侧翻	2	3
2007 年	江西修水湾台大桥	拱桥	施工中更改设计	0	12
2007 年	荆岳长江大桥	斜拉桥	缆绳断裂	5	0
2008 年	佛山富湾大桥	连续梁桥	模板发生爆裂	1	3

续表

时间	桥名	桥型	事故原因	死亡人数/人	受伤人数/人
2008年	温福铁路高架桥	高架桥	移动模架坍塌	7	21
2008年	重庆武隆芙蓉江大桥	连续梁桥	吊斗坠落	11	12
2009年	浙江海航特大桥	连续梁桥	模板爆裂失稳倾倒	1	5
2009年	新德里高架桥	高架桥	梁柱断裂坍塌	5	20
2009年	清涧桥梁	拱桥	木架支撑垮塌	5	7
2009年	安道尔桥梁	连续梁桥	木架坍塌	5	6
2009年	上海嘉闵高架桥	高架桥	支架断裂	1	1
2009年	沪杭铁路桥	连续梁桥	桥墩倒塌	1	5
2010年	浙江嘉绍大桥	斜拉桥	架桥机折断	1	9
2010年	浙江椒江二桥	斜拉桥	龙门吊倒塌	0	11
2010年	昆明新机场引桥工程	高架桥	支架垮塌	7	34
2010年	沈阳西塔公铁桥	连续梁桥	桥体坍塌	1	4
2010年	哈大线高铁桥	连续梁桥	吊机坠落	1	1
2011年	广东马坝互通立交	立交桥	脚手架、桥面坍塌事故	7	1
2012年	湖南涟水河大桥	立交桥	桥面荷载过大发生断裂	0	0
2012年	辽宁月牙岛跨河大桥	连续梁桥	桥板坍塌	0	0
2013年	重庆丰都长江二桥	斜拉桥	钢围堰受损	0	13

图1.9　深圳盐坝高架引桥

图1.10　浙江招宝山大桥

图1.11　东莞东江大桥

图1.12　湖南堤溪沱江大桥

第 1 章　绪论

图 1.13　广东黄埔大桥

图 1.14　浙江海航特大桥

图 1.15　浙江嘉绍大桥

图 1.16　湖南涟水河大桥

通过分析收集的施工阶段典型桥梁事故的数据(图 1.17)，可得出以下结果：

(1) 连续梁桥事故占比为 32.6%，居于第一位。这与连续梁桥数量较多、工艺发展成熟，因而施工单位对安全风险重视不够有关。

(2) 斜拉桥与拱桥的事故占比均为 19.6%。拱桥施工方法多样，并且大部分为高空作业，从而导致施工阶段风险事故增加。斜拉桥由于工艺较复杂，施工难度大，对作业人员要求较高，因而事故多发。

(3) 高架桥事故占比为 15.2%。高架桥通常施工难度系数不高，但规模较大，施工单位水平参差不齐，导致事故发生。

(4) 立交桥和悬索桥的事故占比分别为 8.7%和 4.3%。城市立交施工一般面临着诸多的问题，如场地狭小、工法多样、地下管网纵横交错等。

桥梁施工安全和质量控制的难度很大，但悬索桥施工难度较小，所以其事故占比低。

桥梁风险分析的步骤主要包括风险识别与风险估计和评价，在切实做好这几项工作的基础上，就可以为管理方的风险管理工作提供可靠的理论依据，对于安全性、可靠度以及施工质量的把控具有非常重要的意义。斜拉桥施工具有项目投资额大、技术复杂、桥梁非线性效应显著等特点，一旦发生事故会造成巨大的人员、经济损失，带来极恶劣的社会影响。如何进行风险控制，降低风险等级及其发生的概率，同时考虑风险与经济的关系，高效快速地判断成本与效益的最佳结合点已成为当务之急，虽然一些工程技术人员了解桥梁施工期的风险，个人积累了丰富的经验和大量的方法，但很少对工程中出现的风险进行定量的分析和评估。大跨度桥梁施工期风险评估已成为当前最迫切需要解决的问题。

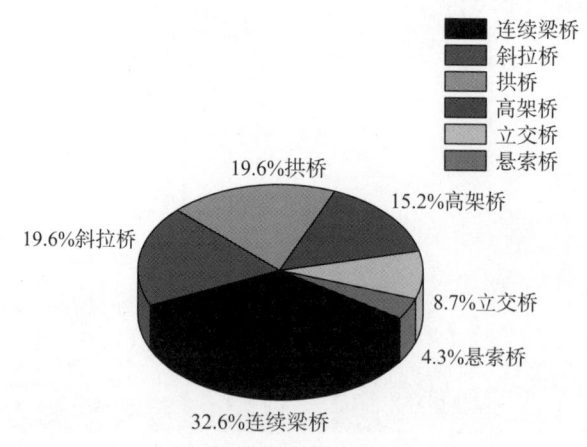

图 1.17　桥梁典型事故桥型分布图

对大跨度桥梁施工阶段的风险分析，还有利于提高施工企业及项目管理人员的风险管理水平。通过技术手段对施工阶段的风险进行识别和评价，为风险控制提供科学依据。大跨度桥梁施工阶段的风险分析是一个动态的过程，要根据实际情况及时进行调整，并采取适当的防范措施。施工阶段风险控制的过程也是施工企业管理水平不断提高的过程。施工项目管理者通过风险分析，可增强自身的风险意识，树立降低风险高于一切、防范事故于未然的管理理念，从而间接地为企业创造效益。桥梁施工期间的风险管理也为保险公司承保提供了理论依据，以便保险公司确定符合市场规律的保险费。

1.3　国内外风险研究现状

1.3.1　国内研究现状

20 世纪 80 年代，运用风险评估的方法来解决大型桥梁决策问题在我国开始实行。但是我国当时受计划经济体制的影响，经济发展水平较低，并没有形成风险管理的环境。随着改革开放的不断深入，风险管理在我国不断被引用。由于桥梁事故频发以及大型桥梁的建设需要，桥梁风险评估日益得到重视。尽管近年来，我国在风险管理领域有诸多研究成果，但研究内容相对局限，且发展较晚，其理论体系及评估方法尚未发展成熟，还有许多技术理论及数据需要完善，这也是工程界亟待解决的问题之一。

2002年以来，国家发展和改革委员会委托中国国际工程咨询有限公司，对国内已完工或者在建的国家大型工程项目开展风险研究工作，并且研发了"重大投资项目风险分析与评价系统"。上海市市政工程管理局委托由同济大学、香港奥雅纳有限公司和中交第四航务工程勘察设计院组成的联合体，对上海崇明越江项目开展可行性风险评估，整个研究课题由17个子课题组合而成，涉及抗震、抗风、施工等方面的风险研究，于2003年底结题，从而我国在国家级的大型工程项目风险方面的研究步入了一个新阶段[20-24]。

2003年，由中国工程院院士范立础申报的项目"大型建筑工程风险评价与研究"获得中国工程院立项。

2004年，由同济大学的程进副研究员主持的国家自然科学基金青年项目"大跨度桥梁施工期间结构的风险分析与对策研究"获得立项。

2006年，同济大学受南宁大桥业主方的委托，对该工程施工期和运营期的风险分别进行了评估，评估涉及船撞、地震、火灾、蓄意袭击、车撞、大风等风险事态。

2007年，同济大学的刘志文博士以苏通大桥为依托工程，在《缆索承重桥梁的抗风风险评估》中对缆索承重桥的风灾评价体系做了系统阐述。

2008年，我国第一部关于桥梁风险评估的专著《桥梁工程风险评估》由同济大学阮欣博士等编写，人民交通出版社出版。这本专著主要关注风险损失、风险概率和决策方法等关键问题，建立了精算模式及桥梁风险评估的基本理论框架，它的最大贡献是在这个基础之上提出了一套桥梁风险评估的解决方案。

2009年，中交公路规划设计院和同济大学合作开展了西部交通科技项目"桥梁工程全寿命设计理论与方法研究"，这项研究将对大型桥梁风险评估的重视程度提升了一个台阶。

2010年4月，交通运输部下发文件《关于在初步设计阶段实行公路桥梁和隧道工程安全风险评估制度的通知》，标志着风险评估制度已经在全国开始全面实行。

2011年5月，交通运输部为了提高对桥梁风险工程的重视程度，专门制定了《公路桥梁和隧道工程施工安全风险评估指南(试行)》。

相对而言，针对单索面钢桁梁斜拉桥施工阶段风险分析的课题较少，但是针对斜拉桥施工阶段的风险分析取得了一些成果，具体如下。

以文晖大桥为依托工程，浙江大学的王全凤对恒定荷载作用下的索力进行了优化，在此基础上对悬臂浇筑过程以及塔、主梁段施工过程做了全面的空间分析，分析索力合理性与结构的安全性、经济性。

长安大学的刘英富利用模糊层次综合评价法及蒙特卡罗法确定桥梁施工期风险的严重程度并提出相应的应对措施。

简小生、郑荣跃将宁波招宝山大桥作为依托工程,研究分析了该桥梁在施工阶段发生主梁破碎事故的原因,得出的最终结论是拉索局部超张拉。脉动风和底板厚度不足与该桥梁的事故也存在一定的关系。

郁犁、殷扬针对苏通大桥的施工机械——MD3600塔吊在正常状况下的抗风安全性做了评估研究,具体开展的科研事项包括:抖震力和风速场模拟、有限元时程响应谱分析、模态识别测试、结构应力监测、索塔塔吊联合体系抗风安全评估、有限元计算结果和实测数据对比分析、模拟优化等。

北京交通大学的周婷婷利用有限元分析软件MIDAS/Civil建立了南仓斜拉桥的仿真模型,定量计算了该桥梁在施工阶段的风险概率。嵇正永主要关注了桥梁的各个关键施工工艺,逐个分析了各工艺在施工阶段的风险因素。

重庆交通大学的王智龙首次对单索面斜拉桥施工过程中最大悬臂状态的稳定性进行研究,结合绵阳会客厅一号桥对施工过程中主梁、主塔的受力情况进行分析。

重庆交通大学的杨亚文针对丰都长江二桥基础施工中存在的风险因素,运用概率影响图理论,建立概率影响图评价模型,对漂浮撞击风险进行了安全评价。

重庆交通大学的张帆首次建立了基于模糊影响图的桥塔施工风险评价模型,并结合丰都长江二桥,对塔吊安全风险进行了专项评价。

重庆交通大学的赵延龙结合斜拉桥施工过程中的风险,建立了贝叶斯网络应用模型,并在此模型的基础上确定了各风险发生的概率。

根据以上统计,目前斜拉桥风险评估研究中主要存在以下问题:①大多数斜拉桥风险评估理论复杂、抽象,很难被施工一线的技术管理人员理解,实用性差。②主要针对斜拉桥某一方面风险进行课题研究,未能形成较为系统的灾害数据库,从而很难为风险评估工作提供客观数据,同时也不利于成果的共享。③绝大多数研究课题在研究思路上还是停留在传统的风险识别—估计—评价—应对的静态风险分析上,没有创造性地与实际项目管理过程结合起来。④解析法在复杂斜拉桥概率分析中很难得到应用,因而概率计算受主观因素影响大。

国内桥梁风险评估自2002年开始,受资助于多个纵向课题,建立系统的研究框架并努力形成一个完整的研究体系和可操作的评价体系是未来一个时期内的主要方向。

1.3.2 国外研究现状

风险分析最早于20世纪50年代应用在保险行业,经过60~70年代的快速发展,目前已经形成了一门系统的学科——风险管理学。美国的风险管理局限于纯风险,从一个相对片面的角度去理解风险管理,更侧重于风险管理目标[25,26]。

德国的风险管理是从风险管理政策方面开展,从某一角度来看,它更加注重评估过程与保护企业的发展,同时也非常注重理论研究,它强调判断风险发生的概率是风险控制的一种手段,分散、规避、防范和抵消风险并举。

法国是第一个将风险管理思想融入企业制度的国家,但是法国没有形成一个完整的风险管理理论体系,20 世纪中后期美国的风险理论被引入法国。考夫在 1978 年经过分析研究,将意外风险控制职能树立为企业管理者的核心要务,形成了独立的企业风险管理体系,并在此基础上出版了《风险控制学》[18]。

风险评估虽然在企业管理等行业和领域早有应用,但对于桥梁工程领域来说,它还是一个被研究得相对较少的领域,正处在起步发展阶段。在桥梁工程领域真正涉及风险评估的案例可以追溯到 20 世纪 80 年代末的桥梁和船只相撞问题中,以后陆续地在施工过程中逐步涉及风险评估问题。

1983 年 6 月,在丹麦哥本哈根召开了由国际桥梁和结构工程协会(IABSE)主办,以跨海工程为背景,主题为"船只与桥梁和离岸结构的撞击"的学术会议。会议形成的工作报告——《交通船只与桥梁结构的相互影响:综述与指南》于 1991 年在列宁格勒召开的 IABSE 年会上获得通过。

1986 年 4 月 26 日,切尔诺贝利核电站发生了历史上最严重的核事故,该事故对世界造成的污染和经济损失无法简单地用数字估算。1986 年 1 月 28 日,美国航天史上血淋淋的记忆:"挑战者"号航天飞机升空 73 秒后发生爆炸,7 名宇航员全部罹难。这两起事故的发生让人们更加树立起了风险分析重要性的概念,各国开始在风险分析领域投入大量的人力、物力和财力,系统地展开了风险研究,大大地促进了风险分析的发展。

2001 年 3 月,JCSS(The Joint Committee on Structural Safety,国际结构安全性联合委员会)、CIB(Committee of International Buildings,国际建筑委员会)等国际学术协会汇聚马耳他,召开了大型学术研讨会,会议收编了关于风险方面的 190 多篇高质量论文,很大程度上促进了风险评估在桥梁工程领域的应用。

2005 年,在里斯本举行的 IABSE2005 年度会议上,将"风险评估"作为会议的主题。从研究内容和发展趋势来看,大会对桥梁工程常见的问题,如汽车、船舶、风、火灾、地震、人为破坏等进行探讨,得出了一些建设性的理论成果。但它在与具体工程相结合方面没有得到工程界的认可,尤其是施工阶段的风险管理仍然是空白。

1.4　本书的主要内容

本书运用层次分析法和概率理论等方法对大跨桥梁施工期的风险进行研究，将定性的问题定量化，突出风险分析与控制的客观性。该方法在实际工程应用中具有较高的可行性，因此具有较好的应用前景。本书以多个桥梁工程(独塔单索面斜拉桥、山区超高互通立交现浇施工箱梁、大跨度自锚式悬索桥、大跨度预应力混凝土V腿连续梁桥)为依托背景进行研究，主要内容如下。

(1)开展独塔单索面斜拉桥施工风险评估。从桥塔、主梁、拉索三个方面进行斜拉桥风险源辨识，利用层次分析法确定桥梁施工期间的主要风险源及其相对重要性权重，建立桥梁风险因素排序表。确定了混凝土保护层不足、大体积混凝土浇筑的水化热问题、塔身倾斜度超标、合龙精度差、斜拉索损伤、拉索PC套管火灾事故等风险源。

(2)采用灰色关联分析法结合层次分析法验证斜拉桥单索面结构形式相对于双索面、多索面、空间索结构形式的优势。

(3)建立山区超高互通立交箱梁现浇风险评估体系。山区超高互通立交桥梁施工是一个复杂的工程，影响施工安全的因素有很多。为了使山区超高互通立交箱梁现浇安全风险评估的结果更加科学和全面，从山区桥梁施工中常见的安全风险事件出发，对山区超高互通立交箱梁现浇存在的风险进行梳理，结合多种风险估计的方法对风险源进行定量分析和风险评价等。

(4)开展大跨度自锚式悬索桥施工风险评估。自锚式悬索桥结构体系和施工过程复杂，且施工过程中影响桥梁结构安全和施工人员生命财产安全的风险因素众多，并贯穿整个施工过程。运用层次分析法，将桥梁的施工过程划分为若干阶段和层次并分析每一个阶段的风险因素，并加以比较判断，从而形成该阶段各因素的相对重要性，最终得到各因素对整个自锚式悬索桥的风险权重，有助于解决自锚式悬索桥结构体系和施工阶段复杂的问题。

(5)开展大跨度预应力混凝土V腿连续梁桥施工风险评估。通过建立有限元模型，确定连续梁桥在确定工况及参数条件下的悬臂端位移。为了实现风险分析的精确性，材料参数的数量必须达到统计规律的要求，因而引入径向基神经网络，对桥梁悬臂端位移进行定量分析，结合蒙特卡罗理论，确定风险发生的概率。

参 考 文 献

[1] 陈明宪. 斜拉桥建造技术[M]. 北京：人民交通出版社，2003.

[2] 葛耀君. 大跨度斜拉桥抗风[M]. 北京：人民交通出版社，2018.

[3] 中交第二航务工程局有限公司. 公路桥梁施工系列手册：斜拉桥[M]. 北京：人民交通出版社，2014.

[4] 范维澄，孙金华，陆守香. 火灾风险评估方法学[M]. 北京：科学出版社，2004.

[5] 阮欣，陈艾荣，石雪飞. 桥梁工程风险评估[M]. 北京：人民交通出版社，2008.

[6] 刘志文. 缆索承重桥梁的抗风风险评估[D]. 上海：同济大学，2004.

[7] 胡建华. 现代自锚式悬索桥理论与应用[M]. 北京：人民交通出版社，2008.

[8] 张哲. 混凝土自锚式悬索桥[M]. 北京：人民交通出版社，2005.

[9] 中交第二公路工程局有限公司. 公路桥梁施工系列手册：悬索桥[M]. 北京：人民交通出版社，2014.

[10] 曾勇，李勇岐，余滔，等. 钢-砼组合连续梁-V腿连续刚构桥自振特性研究[J]. 河南城建学院学报，2021，30(4)：1-6，13.

[11] 曾勇，李勇岐，余滔. 钢-砼组合连续梁-V腿连续刚构桥施工阶段受力性能[J]. 科学技术与工程，2022，22(9)：3775-3783.

[12] 余滔. 钢-混组合连续梁-V腿连续刚构桥受力性能研究[D]. 重庆：重庆交通大学，2020.

[13] 李仁杰. 带拱形支撑的V腿PC连续梁桥静力性能研究[D]. 重庆：重庆交通大学，2021.

[14] 张倩萍. 山区超高互通立交混凝土箱梁现浇安全风险评估[D]. 重庆：重庆交通大学，2019.

[15] 李永盛，陶履彬，肖汝诚，等. 崇明越江通道工程风险分析研究报告[R]. 上海：同济大学，2003.

[16] 刘英富. 桥梁施工风险评估方法研究[D]. 西安：长安大学，2005.

[17] 张凤华. 大型建筑工程及城市风险评价与保险研究[D]. 上海：同济大学，2004.

[18] 张喜刚. 公路桥梁和隧道工程设计安全风险评估[M]. 北京：人民交通出版社，2010.

[19] 张杰. 大跨度桥梁施工期风险分析方法研究[D]. 上海：同济大学，2007.

[20] 谢海涛. 桥梁施工风险评估实用方法研究及其在钻孔灌注桩施工中的应用[D]. 长沙：中南大学，2009.

[21] 王敬，王全凤. 复杂系统风险分析的模拟方法[J]. 华侨大学学报（自然科学版），2010，31(3)：337-341.

[22] 朱瑶宏. 杭州湾跨海大桥项目施工期风险分析[D]. 成都：西南交通大学，2004.

[23] 郑荣跃，简小生. 基于事故树分析法的大跨斜拉桥施工事故分析[J]. 工程力学，2008，25(1)：203-208.

[24] 殷扬，郁犁. 苏通大桥MD3600塔吊抗风安全性评估研究[J]. 世界桥梁，2008，36(2)：35-38.

[25] Faber M H. Risk and safety in civil engineering[Z]. Swiss Federal Institute of Technology, Switzerland, 2012.

[26] Andrzej S N, Ahmed S Y. A Reliability analysis for girder bridges[J]. Structural Engineering Review, 1995, 7(3): 251-256.

第 2 章　桥梁施工风险评估方法

二十世纪五六十年代，欧美的核电厂率先引入风险分析(risk analysis)概念，之后风险分析在发达国家的一些领域，如化学工业、环保、航空航天、医疗、交通和经济等领域得到推广和应用。近 30 年来，寻找适用于桥梁工程领域研究和应用的风险分析方法，已越来越引起人们的重视[1]。

风险以客观形式存在于现实生活中。风险分析就是要对风险进行识别、评估，做出全面综合的分析。有些人认为，由于预测精度差而酿成风险，这种看法是不全面的，是对风险特性的误解；事实上，并没有完全精确的预测。风险预测的目的是给出各种风险因素失效的概率分布及其后果损失，这样等于确定了风险，目前的风险预测还没有做到这一点。为了更好地决策，就必须进行风险分析，因此可以说风险分析是决策过程中必不可少的部分。

2.1　风险的概念

2.1.1　风险的属性

目前，学术界、工程界对风险的定义尚未统一，不同的专业背景，对风险的定义不尽相同[1-3]。《现代汉语词典》第 7 版中风险定义为"可能发生的危险"，一般将风险定义为"损失或伤害的可能性"，又如：

Rosenbloom 认为："风险是损失的不确定性"。

Crane 认为："风险是未来损失的不确定性"。

Sage 将风险定义为："在一定的环境下，损伤、毁坏、损失发生的可能性"。

Williams 认为："风险是在特定情况下，特定时期内，结果的差异性"。

卢有杰认为："风险就是活动或事件消极的、人们不希望的后果发生的潜在可能性"。

焦鹏认为："风险是指在特定的时期内，客观的条件下，某一事件预期结果与实际结果的差值"。

联合国人道主义事务部(United Nations Department of Humanitarian Affairs,

UNDHA)公布的自然灾害风险的定义为:"风险是在一定区域和给定时段内,由于某种客观原因而引起的损失的期望值"。

风险由两方面组成:一方面,风险的发生将带来不利于实现预期目标的后果,这种后果是人们不愿意见到的,如造成的损失、产生的危害等;另一方面,风险发生的可能性并不确定,通常以概率表示。

鉴于此,可将风险定义为:"不确定性的不利结果"[1-3]。

2.1.2 风险的度量

风险的度量是指风险的表达方式或风险程度的衡量形式,"度"即度量、衡量。虽然风险的定义各不相同,但一般应考虑不确定性和不利结果两方面,即利用通常所指的不利事件(事故或危险)的发生概率与其造成的后果(或损失)来综合表达风险。

目前,比较通用的风险表达式是以事故发生概率和事故后果的乘积代表风险,即如果用 C 代表事故产生的后果(或损失)、用 P 代表事故发生的概率、用 R 代表风险,则风险可以表示为

$$R = P \times C \tag{2.1}$$

如果需要确定一个体系的风险,则体系的总体风险等于各个事故风险的代数和,即

$$R_{总} = \sum_{i=1}^{n} P_i \times C_i \tag{2.2}$$

式中,$R_{总}$ 为体系的总体风险;P_i 为 i 事故发生的概率;C_i 为 i 事故产生的后果。

式(2.1)和式(2.2)的实用性较强、易于理解、容易表达,因此将其作为桥梁工程领域风险分析问题的一般公式。为不失一般性,借鉴该公式用以表达桥梁施工期间的风险。

2.1.3 风险的本质

风险的本质可以概括为风险因素、风险损失与风险事故的相互关系。

风险因素指导致风险事件的发生、提高风险事件发生概率或影响损失严重程度的条件或因素。风险因素、外部环境条件分别是风险能够发生的内因和外因,它们也是造成风险损失的潜在原因、直接原因。风险因素分为许多种类,包括实质风险因素(有形的因素,如施工荷载)和人为因素(无形的因素,如恶意、疏忽和过失)。

风险事故指能直接导致不利后果的偶然事件。风险事故是风险发生的客观表现，它的存在直接导致风险损失的发生，即风险损失必然是由风险事故引起的。

风险损失又称风险后果，是由风险事故导致的非计划、非预期、非故意的负面效果。其发生的概率与损失的程度都具有不确定性，是确定风险大小的重要因素之一。

风险产生过程示意图如图 2.1 所示。

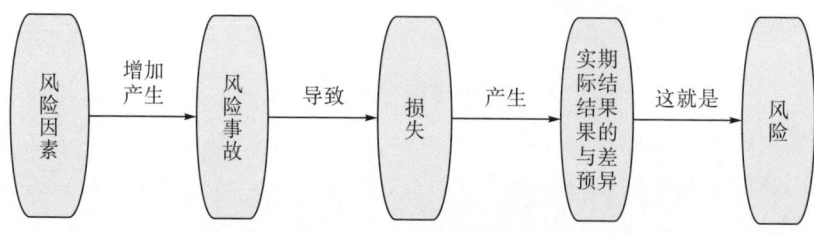

图 2.1　风险产生过程示意图

2.1.4　风险的特征

风险的特征是风险内在本质的外部表现。风险具有如下几个基本特征。

(1) 客观性和普遍性。风险是现实存在的，不会随着人的意志而改变，风险存在于客观事物发展变化的整个过程中。风险无处不在，无时不有，并且很难遵循人们的主观愿望，这就需要正确认识风险，处理风险。

(2) 随机性和规律性。任何事物的发生在时间上都是随机的，即具有不确定性，并且往往会产生灾难性的后果。但是人们通过长期的观察和统计得出了一个结论，风险事件也遵循一定的规律，可以利用定量的方法确定其发生概率和损失程度，从而有意识地制定预防措施，这也是风险控制的基础。

(3) 潜在性和可变性。当外界的客观因素达到一定条件后，风险就会发生，这说明风险具有潜在性。并且随着客观因素的变化，风险也会发生各种可能的改变，这是风险的可变性。

(4) 隶属性。任何风险都与确定的行动有关，并且依附于确定的行为主体，例如人们不修建桥梁就不承受桥梁垮塌的风险、不坐飞机就不用承担飞机失事的风险。永远没有非行为主体的孤立的风险，也没有不依赖于主体而存在的风险。

2.2 风险分析方法

2.2.1 常用的分析方法

常用风险分析方法多种多样，其原理和方法不尽相同，因此各自拥有不同的优缺点，适用性也不同，但它们大致可以分为三类：定性分析法、定量分析法、定性定量综合分析法[4-7]。

1. 定性分析法

定性分析法是一种主要依托分析人员的专业知识、实践经验、分析能力和观察力进行风险分析与判断的方法，如外推法、专家调查法、头脑风暴法、德尔菲法等。这种方法主要是由专家根据已知的信息，通过直观判断对研究对象进行评分，并通过分析得出最后结论。该方法对分析人员的素养要求较高，不仅需要扎实的专业知识，还需要丰富的实践经验。

该方法的优点是不受数据和模型的制约，因而具有较强的适应性，同时简单、易理解、不必耗费大量的时间与资源，可以发挥人的主观能动性，人的经验在风险分析中起到很大的作用，目前应用最为广泛。

该方法的缺点是，由于缺少足够的数据基础，风险概率与损失难以量化，分析结果主观性强，因而带有主观色彩而说服力不强。

2. 定量分析法

定量分析法也被称为概率风险判定(probabilistic risk assessment，PRA)方法，是一种以实验数据和分析数据为基础，通过建立数学模型，运用数值模拟实现风险量化的方法，如敏感性分析法、蒙特卡罗法等。

该方法以大量的数据为基础，通过各种科学算法将主观因素的影响弱化到忽略不计的程度，因而分析结果具有严密性、准确性和客观性。该方法被广泛应用于核工业、航空工业和石化工业。随着计算机的应用以及科学技术的进步，这些都为准确的风险分析提供了可能，加速了定量风险分析的发展，使定量风险分析成为风险分析发展的主要方向。

该方法的缺点是，结果的精度受计算模型的精确化以及样本数据的完整性控制。过程非常复杂，占用资源大，消耗时间多。

3. 定性定量综合分析法

风险分析通常涉及因素较多、问题较为复杂，一些风险因素不可量化或者很难量化，而一些风险因素可以量化，因而需要采用定性定量综合分析法。该方法同时具有定性分析方法和定量分析方法的特征，取长补短，相互结合，从而达到风险分析的目的。

此种分析方法既区别于定性分析法，也有别于定量分析法，关于该方法目前尚未有统一的界定，因而一些学者将其称为半定量分析法。根据定性分析与定量分析二者在该方法中所起作用的大小或占有的比例，将其分为两类：①定性和半定量分析法，以定性分析为主，辅以定量计算，如风险矩阵分析法、层次分析法、模糊综合评价法；②定量和半定性分析法，该方法基于定量分析，以定性分析为辅，如故障树分析法、事件树分析法、关键事件法（critical incident method，CIM）、影响图法等。

上述三种方法中，论分析结果的准确度，定量分析法是最好的，其次是定性定量综合分析法和定性分析法。但定量分析法的成本较高，定性定量综合分析法次之，定性分析法最低。工程中常用的风险分析方法的含义、特点和应用领域介绍，见表2.1。

表2.1 常用风险分析方法汇总表

编号	方法	类型	说明	优缺点	主要应用领域
1	调查与专家打分法	定性	形成综合风险因素表并邀请经验丰富的专家，对所有因素进行风险评估	方法简单；容易操作；受主观因素影响大	经济、管理、环境工程等
2	外推法	定性	根据已知数据推断未知数据，评估、分析风险	方法简单；容易操作；受主观因素影响	经济、管理、医学等
3	安全检查表（safety check list, SCL）	定性	根据预定的标准检查表进行检查，依据评分标准评分和判定风险等级	容易理解；方法简单；工作量较大	化工、机械、核电等
4	蒙特卡罗法	定量	通过随机计算、抽样或统计试验，建立概率分析模型，分析风险因素和风险概率	可结合结构分析与试验，考虑多因素影响；计算量大，对相关性分析有限	经济、化工、土木工程等
5	敏感性分析法	定量	通过定量分析各种因素变化对预期目标的影响程度，确定项目承担风险的能力，从而明确项目的风险水平	可靠，可得到因素的变化幅度；多因素分析较复杂，工作量大	经济、水利、化工等

续表

编号	方法	类型	说明	优缺点	主要应用领域
6	风险矩阵分析法	定性、半定量	以定性的指标描述危险事件的发生频率和可能产生的后果,以定量的指标描述风险等级	能考虑多因素;易受主观因素影响	经济、化工、土木工程等
7	层次分析法(analytic hierarchy process, AHP)	定性、半定量	将一个复杂的问题分解为若干层次和元素,计算和判断各要素重要度分值,合成整个项目风险	方法简单、灵活;易受一定主观因素的影响	经济、管理、化工、机械、环境工程等
8	模糊综合评价法	定性、半定量	全面评价风险对象,综合模糊逻辑与集合论两种理论	考虑因素多;易受主观因素影响	经济、机械、电子、化工、冶金等
9	故障树分析(fault tree analysis, FTA)法	定量、半定性	演绎法,通过事故和事件的逻辑推理事故原因,由事故发生概率可推得系统失效概率	复杂、精确、工作量大,故障树编制精度要求严格	航空航天、核能、军事、化工、机械、经济等
10	事件树分析(event tree analysis, ETA)法	定量、半定性	归纳法,由最初的事件判断系统发生事故的原因和条件,系统失效概率由事件的失效概率计算	视觉形象;易受主观因素影响,量化结果精度有限	核能、机械、化工、海洋工程等
11	CIM 模型	定量、半定性	以直方图表达变量概率分布,用函数求和代替积分	可进行概率分布叠加;应用范围有限	经济、管理等
12	影响图法	定量、半定性	用图形表示变量间的相互关系,能为决策提供信息	可考虑因素相关性;定义需要改进、简化操作	经贸、管理、石油化工、海洋工程等

2.2.2 风险分析的原则

要达到风险分析预期的目标,须选择有效的方法。任何一种风险分析方法都是因解决特定工程问题的需要而产生的,问题的侧重点不同,花费的资源以及提供的信息量也不同。不同分析方法有不同的适应性和独特的解决问题的方式。因此,必须对风险分析问题进行深入理解,选择合适的风险分析方法,才能得到满意的分析结论。制定或选择风险分析方法通常应遵循以下原则。

(1) 以研究对象的实际情况和特点为依据的原则。
(2) 以分析目标为出发点的原则。
(3) 与现有资源和技术条件等相匹配的原则。
(4) 兼顾整个风险分析过程的原则。
(5) 用最少的时间、金钱和人力成本以达到获得最大效用目标的原则。

总之,在制定或选择风险分析方法时,应该根据具体问题、问题的不同阶段、不同的目的、可获得信息量的多少，以及不同分析方法的特点等认真加以研究。在实际工程应用中，往往是将风险评估、风险识别等不同的分析阶段整体考虑，同时运用多种分析方法进行综合分析与研究，以达到预期的目标。

2.3 桥梁施工风险的基本概念

2.3.1 桥梁施工风险的定义

19世纪末在西方核电领域中出现风险的概念。风险评估已在环境科学、经济学、工程科学、社会学、灾害学等领域得到广泛的应用，但在不同的应用背景和专业背景下，对风险的定义仍存在较大的差异，因此工程界和学术界对风险的定义仍未达成一致看法[1,2]。

1985年，Williams将风险定义为：在指定的时间段里，可能出现的实际结果与预期结果的差异。

1990年，罗祖德定义风险为某种不利结果的不确定性。

1997年，国际地质科学联合会 (International Union of Geological Sciences, IUGS) 滑坡研究组评价委员会将风险定义为不利事件发生的概率及可能后果的严重程度。

2002年，陈滔认为风险是与不确定联系的损失可能性。

2003年，万艳华给出的风险定义中重点强调了风险的内涵是事件出现的不确定性，定义中的不确定性主要包含两个方面，一方面是由人们认识水平局限所造成的，另一方面指客观存在的不确定性。

虽然各国学者对风险的定义未达成统一，但是总体上都是围绕风险因素、风险损失等几个方面展开的。但是对于风险的认识以及具体运用由于各行业、各专业所注重的侧重点不同而存在差异。桥梁风险又称桥梁风险事态，主要是指桥梁工程领域中可能出现在规划、设计、施工、使用、维修等和桥梁结构安全相关的各过程中并会对有关利益体的利益造成不利影响的不确定事态。桥梁施工风险是以桥梁结构安全为中心，以施工阶段为分析周期，以关注风险事态的不确定性为重点，以有关的既定目标为依据开展风险评估工作，其评估结果与定义的量测方法有关。

因此，风险的定义采用以下数学公式：

$$R = f(p,c;q,b) \tag{2.3}$$

式中，R 为风险数值度量；p 为风险事件发生概率；c 为风险事件发生后造成的损失；q 为目标利益实现概率；b 为行动目标利益。

式(2.3)可以理解为：对于某个具体的工程项目，风险 R 与风险事态在项目实施过程中可能出现的概率 p、风险事态造成的损失 c、该项目达到预期收益的概率 q 和该项目的收益 b 存在某种数学关系。实现项目收益目标的概率 q 同风险事态发生的概率 p 有互补关系，即

$$p + q = 1 \tag{2.4}$$

因此，可以将式(2.3)简化为

$$R = f(p,c,b) \tag{2.5}$$

式(2.5)可以作为风险量测的一般数学表达，该式体现了风险即潜在损失与收益相互博弈的本质特点。当不考虑项目收益时，风险的本质就转变成各种潜在损失之间的博弈，所以式(2.5)可以转化为

$$R = f(p,c) \tag{2.6}$$

式(2.6)可解释为：风险的数值度量可以表示为风险发生的概率和风险损失组成的某种函数关系式，在实际工程项目中可根据风险评估需要构造合适的风险表达式。

2.3.2 桥梁施工风险的特征

桥梁施工风险特征是桥梁施工过程中的风险所拥有的一些特性，了解桥梁施工风险的特征有利于加强桥梁施工的风险管理，从而更好地对施工过程进行风险识别、风险评价。总体上，桥梁施工风险有以下几个方面的特征。

1. 桥梁施工风险具有客观性

桥梁施工风险是客观存在的，只要存在桥梁施工这个过程，就会存在风险，同时也不可能人为地完全排除。但是随着管理者的管理水平和对风险重视程度的不断提高，施工过程中风险的规律性逐渐被发现，并且这些规律为管理者们开展项目施工风险评估提供了可能性。

2. 桥梁施工风险具有损害性

桥梁施工风险事故一旦发生，就会给施工企业、业主以及社会等造成一定程度的损失。这种损失有可能是经济损失，也有可能是非经济损失，如施工过程中模板坍塌、火灾等可以用货币衡量的经济损失，施工造成的环境污染等非经济损失。

3. 桥梁施工风险具有突发性

施工过程中的事故往往是突然发生的，让人措手不及，难以采取措施，以至

于造成严重的工程事故,特别是桥梁工程施工中由于具有大量的高空作业,当事故发生时,工人们经常来不及立刻撤出危险区域,以至于造成重大人员伤亡。

4. 桥梁施工风险具有不确定性

风险的本质是一种不确定性,人们无法预测它会不会发生,什么时候发生。施工风险的不确定性主要体现在以下三个方面。

(1) 事故发生时间的不确定性。
(2) 事故发生空间的不确定性。
(3) 事故损失程度的不确定性。

5. 桥梁施工风险具有发展性

桥梁施工过程中造成风险事故的原因不是一成不变的。随着科学水平的不断提高,新的施工工艺和技术不断出现,新工艺、新技术在促进桥梁建设进一步发展、降低落后工艺可能造成的风险的同时,也带来了新的风险。因此发展新工艺、新技术的同时,也应该重视由此带来的风险。

2.4 施工风险识别

2.4.1 风险识别的步骤

风险识别又称风险辨别,指运用某种方法和手段,将影响桥梁工程施工安全的风险因素辨别出来,并根据其对桥梁结构安全的相对重要性对其进行权重量化的过程。桥梁施工风险评估的第一步就是风险识别,风险识别的好坏直接影响着施工风险评估的结果[8-15]。

施工风险识别,就是施工风险评估人员根据调查和研究的结果,使用一种或者几种方法找出施工过程中影响桥梁结构安全或者工作人员人身安全的各种潜在或已存在的因素,并根据一定的原则进行系统的分类。其为进一步的风险评价和采取合理策略应对风险打下基础,从而达到风险评估的目的。

作为桥梁施工风险评估的第一步,深刻、全面的风险识别直接关系到风险分析的效果和质量。如果风险识别中不够全面而忽略某些潜在的风险(特别是某些重大风险),可能造成施工风险评估项目的失败,以至于在桥梁施工中引发风险事故。桥梁施工风险识别的步骤一般情况下有以下六步(图 2.2)。

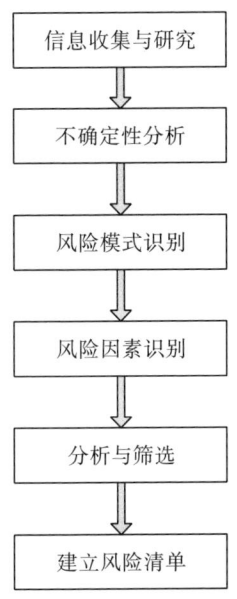

图 2.2 风险识别流程图

1. 信息收集与研究

信息依赖程度高是风险识别的一个重要特点,只有全面深入地了解桥梁项目各方面的情况才能进行正确、有效的风险识别,如桥梁工程所处的环境、桥梁结构形式、工程设计及施工文件以及类似工程的有关数据资料等方面的基本信息。为保证风险识别的高效、准确,在收集相关信息时,还要分析判断相关信息的可取性、准确性。

2. 不确定性分析

由于桥梁施工存在很大的不确定性,因此在风险识别中,风险分析人员应推测或判断哪些不确定性在桥梁施工期内可能存在。

3. 风险模式识别

对桥梁施工阶段可能出现的若干风险事故或风险模式进行识别,并估计这些风险事故发生后可能造成的损失,如自锚式悬索桥吊索断裂,有可能造成非常严重的后果。

4. 风险因素识别

通过某种方法或手段推测或找到任何可能引发风险事故的因素，如机械设备状况、施工队伍情况、材料性能、施工工艺、施工质量等。

5. 分析与筛选

将识别出的风险因素，通过一定原则分析判断，并筛选出发生概率较大或后果严重的风险因素，即明确主要风险模式和风险因素。

6. 建立风险清单

将最终筛选出来的风险因素，按照一定的原则进行归纳整理，形成风险清单，即风险识别工作的成果。

桥梁施工风险评估以风险识别和风险估计为基础，建立综合考虑风险概率和风险后果的施工风险评价模型，从而计算确定系统总体风险的大小。并根据相关评价标准和风险接受准则对施工风险系统进行综合分析和评价，检验和判断风险是否可以接受并评价风险的等级水平，为施工风险决策和应对提供科学依据，以保证桥梁建设项目的顺利实施。

2.4.2 施工风险概率估计

桥梁施工风险概率估计是桥梁工程风险估计的一个主要组成部分，它建立在风险识别的基础之上，依据一定的方法和原则，对施工期间发生风险事故的概率进行定性或者定量的估计或计算。正确的风险概率估计是准确、客观地进行风险评价的基石。一般情况下，风险管理者主要依靠类似工程项目历年来的数据资料进行统计分析，以确定发生风险事故的概率。常用的桥梁施工风险概率估计方法如下。

(1) 统计分析法。尽管在桥梁施工阶段可能引发桥梁风险事故的因素有许多，其原因也千差万别，但是根据一定的方法通过对类似工程风险事态的统计分析，可以找出桥梁施工风险的规律性，并得出风险的概率分布，从而对风险事故的概率进行估计。

(2) 理论分布法。当类似桥梁统计数据不可信或者不足时，可以结合数学理论概率计算和有限元理论分析来补充和修正，建立桥梁施工风险概率分布图。在桥梁施工风险分析中，常用正态分布来表示施工风险的理论概率，并由标准差和期望值的函数构成该分布曲线。

(3) 主观经验法。主观方法主要依靠专家对桥梁施工项目中可能的风险事故进行评估，估计各风险因素引发风险事故的概率大小，得出概率等级。该方法充分利用了专家的智慧、经验，且方便简单，成本较低，在实际工程中已得到广泛应用，但这种方法受到专家自身水平的限制。

1. 风险概率估计的基本原理

风险概率代表风险事故发生的可能性和概率大小，对于工程结构物来说，风险概率可以用结构的失效概率来表示。因此，桥梁工程风险概率的估计问题，也就转化为求解桥梁工程各类结构风险事故失效模式状态下的结构失效概率问题。

《公路工程结构可靠性设计统一标准》（JTG 2120—2020）中对可靠度的定义为：结构在规定的时间内，在规定的条件下，完成预定功能的概率。失效概率为结构不能完成预定功能的概率。在实际应用中分别用 P_s 和 P_f 表示结构可靠度、失效概率。

结构可靠度分析就是参考结构要求的功能，把各种作用效应、几何参数和结构抗力等作为基本变量 $X_1, X_2, \cdots, X_n$ 来考虑，则结构的功能函数可表示为

$$Z = g(X_1, X_2, \cdots, X_n) \tag{2.7}$$

同时，也可以将单个构件的基本变量组合成整个体系的综合变量，如整个体系综合抗力 R 可由单个构件抗力组合而成，整个体系综合作用效应 S 由外界作用单个效应组合而成，则结构的功能函数变为

$$Z = g(R, S) = R - S \tag{2.8}$$

结构可能出现的工作状态包括可靠状态、极限状态和失效状态，如图 2.3 所示，用功能函数表示为

$$\begin{cases} R - S > 0, & 结构处于可靠状态 \\ R - S = 0, & 结构处于极限状态 \\ R - S < 0, & 结构处于失效状态 \end{cases}$$

用"极限状态"来衡量完成预定功能的程度。当整个体系或体系的一部分超出满足结构功能要求的某一临界点，则此临界点即为体系该功能的临界状态。极限状态实质上是一种不稳定的临界状态，可以用极限状态方程描述为

$$Z = g(X_1, X_2, \cdots, X_n) = 0 \tag{2.9}$$

结构的失效概率可表示为

$$P_f = P(Z < 0) = P(R - S < 0) \tag{2.10}$$

则结构的可靠度为

$$P_s = P(Z > 0) = P(R - S > 0) \tag{2.11}$$

由于结构的可靠与失效是互斥事件，由概率论定义可知，二者的概率关系（图 2.3、图 2.4）为互补，即

$$P_f + P_s = 1 \tag{2.12}$$

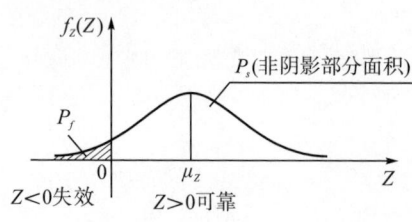 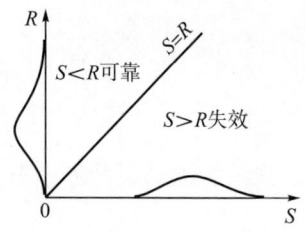

图 2.3　结构所处的状态　　　　图 2.4　可靠度与失效概率的关系

2. 两种极限状态

《工程结构可靠性设计统一标准》(GB 50153—2008)和《公路工程结构可靠性设计统一标准》(JTG 2120－2020)中，将极限状态分为承载能力极限状态和正常使用极限状态。

1) 承载能力极限状态

当结构不再适于承载或变形超过规范规定即达到承载力极限状态。当结构出现以下状态之一时，可认为超过了承载力极限状态。

(1) 整个体系或体系的某一部分失去稳定(如滑移、倾覆等)。

(2) 整个体系或体系的一部分因为材料强度不足或变形过大而破坏或不适于承载。

(3) 结构因体系的一部分失效而转变为机动体系。

(4) 结构或构件失稳。

2) 正常使用极限状态

正常使用极限状态是指整个体系或体系的一部分超过正常使用状态的限值或者不满足耐久性的要求，其值与结构的工作环境和耐久性有关。出现下列状态之一时，可认为超过了正常使用极限状态。

(1) 影响正常使用或外观的变形。

(2) 影响正常使用或耐久性的局部损坏(包括裂缝)。

(3) 影响正常使用的振动。

(4) 影响正常使用的其他特定状态。

根据桥梁工程风险的相关定义，主要研究施工阶段最大悬臂状态位移的不确定性，因此，将基于承载能力极限状态对桥梁工程施工期间各种失效模式下的结构失效概率(风险概率)进行估计和研究。

3. 失效概率的计算方法

失效概率(或可靠度)的实用计算方法主要有中心点法、蒙特卡罗法、响应面法、随机有限元法等。

中心点法是最早应用于可靠度研究的方法。中心点法的基本思想是将非线性函数在随机变量的中心点上(平均值处)用泰勒级数展开,保留一次项,使非线性函数线性化,再近似计算函数的标准偏差(二阶矩)和平均值(一阶矩),并直接用功能函数的平均值和标准差表示可靠度指标 β,又称为一次二阶矩中心点法。

蒙特卡罗法基于实验统计或随机抽样,目前国内外普遍认为其是精确度较高的可靠度计算方法。其基本原理是随机抽取样本变量,将其代入功能函数表达式,计算表达式,当样本达到足够大时,根据大数定律,结构失效概率用结构失效次数占样本总数的频率确定。该方法的缺点是工作量大,不适合在大型复杂结构中使用。为了提高方法的实用性,必须运用科学方法减少不必要的样本数量。通常采取的方法是减小样本的方差。

响应面法的原理是将复杂的隐式函数用一个简单的显式函数来近似替代,在结构可靠度分析中,就是通过尽量简化结构计算,用响应面函数(简单多项式)代替结构实际的极限状态函数,从而可以利用通用计算方法得到结构可靠度。

随机有限元法(stochastic finite element method, SFEM)又称概率有限元法,顾名思义,它是有限元理论与概率理论相结合的产物。通俗来讲,就是将变量某一方面取值的不确定性引入有限元,如在有限元计算中引入蒙特卡罗理论,将随机变量的样本代入有限元程序进行重复计算,进而对结果统计分析。但严格来说,这不是真正的随机有限元,真正的随机有限元应包含随机场的处理、随机变量的展开与随机矩阵的求逆等过程。

2.4.3 施工风险损失估计

施工风险损失估计建立在风险识别的基础上,它也是施工风险估计中的一个主要组成部分,和风险概率估计共同构成施工风险估计。风险损失主要指在桥梁施工过程中风险事故发生后,遭受的经济损失、人员伤亡、结构损伤等直接影响,以及声誉受损、交通受阻等间接影响,从而造成的桥梁项目收益的减少或亏损。

桥梁施工风险损失可以从多方面进行描述和分类:①从损失承担者的角度,可以分为业主损失、建设者损失、使用者损失等;②从损失与损失承担者时效关系的角度,可以分为直接损失、间接损失;③从损失量测单位的角度,可以分为时间损失、货币损失和人员伤亡;④从损失的具体形态的角度,可以分为结构损失、利润损失、环境损失、声誉损失和运输费损失。

2.4.4 施工风险评估方法

施工风险评估包括施工风险估计和施工风险评价两个方面。桥梁工程施工风险估计的目的是为桥梁工程项目的风险决策提供可靠依据，其主要方法就是通过对风险事态发生的概率和风险产生的后果进行量化的计算和描述，其基本原则包括相对性、系统性、谨慎性等。施工风险估计以经验法和数学概率论等相关原理为理论基础，其方法同样包括两种，即客观估计和主观估计。桥梁施工风险管理中最关键的一步就是风险评价。其目的是评价施工风险可能给桥梁项目造成的影响，主要通过采用一种和几种方法或手段处理风险分析的不确定性问题。常用的风险估计与评价方法主要有蒙特卡罗法、灰色理论法、层次分析法及模糊综合评价法。

1. 蒙特卡罗法

蒙特卡罗法又称随机抽样法，其属于计算数学的一个分支。该方法基于统计数学和模糊数学的原理，通过概率统计的相似体，运用一系列的随机数近似求得目标的近似解。它的一个重要特点就是可以模拟各种变量间的动态关系。该方法能经济、快速、有效地解决很多不确定性问题。

2. 灰色理论法

1982 年，我国学者邓聚龙教授首先提出灰色理论法，该方法运用科学的研究方法和一定的技术手段对已知信息进行重生成，并二次开发之后提取有价值的信息，能够有效地控制和正确描述系统的运行规律。目前，该理论已经赢得了国内外学术界的普遍认可。

3. 层次分析法

层次分析法于 20 世纪 70 年代由美国运筹学家萨蒂 (T. L. Saaty) 提出，是一种将较为模糊、复杂的问题通过层次解析，从而实现简单化的方法。它是一种介于定性和定量之间的方法，非常适用于那些很难准确量化分析的问题。该方法使人分析问题时思维条理层次化，是一种实用、简单又灵活的分析方法，已在经济分析、科研管理以及分析管理等领域得到广泛的运用。

4. 模糊综合评价法

模糊综合评价法是一种运用模糊数学作为其基本原理并在实际工程中应用广泛的方法。该方法将所有影响目标结果的因素，通过模糊数学的隶属度原理，并采用权重表示各因素对目标的相对重要性，建立数学模型，求解出判断目标。该方法可将定性分析转化为定量分析，很适合于解决施工风险分析中受各风险因素影响难以量化的问题。

2.5　施工风险决策

桥梁施工风险决策就是依据一定的原则和标准，结合现代管理学知识和桥梁工程实践，运用现代科学技术知识，综合考虑施工风险的整体水平、风险承受者的风险承受能力和风险态度，而对各种可能的施工风险采取某种应对策略和应对方案，并予以实施的过程。它建立在风险识别、风险估计的基础之上。在风险决策的过程中，风险管理者必须着眼于整个风险管理目标，统筹分析判断后提出相应的风险应对策略，并进行相关的论证分析，以便找出最经济、有效的方案[12-15]。

2.5.1　风险应对策略种类

在得出桥梁施工风险水平后，根据桥梁施工项目的实际情况和风险承受者的风险接受水平，应从众多风险应对措施和策略中选用一种或几种措施做好风险应对准备。工程实际运用中主要有以下七种风险应对策略。

1. 风险回避

桥梁施工过程中存在和可能存在的风险太大，远远超出了风险承受者的接受能力，但又没有其他有效的措施以降低施工风险至合理水平时，项目管理者主动放弃桥梁项目，以达到遏制风险发展或使风险不会发生的措施称为风险回避。从风险管理的角度，这种措施是消除风险最彻底的方法，但同时它也是最消极的一种施工风险应对措施。因此风险回避可能会在某种程度上降低项目投资者的收益，同时也可能阻碍技术的创新。

2. 风险转移

风险转移是指使用某种方式以某种代价将桥梁施工阶段可能造成的一部分或者全部损失或者责任转移给第三方。这种风险应对策略并没有消除风险，而且需要付出一定的代价来转移风险。当桥梁施工项目风险发生的概率不大，但可能造成的损失又比较大时，项目管理者无法继续投入大量资源以降低或预防风险，或者没有有效的措施达到降低风险的目的时，一般采取此策略。转移风险的核心思想就是转移风险的隶属性：某些风险事态对某一方风险承担者来说无法接受，但对第三方也许是可以接受的。保险转移是桥梁工程项目中最为常见的风险转移形式。

3. 风险缓解

风险缓解就是一种为使桥梁施工某个局部或者整体风险水平降到风险承担者可以接受的程度，而通过一定的技术手段或管理措施，减少施工造成的风险损失或降低风险发生概率的措施。风险缓解只是减轻风险事态造成的损失，它并没有消除风险。风险的可知性或预测性很大程度上决定了是否采用风险缓解措施。

4. 风险自留

风险自留又叫作风险接受，在桥梁施工领域是指当桥梁施工风险不大或者风险水平在风险承担者的承受能力以内，风险承受者不采取其他措施，而独自承担风险后果的应对策略。这就要求项目管理者在选择该种策略时充分考虑到自身的风险承受能力，以及风险发生的概率和风险事态发生后可能的后果。

5. 风险预防

风险预防是指在桥梁施工中采取一种或者几种预防措施以降低风险后果损失程度和风险事态发生概率的措施，这是一种积极的风险应对策略。在桥梁工程施工实际中经常使用的方法有程序法、教育法和工程法。

6. 风险储备

风险储备要求项目管理者根据以往类似桥梁施工风险的规律，在施工前制定好科学有效的应对措施或者实施方案。桥梁工程项目在施工过程中当实际情况与预先方案出现偏差时，立刻找出原因，并按照事先制定好的应对措施加以修正，以保证施工过程安全和桥梁施工质量，达到预定目标。

7. 风险监控

风险监控就是采用一定的手段对桥梁施工过程中结构的风险状况进行控制。对于桥梁工程项目而言，主要就是在桥梁施工期间对桥梁结构进行跟踪监测，识别风险因素的变化情况，以判断结构整体风险水平的变化，以便采取合理、有效的应对策略对施工风险加以控制，保障施工安全。

从以上七种风险应对策略可以看出，风险应对策略的制定不仅涉及施工单位，还同业主、设计方和第三方等有密切关系。在制定风险应对策略或管理方案时应充分考虑项目风险概率的大小、风险的严重程度以及项目各方的风险态度和承受能力。根据桥梁施工风险评估中得出的项目风险水平合理选用其中一种或者几种风险应对策略。

具体的几种风险应对策略见图 2.5。

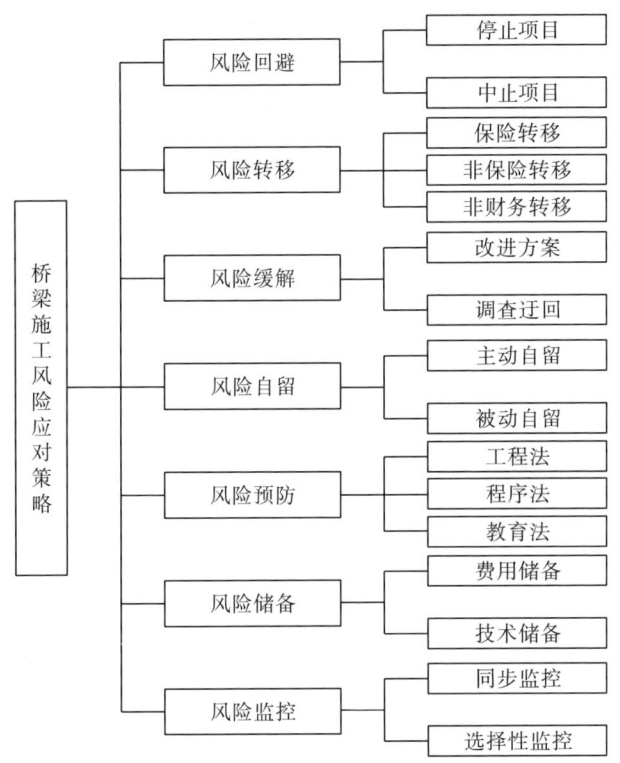

图 2.5　桥梁施工风险应对策略

2.5.2　风险应对决策原则

桥梁施工风险管理中有多种风险应对策略,但各种策略的应用领域和特点却不尽相同。如何选取经济、有效的风险应对策略,以保证桥梁施工安全,这就要求在施工风险决策时,必须结合工程实际,综合考虑各方面因素按照一定的原则和规律进行。具体而言,风险应对策略的选择一般应遵循以下原则。

(1)适用、有效的原则。在施工风险应对决策中必须结合桥梁自身结构特点、施工风险水平以及项目管理者自身资源情况来选取风险应对措施,就是所谓的对症下药。并且选取的应对措施必须现实可行、简单适用、科学合理,以便能切实有效地保障桥梁施工安全。

(2)成本合理、量力而行的原则。桥梁施工风险应对中,想要降低任何一种施工风险，都必须付出成本，即任何风险应对策略都是有成本的。在选取具体应对措施时，不仅要考虑所取得的效果，还应该考虑为此所付出的代价。在有些情况下，某些风险应对措施成本巨大，却收效甚微，以至于因小失大。在选取风险应对策略时，必须综合考虑工程实际情况以及投资者自身承受能力，在保证桥梁施工安全的前提下，量力而行，尽可能选择成本较低的风险应对策略。

(3) 可行性、可操作性原则。在选取具体风险应对措施时，应当对应对措施的现实可行性进行论证，以保证其不会受到主观或客观因素的制约。例如，利用当前的科学技术是否能够实施该措施、项目管理者是否愿意或者有能力投入资源、策略是否被有关法律所禁止等。

(4) 综合全面的原则。任何一个桥梁工程项目在施工过程中都面临着各种各样的风险，应尽量考虑到全部的风险，并通过分析判断找出主要风险。同时，每一种施工风险应对措施，都有其适用范围和局限性，在采取具体措施时，应该全面考虑各种施工风险的特点，综合选用多种应对策略，形成最佳的施工风险应对策略组合。

2.5.3 施工风险决策的流程

桥梁施工风险决策包括风险应对方案决策和桥梁施工方案决策两个方面，它建立在施工风险估计和施工风险评价的基础上。施工风险决策流程如下：①确定施工方案风险决策原则；②通过施工方案决策评价，选取以降低施工风险为目标的最优方案；③制订风险应对与监控计划；④确定风险应对决策原则；⑤根据施工风险水平和风险决策，选择经济、合理的应对策略；⑥实施施工方案的同时，执行施工风险应对和监控计划；⑦施工过程中，如实际情况与风险控制计划出现偏差，风险超限时，及时根据风险应对计划，采取相应的风险应对策略；⑧动态跟踪监测整个施工过程。循环以上步骤，直至项目完成。

桥梁施工风险决策是一个可调的、动态的过程，可以根据桥梁建设时的具体情况和项目风险目标的变化情况做出相应的调整。

桥梁风险识别目前主要有三种方法：定性方法、定量方法、定性和定量相结合的方法。采用定性与定量相结合的方法，通过层次分析法，对风险因素进行识别，并结合灰色系统理论，确定结构的索面形式为单索面，运用径向基函数 (radial basis function, RBF) 神经网络、蒙特卡罗原理及有限元分析确定风险因素的失效概率，最后对可能发生的风险制定应对措施。风险评估的常规流程如图 2.6 所示。

第 2 章 桥梁施工风险评估方法

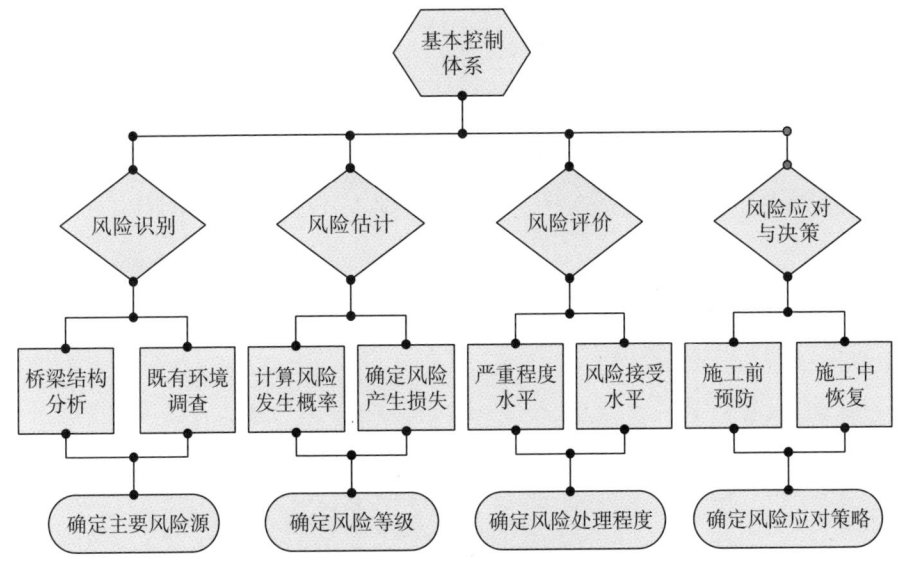

图 2.6 风险评估的常规流程

1. 风险识别

风险识别是桥梁工程风险分析工作的前提和基础，它是整个研究工作的始发点，在风险识别阶段要求运用各种可行的方法将桥梁在建设期间有可能发生的会对结构安全性带来影响的风险因素标识出来，并加以系统分析。

风险识别是风险分析的一个重要阶段，正确识别风险是确保风险分析取得良好结果的重要前提。

2. 风险估计

作为桥梁工程风险评估分析的第二步，风险估计常常被视为评价工作的前提和基础。风险估计是基于风险识别的成果，运用多种分析方法，并结合理论研究，对该桥梁工程结构在各个阶段存在的各种风险发生的概率和发生后会造成的损失给出定量的估算，即风险分析的研究目标和构成有两个主要方面：风险后果造成损失的严重性和风险概率的大小。

3. 风险评价

桥梁工程风险管理工作的重要环节就是风险评价，风险评价是系统风险分析的关键。风险评价是基于风险识别和风险估计，通过建立风险评价系统模型，考虑风险因素和风险概率，用合适的指标(如预期价值、风险水平)确定风险值。根据风险评价标准，确定需要处理的程度，为风险应对与决策提供科学依据。

4. 风险应对与决策

风险管理的一个重要阶段是风险应对与决策，是风险分析的核心。风险应对是指针对一个合理的、有效的风险评估结果，制定风险应对策略，减少或控制桥梁工程的风险，确保施工安全，从而减少经济损失和各方面的损害。

参 考 文 献

[1]阮欣，陈艾荣，石雪飞. 桥梁工程风险评估[M]. 北京：人民交通出版社，2008.

[2]张喜刚. 公路桥梁和隧道工程设计安全风险评估[M]. 北京：人民交通出版社，2010.

[3]阮欣. 桥梁工程风险评估体系及关键问题研究[D]. 上海：同济大学，2006.

[4]朱瑶宏. 杭州湾跨海大桥项目施工期风险分析[D]. 成都：西南交通大学，2004.

[5]李永盛，陶履彬，肖汝诚，等. 崇明越江通道工程风险分析研究报告[R]. 上海：同济大学，2003.

[6]刘英富. 桥梁施工风险评估方法研究[D]. 西安：长安大学，2005.

[7]张杰. 大跨度桥梁施工期风险分析方法研究[D]. 上海：同济大学，2007.

[8]张倩萍. 山区超高互通立交混凝土箱梁现浇安全风险评估[D]. 重庆：重庆交通大学，2019.

[9]嵇正永. 桥梁工程施工阶段的风险识别与评估研究[D]. 北京：北京交通大学，2009.

[10]王智龙. 单索面双层斜拉桥施工控制研究[D]. 重庆：重庆交通大学，2011.

[11]杨亚文. 大跨径公路斜拉桥基础施工安全风险控制研究[D]. 重庆：重庆交通大学，2012.

[12]张帆. 大跨径公路斜拉桥索塔施工安全风险分析与控制研究[D]. 重庆：重庆交通大学，2013.

[13]赵延龙. 单索面斜拉桥合龙施工与控制技术研究[D]. 重庆：重庆交通大学，2013.

[14]钟建国. 嘉陵江重庆至北碚区段跨江大桥船撞风险分析[D]. 重庆：重庆交通大学，2009.

[15]巩春领. 大跨度斜拉桥施工风险分析与对策研究[D]. 上海：同济大学，2006.

第 3 章　基于人因因素和环境因素的桥梁施工风险评估

3.1　大跨桥梁施工风险识别的特点

由于大跨桥梁自身独特的结构特点和组成形式，其风险识别具有一定的独特性[1]。

1. 桥梁本身的结构特性

由于桥梁本身的结构特性，随着跨度的增加，梁体结构容易损坏，其风险概率随之增加，影响桥梁结构的因素增多，风险识别变得复杂。

2. 桥梁结构的复杂程度

随着对桥梁工程的需求日益多样化，桥梁施工变得越来越复杂。对于复杂的桥梁，很难分析其实际受力状况，使得理论与实际相结合变得越来越困难，从而给桥梁风险评估带来较大困难。

3. 桥梁施工人员的技术熟练程度

通常情况下，人的因素是决定事物成败的关键性因素，桥梁工程施工同样如此。施工人员的技术熟练程度与桥梁施工风险是成反比的，一些新的技术只有经过不断的运用，才能够变得越来越成熟，达到成熟之后，应用于桥梁，使得桥梁的风险不断降低。

4. 桥梁施工的周边环境

众所周知，桥梁施工以户外劳动为主体，因此桥梁施工所在地的地形、地貌、气候以及通航条件都会对桥梁施工造成不同程度的影响。施工企业若对这些因素的考虑不够全面，有可能造成人员及财产的损失，风险也将增加。

大跨桥梁风险识别所需要收集的资料如下。

(1) 桥梁项目的结构形式。

(2)桥梁所处地的水文、地质和气象情况。
(3)采取的施工组织设计和施工方案。
(4)桥梁施工所需要的材料和设备。
(5)施工队伍的组织管理水平和技术水平。
(6)社会环境和人文环境(民俗文化,当地政府、公众对项目的支持度)。
(7)业主的服务水平(工程进度款的支付、变更和索赔情况,电力和工程用水的供应等)。
(8)分包方的合作水平(合作态度和信誉等)。

3.2 常用的理论分析方法

我国对土木工程领域,尤其是对桥梁工程的风险研究已经开始,主要集中在风荷载、地震、船撞、车撞等方面,并且多数正处于定性分析阶段,大都缺乏数据基础[2,3]。

3.2.1 层次分析法

层次分析法(analytic hierarchy process,AHP)是一种应用十分普遍的决策形式,它简单、适用性强而且体系完整,是一种以定性为基准结合定量的表达方式,对人的主观判断进行处理的方法[4,5]。层次分析法对于复杂因素决策的技术问题,尤为实用。近年来,许多风险问题运用层次分析法进行解决。将其与风险评价和决策过程结合在一起,能够很好地满足风险决策的需要。

层次分析法的基本步骤:首先建立内部可以描述系统特点和功能的递阶层次结构,然后通过两两比较因素(方案、准则、目标)的相对重要性,确定对应的比例结构——上层结构元素与下层结构元素一一对应的相关矩阵,给出一个有关元素对上层某些元素的相对重要性序列。层次分析法的关键是如何排序。层次分析法的分析过程即人们决策思维的基本过程,即分解、判断、得出结论。

层次分析法的优点:①进行风险定性分析的同时还可以进行风险定量分析;②具有系统性、灵活性、简洁性;③可以得到最直观的结果,根据计算结果可以做出最有效的应对措施。层次分析法的缺点:①层次分析法的判断矩阵具有主观性的特点,不同专家的评价结果很可能不统一;②进行矩阵元素赋值时,采用1~9尺度,在层次因素复杂的情况下,对实际情况的反映达不到精度要求,对模糊问题的评价还存在不明确的情况;③从层次分析法应用步骤可以看出,在判断矩阵构造完成后需求解各个元素重要性的排序以及进行判断矩阵的一致性检验,这些工作都比较烦琐。

层次分析法流程如图 3.1 所示，具体实施步骤如下。

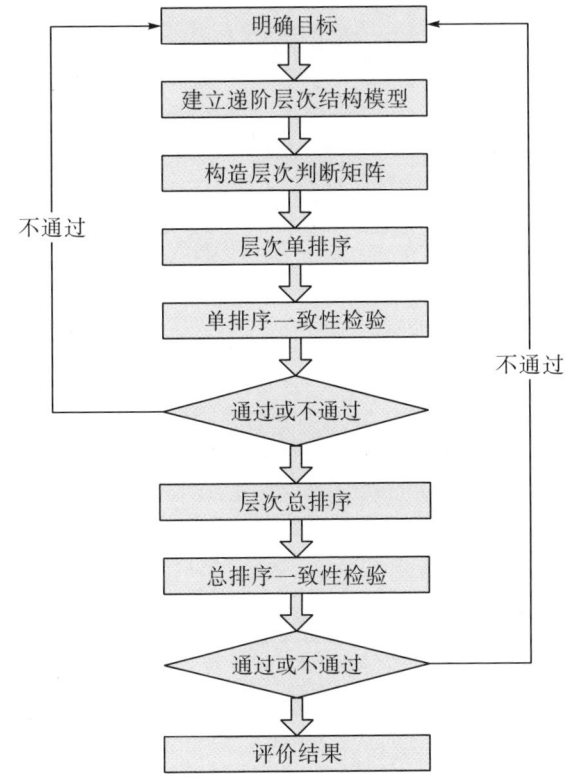

图 3.1 层次分析法流程

1. 构建层次结构模型

想要应用层次分析法，首先要了解所涉及的问题，弄清问题所包含的元素，以及元素之间的关联性、所属关系，还要明确最终是要解决哪些问题。初步理解、分析问题的特征因素及其共同特点，并将其作为系统中新层次的因素。这些因素本身是通过另一组特征因素结合在一起，确定系统的最高层因素，同时将最高层因素确定为决策分析的目标。这样的层次结构模型由最高层、中间层和底部层组成。把深入分析关键因素归为几个不同层次，如指标层、准则层和目标层等，因素结构层次关系如图 3.2 所示。

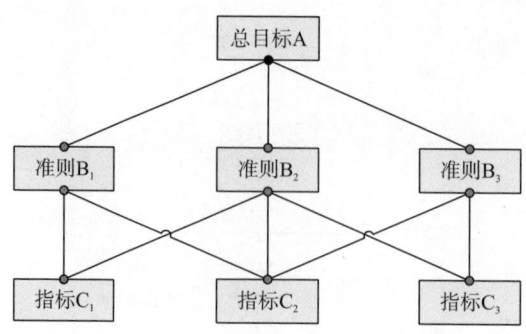

图 3.2　层次结构图

2. 层次单排序及一致性检验

分析任何问题都是建立在一定的信息量基础之上的。层析分析法是人们通过对其中每个因素的重要性进行判断，进而用适当的标度值表示出来，构造出判断矩阵。判断矩阵反映上一层次中某一因素在本层次中其关联因素之间相对重要性的比较。指标 C_j ($j=1,2,\cdots,n$)（隶属于准则 B_i）的构造判断矩阵见表 3.1。

表 3.1　判断矩阵的一般形式

A	B_1	B_2	$\cdots$	B_n
B_1	a_{11}	a_{21}	$\cdots$	a_{n1}
B_2	a_{12}	a_{22}	$\cdots$	a_{n2}
$\vdots$	$\vdots$	$\vdots$	$\vdots$	$\vdots$
B_n	a_{1n}	a_{2n}	$\cdots$	a_{nn}

判断矩阵 A 的性质为

$$a_{ij}=1,\quad a_{ij}=1/a_{ji},\quad a_{ij}>0 \tag{3.1}$$

对各因素相对重要程度的衡量具体是通过判断矩阵中各元素的值来实现的。为了形成 AHP 中的判断矩阵，引入 1~9 比率标度方法。判断矩阵中相应元素取值在元素相互比较重要性中必须具有实际意义的说明，见表 3.2。

表 3.2　判断矩阵比例标度及其含义

定义	分值
表示 i 元素与 j 元素，具有同样重要性	1
表示 i 元素与 j 元素相比，i 元素稍微重要于 j 元素	3

续表

定义	分值
表示 i 元素与 j 元素相比，i 元素明显重要于 j 元素	5
表示 i 元素与 j 元素相比，i 元素强烈重要于 j 元素	7
表示 i 元素与 j 元素相比，i 元素极端重要于 j 元素	9
i 元素与 j 元素比较结果处于以上结果的中间	2，4，6，8
因素 i 与 j 比较，得出判断 $a_{ij}=1/a_{ji}$，$a_{ii}=1$	以上各数的倒数

层次元素重要性排序问题，就是根据同一层次元素相对于上一层次元素的重要程度进行排序，目的是完成风险识别。排序问题分为层次单排序和层次总排序。通过计算已经确定的判断矩阵的最大特征值及与之相对应的特征向量，确定下一层元素的加权值，即可计算出与上一层元素相关的下一层元素的单排序，从而得出某层元素相对于整个层次的相对重要性权值，这种排序称为层次总排序。层次分析法也因此得名。层次分析法采用重要性权值作为元素排序的评价指标，重要性权值是一种相对度量数，其数值介于 0 和 1 之间，数值越大，表示元素越重要。因而，层次排序问题的实质就成了求解判断矩阵的特征向量和特征值。其计算方法归结起来主要有特征根法、最小二乘法、和法和方根法等。其中，方根法的具体步骤如下。

设判断矩阵为 $\boldsymbol{A}=(a_{ij})_{n\times n}$ $(i,j=1,2,\cdots,n)$，各元素相对权重值 $\boldsymbol{W}=(w_1,w_2,\cdots,w_n)$。计算判断矩阵每一行元素之积的 n 次方根 m_i，得

$$m_i = \sqrt[n]{\prod_{j=1}^{n} a_{ij}} \quad (i,j=1,2,3,\cdots,n) \tag{3.2}$$

归一化向量 $\boldsymbol{W}=(w_1,w_2,\cdots,w_n)^{\mathrm{T}}$，得

$$w_i = \frac{m_i}{\sum_{k=1}^{n} m_k} \quad (i=1,2,3,\cdots,n) \tag{3.3}$$

即所求的特征向量为 $\boldsymbol{W}=(w_1,w_2,\cdots,w_n)^{\mathrm{T}}$，计算特征矩阵的最大特征向量 $\lambda_{\max}$，得

$$\lambda_{\max} = \frac{1}{n}\sum_{i=1}^{n} \frac{(\boldsymbol{AW})_i}{w_i} \tag{3.4}$$

应对逻辑的前后统一性做一致性检验，从而避免在判断矩阵中发生"乙比丙重要，丙比甲重要，而甲又比乙重要"的死循环现象。其检验步骤如下。

计算一致性指标：

$$\mathrm{CI} = \frac{\lambda_{\max}-n}{n-1} \tag{3.5}$$

查找相应的平均随机一致性指标 RI 的值，见表 3.3。

表 3.3　随机一致性指标 RI 取值表

阶数 n	1	2	3	4	5	6	7	8	9	10
RI	0	0	0.52	0.89	1.12	1.26	1.36	1.41	1.46	1.49

计算一致性比例：

$$CR = \frac{CI}{RI} \tag{3.6}$$

判断矩阵能够满足一致性的基本条件是 CR=CI/RI<0.1，当不满足上述条件时就需要对判断矩阵的元素取值做出相应的调整。

3. 层次总排序及一致性检验

通过上面的计算，仅能确定某一组元素在上层元素中对应元素的权重向量，但一致性检验的最终目的是要得到各个元素对于总目标的相对权重，对方案做出选择。计算合成权重是从上到下，合成单一标准权重，并自下至上逐层检验一致性。假设第二层为层次 B，有 m 个要素 $B_1, B_2, \cdots, B_m$，其关于目标层的权重依次为 $b_1, b_2, \cdots, b_m$。

假设第三层为 C 层，有 n 个要素 $C_1, C_2, \cdots, C_n$，其相对 B_i 的重要度依次为 $c_1, c_2, \cdots, c_n$，则 C 层要素 c_j 的综合权重为

$$c_j = \sum_{i=1}^{n} a_i c_i \quad (j = 1, 2, 3, \cdots, n) \tag{3.7}$$

即上层要素具有权重的相对重要度的加权之和构成下层要素的权重。层次分析法的关键步骤在于寻找影响因素，建立层次关系及构造判断矩阵，难点也恰在这两步。影响因素具有针对性，也具有主观选择性，必须根据实际的评判体系确定直接造成影响的评判因素作为层次分析法的底层，然后根据评判体系需要完成的目标寻找中间层，建构合理的层次关系。对于同层元素之间的比较，必须结合详细的资料及经验，做出尽可能符合客观实际的判断，判断结果构成的矩阵必须满足一致性要求。为了确保同层次间影响因素直接关系的准确性，避免 A 对 B 很重要而 B 对 A 重要性不一致的情况出现，判断矩阵应满足一致性检验，只有满足一致性检验的判断矩阵才是有效合理的判断矩阵。

3.2.2　灰色关联理论

我国大规模的系统科学研究比西方国家滞后了 20 多年。西方国家的系统科学

研究兴起于20世纪50年代中期,我国的系统科学研究热潮则出现于70年代中后期。1980年,伴随着中国系统工程学会的成立,系统工程方法、系统科学研究和新技术开始大量应用于科学和管理领域,并取得了丰硕的研究成果。上述研究成果造就了系统科学蓬勃发展的适宜条件和土壤,灰色系统理论正是在这样优越的环境条件下迅速发展起来的[6]。

在控制理论中,人们用颜色深度描述信息的清晰程度,如阿什比(Ashby)将内部信息未知的系统定义为黑箱(black box),目前这种观点已被大众所接受。"黑"、"白"和"灰"三种不同的颜色被分别赋予三种不同的含义:"黑"表示信息未知,"白"表示信息明确,"灰"表示部分信息明确。这三种形式与三种系统一一对应:白色系统里面的信息完全明确、公开,黑色系统里面的信息未知,灰色系统里面的信息部分明确。

1982年,邓聚龙提出了灰色系统理论[6]。灰色系统理论的研究对象是"部分信息未知,部分信息已知"的"贫信息"和"小样本"的不确定性,运用一定的技术手段和科学研究方法对已知信息重生成、二次开发之后再提取有价值的信息,借此实现对该模式下系统运行规律的正确描述和有效控制。目前,这一新理论已经赢得了国内外学术界的认可。

灰色系统理论中的关联度分析法主要用于分析系统中多因素的关联程度。灰色层次分析模型主要是以层次分析法和关联度分析法为基础,把后者运用于层次结构系统模型中而形成功能更为强大的模型系统。设一个评价体系是由 m 个指标组合而成的多层次系统,若该系统有 n 个方案,则第 i 个方案的 m 个指标构成数列:

$$y_i = \{y_i(1), y_i(2), \cdots, y_i(m)\} \qquad (i=1,2,\cdots,n)$$

其中,$y_i(j) = a_{ij}$ ($i=1,2,\cdots,n; j=1,2,\cdots,m$)。

1. 确定最优指标集

设 $y_0 = \{y_0(1), y_0(2), \cdots, y_0(m)\}$ 为 m 个指标在诸方案中的最优值。其中,当指标属于"效益型"指标时,$y_0(j) = \max_i y_i(j)$,也就是说如果指标选取最大值作为最佳选择,则取各方案中该指标的最大值;当指标属于"成本型"指标时,$y_0(j) = \min_i y_i(j)$,也就是说在指标中如选取最小值为最佳选择,则取各方案中该指标的最小值。参考序列是一种理想的序列,是每一个项目或项目各项指标达到的最佳水平。

最优指标集 y_0 的意义是通过选择每个方案最优的指标,构成理想最优方案。以此为基准,用灰色关联度衡量因素间的相关程度,以此确定每个方案与理想方案之间的相关性,从而得到各方案的优劣次序。

2. 指标值的规范化处理

各个指标在量纲上存在差异性，致使各个数据之间无法进行关系运算，所以需对原始数据进行处理，将其转化为区间[0,1]的数。数据处理可采用以下公式：

$$x_i(j) = \frac{y_i(j) - \min\limits_{i} y_i(j)}{\max\limits_{i} y_i(j) - \min\limits_{i} y_i(j)} \quad (i=1,2,\cdots,n; j=1,2,\cdots,m) \tag{3.8}$$

式中，$\min\limits_{i} y_i(j)$、$\max\limits_{i} y_i(j)$ 分别表示第 j 个指标在 n 方案中的最小值和最大值；前者适用于效益指标集，取指标在结构方案评价指标中的最小值；后者适用于成本指标集，取指标在结构方案评价指标中的最大值。规范化处理后得到如下数列：

$$x_i = \{x_i(1), x_i(2), \cdots, x_i(m)\} \quad (i=1,2,\cdots,n) \tag{3.9}$$

3. 计算关联度系数

将参考数列取为经过规范化处理后的最优指标集 x_0，被比较数列取为经过规范化处理后的备选方案的指标值 x_i，则可用下述关联度系数公式求得第 n 个方案第 m 个最优指标的关联系数 $\zeta_i(j)$ $(i=1,2,\cdots,n; j=1,2,\cdots,m)$。

$$\zeta_i(j) = \frac{\min\limits_{i}\min\limits_{j}|x_0(j)-x_i(j)| + \rho\max\limits_{i}\max\limits_{j}|x_0(j)-x_i(j)|}{|x_0(j)-x_i(j)| + \rho\max\limits_{i}\max\limits_{j}|x_0(j)-x_i(j)|} \quad (i=1,2,\cdots,n; j=1,2,\cdots,m)$$

$$(3.10)$$

式中，$\zeta_i(j)$ 称为 x_i 对 x_0 在 j 指标的关联系数，它是参考数列 x_0 与第 j 个指标比较数列 x_i 的相对差值；$\min\limits_{i}\min\limits_{j}|x_0(j)-x_i(j)|$ 和 $\max\limits_{i}\max\limits_{j}|x_0(j)-x_i(j)|$ 分别为 x_0 与 x_i 的最小绝对差和最大绝对差；ρ 是分辨系数，其作用在于改善关联系数之间的显著差异性，ρ 值一般取 0~1，通常选用 $\rho=0.5$。

所以，进一步求得关联系数矩阵：

$$E = \begin{bmatrix} \zeta_1(1) & \zeta_2(1) & \cdots & \zeta_n(1) \\ \zeta_1(2) & \zeta_2(2) & \cdots & \zeta_n(2) \\ \vdots & \vdots & & \vdots \\ \zeta_1(m) & \zeta_2(m) & \cdots & \zeta_n(m) \end{bmatrix}$$

4. 指标重要性权值的确定

通常指标体系具有多层次性，而且每个指标对系统的影响程度不同，往往是用不同的权重系数表示它们各自作用的大小。本书采用层次分析法来确定权重系数。

通过层次分析法可以得到 m 个评价指标的权重向量的分配 W：
$$W = \begin{bmatrix} w_1 & w_2 & \cdots & w_m \end{bmatrix}^{\mathrm{T}} \quad (j=1,2,\cdots,m)$$
其中，$\sum_{j=1}^{m} w_m = 1$。

5. 计算关联度，确定最优方案的评价结果

综合评判结果为 $R = E \times W$，即
$$r_i = \sum_{j=1}^{m} \zeta_i(j) \times W(j) \quad (i=1,2,\cdots,n; j=1,2,\cdots,m) \tag{3.11}$$

W 可以利用层次分析法计算得出。

此时，最大关联度 r_i 最接近最优指标，表明第 i 个方案为最优方案。据此，可以排出各个方案的关联次序，即方案的优劣次序。

3.2.3 蒙特卡罗法

蒙特卡罗法是一种统计实验的方法。某事件发生的概率由大量事件发生频率确定，这就是蒙特卡罗法的基本思路。其基本求解过程是抽取各随机变量，将各随机变量代入已确定的功能函数中，由函数的计算值确定结构的失效概率。

结构失效概率计算过程如下。

(1) 采用随机抽样方法获取变量分位值 $x_1, x_2, \cdots, x_n$。

(2) 计算结构功能函数 Z_1：
$$Z_1 = g(x_1, x_2, \cdots, x_n) \tag{3.12}$$

(3) 假定抽取样本数为 N，每组变量分位值所对应的功能函数值为 Z_1，$Z_1 \leqslant 0$ 的次数为 F，在大量抽样之后，可以计算结构的失效概率：
$$P_f = F / N \tag{3.13}$$

3.2.4 RBF 神经网络

反向传播 (back propagation，BP) 神经网络在解决函数逼近问题时，利用负梯度下降模式来进行权值调节，显而易见，该方法在实际的调节过程中面临着局部极小值和迭代次数多、收敛速度过慢的缺点，应用局限性大。RBF 神经网络相比 BP 神经网络具有明显的优势：逼近能力强、分类能力强、简单易学，因而采用 RBF 神经网络具有一定优势[7]。

1985 年，鲍威尔 (Powell) 提出了 RBF 技术。RBF 技术属于多维空间插值的传统技术。1988 年，洛维 (Lowe) 和布鲁姆黑德 (Broomhead) 充分利用生物神经元的局部响应这一特点，创造性地将 RBF 技术引入神经网络的设计中，发明了 RBF

神经网络。次年杰克逊(Jackson)成功论证了非线性函数在 RBF 神经网络中的一致逼近性。

  RBF 神经网络的结构与多层前向网络结构有相似之处，它属于前向神经网络的一个类型，共由三层结构组成。第一层是由信号节点组成的输入层；第二层为隐藏层，该层的节点数量是由问题的需求量控制的，隐藏层中的径向基函数(又称神经元的变换函数)是呈衰减趋势的非负线性函数，且该函数是对中心点径向对称的，该函数和以前的前向网络变换函数一样，同属于局部响应函数；最后一层为输出层，对输出模式做出回应。RBF 神经网络解决问题的基本思想是：将 RBF 作为隐单元的"基"，构成隐含层空间，隐含层空间对输入矢量进行变换，将低维的模式输入数据变换到高维空间内，从而在低维空间内线性不可分的问题在高维空间内线性可分。

  RBF 神经网络学习收敛速度快、训练简洁、结构简单且逼近原则适用于任意非线性函数，因此在图形处理、模式识别、时间序列分析、非线性控制等领域得到了广泛应用。RBF 神经网络结构如图 3.3 所示。

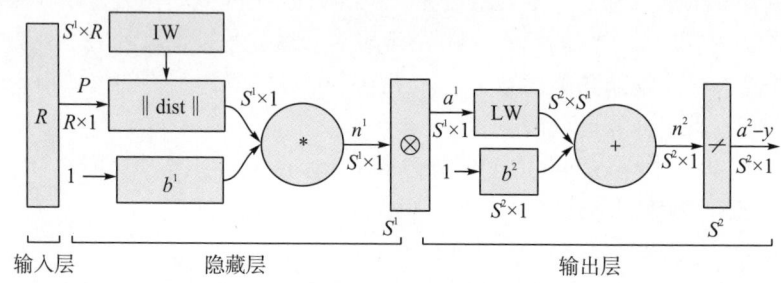

图 3.3 RBF 神经网络结构

3.3 基于人因因素的风险识别

  若将人因因素分为人因失误和人的不安全行为两种类型，则它们都受到工作环境的影响，同时都具有意向性和非意向性[8-10]。人因失误和人的不安全行为的特点如下。

  1. 人因失误特点

  (1)重复性。人的能力与外界要求存在一定差异导致人因失误会在不同条件下重复出现。人因失误在实际项目中是不可避免的，但可以通过一定手段进行控制。

  (2)潜在性。很多安全事故的发生是潜在风险与激发条件结合造成的，潜在失误在整个系统中有很长的潜伏时间,与工作人员的行为有直接关系。

(3) 环境相关性。人因失误的出现很大程度上与工作环境相关,当在工作中受到时间压力、虚假信息等因素影响时,就有可能发生人因失误情况。

2. 人的不安全行为特点

(1) 能力。从事人员是否具有相应的学习能力以及工作能力。

(2) 理解力。从事人员对工作是否具有相应的理解能力以及应变能力。

(3) 心理。从事人员心理特征是否稳定,是否存在侥幸心理、逆反心理、省能心理,是否发生过影响心理的重大事件。

根据以上内容可知,人因因素是安全风险因素的源头。因此可以从人因因素和环境因素两个方面出发,对风险源进行分类以及评级。

风险事件分为自然灾害事故和非自然灾害事故,自然灾害事故是不可控制的,但非自然灾害事故可以在一定程度上进行预防。人因因素角度:非自然灾害事故可以从设计、施工、监理、监控和业主五个方面分析,但推动项目施工的主要因素是人因因素,无论是设计人员还是施工人员,他们的共同作业才能促使工程项目完工。材料角度:工程原材料是建设项目的基本物质,原材料质量是工程质量的决定性因素,同时,人员可以检查原材料是否合格。机械角度:机械质量影响着工程的进度和质量,同时,人员可以检查机械是否合格。环境角度:施工环境的变化会对人员、材料、机械产生一定的影响。这四个因素之间的关系如图 3.4 所示。

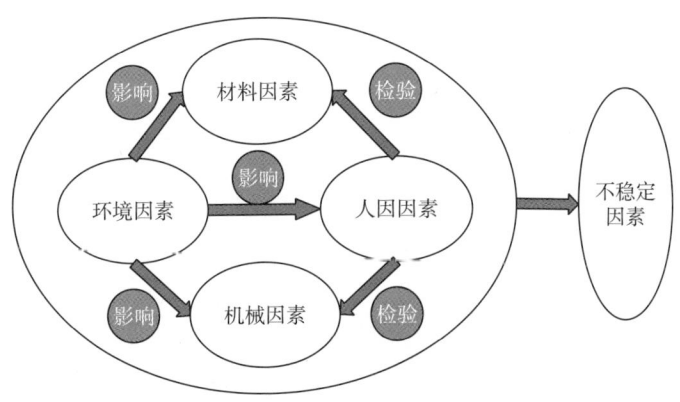

图 3.4　人、材、机和环境之间的关系图

人因因素是工程项目中最不稳定的因素,根据国内外的统计数据,70%~90%的安全事故由人因失误造成,由此可知人因因素是引发安全事故最主要的原因。因此本节主要对人因因素进行分析。

工程项目中参与的单位较多,可能涉及的单位见图 3.5。如果相关方中某一方出现了相关问题,则可能导致工程事故的发生,即可以用蝴蝶效应(butterfly effect)来解释。蝴蝶效应是指在一个系统中,某一微小事物的变动可能会导致整个系统巨大的变动,影响其发展状态。其应用于工程实践中的概念图如图3.6所示。

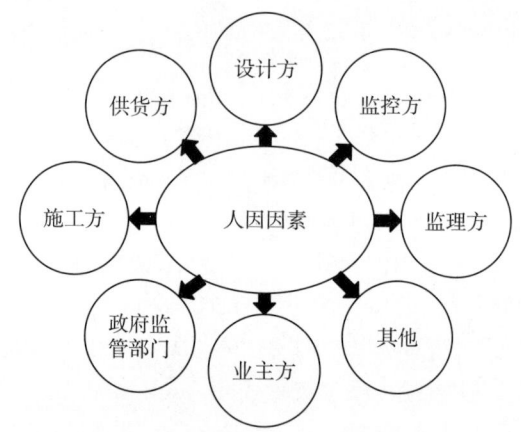

图3.5 人因因素结构图

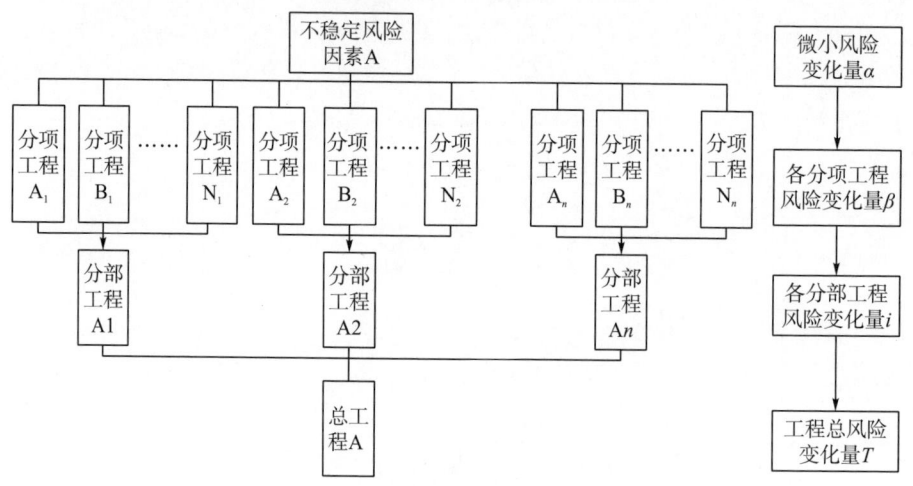

图3.6 基于蝴蝶效应的风险响应图

当不稳定风险因素A发生微小变化量α时,所有的分项工程可能会产生非线性的风险变化量β,同样分部工程可能会产生非线性的风险变化量i,最终得到工程总风险变化量T。由于风险变化量$\alpha \rightarrow \beta \rightarrow i \rightarrow T$是一个非线性的过程,因此,微小变量$\alpha$可能会造成工程安全风险事件。根据上述分析可知,人因因素可以看作工程项目中的不稳定因素,因此主要对人因因素进行分析。

基于人因失误和人的不安全行为之间的关联和差异,人因因素是造成安全风险事件最主要的原因，同时还表明人因失误分为非意向性和意向性。但在具体的项目中，参与方较多，若要分析所有参与单位的人因因素，则是一项烦琐的工作，因此，可从工作人员个体的角度出发，寻找相关的人员风险管理对策。人因因素从个体出发主要包括生理因素、心理因素、人员素质、教育水平以及技术水平五个方面，如图 3.7 所示。

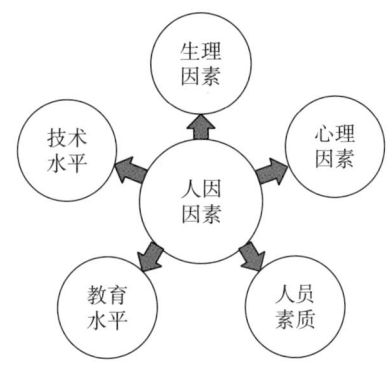

图 3.7 人因因素个体分析结构

(1) 生理因素分析。生理因素是指工作人员有身体方面的缺陷，如视力或听力障碍，长期高强度工作导致的身体疲劳、睡眠不足，身体存在着某些影响工作质量的疾病等。

(2) 心理因素分析。心理因素是指工作人员存在焦躁、紧张、恐惧、激进、愤怒、不满、懈怠等影响工作质量的消极情绪。

(3) 人员素质分析。人员素质是指工作人员对待工作的认真程度，以及在工作中的服从程度和遵守相关规章制度的程度。

(4) 教育水平分析。教育水平一方面是指公司对工作人员的安全教育程度、培训程度，另一方面是指工作人员的受教育程度。在一定情况下，员工的受教育程度会对工程质量产生影响。

(5) 技术水平分析。技术水平是指工程中各工种工作人员的技术能力，其直接影响着各项工作的完成情况以及质量，因此，项目施工过程中要对各工种工作人员进行职业资格审查或组织相关的技术培训，以保证工程质量。

3.4 基于人因因素的风险评估原理

风险预测若从传统的人、材、机以及环境四个方面考虑，则存在一定的困难，若从人因因素和环境因素考虑，则风险预测是可以实现的并且有较高的精度，具体结构如图 3.8 所示。人因因素可以作为各类风险因素的起源,环境因素可以作为不可预知风险。从这两个角度进行安全风险评估可以减小工作量,提高风险评估的准确度[11-13]。

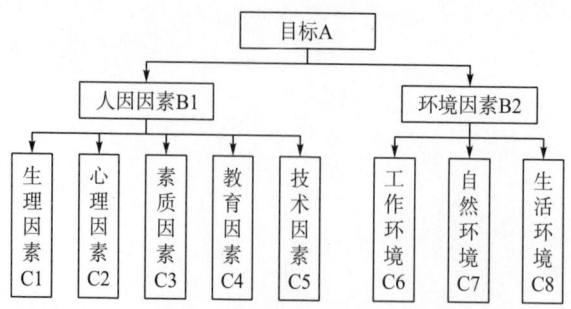

图 3.8 基于人因因素和环境因素的结构图

3.4.1 基于人因因素的风险理论

人因因素可分为生理、心理、素质、教育和技术五个部分,其不合格率分别用 A、B、C、D 和 E 表示,环境因素的影响程度选用 H 表示,见表 3.4。

表 3.4 影响因素分析表

人因因素	生理因素 A	心理因素 B	素质因素 C	教育因素 D	技术因素 E	环境因素 H	风险等级 S
初始不合格率	$K1$	$K2$	$K3$	$K4$	$K5$	$K6$	$S1$
采取措施后的不合格率	$k1$	$k2$	$k3$	$k4$	$k5$	$k6$	$S2$

不合格率的计算原理为,对项目的全部施工人员进行人因因素(生理因素、心理因素、素质因素、教育因素及技术因素)的问卷调查(问卷调查形式多样)或技能考核,然后计算人因因素的不合格人数,则可以得到 k 值:

$$k = \frac{n}{m} \quad (n, m \text{为整数,且} n \leqslant m) \tag{3.14}$$

式中,n 为不合格人数;m 为施工人员总数。

环境因素影响程度的评价方式为:邀请多位专家对工程项目的生活环境、工作环境以及自然环境进行实地考察,并根据环境影响程度情况表进行打分,然后综合得出环境影响程度值 $K6$。风险等级的确定则根据人因因素的不合格率以及环境影响程度决定。

神经网络主要包含输入层、隐层以及输出层,这三个层次的神经元个数不统一,需根据实际情况而定。BP 神经网络的学习过程分为两个阶段,即输入信息的正向传播和误差信息的反向传播。当输出的结果与实际结果不符合时，则将误差进行反向传播，将误差分给隐层和输入层的各个神经元，重复信息正向传播—误差—误差反向传播—修正后信息正向传播—误差—修正后误差反向传播等过程，直至误差为 0 或收敛。其中输入层与隐层之间的连接权为 w_{ij}，阈值为 θ_j，隐层与输出层之间的连接权为 w_{jl}，阈值为 θ_l，$i=1,2,\cdots,n$，$j=1,2,\cdots,k$，$l=1,2,\cdots,m$。BP 神经网络的计算原理如图 3.9 所示。

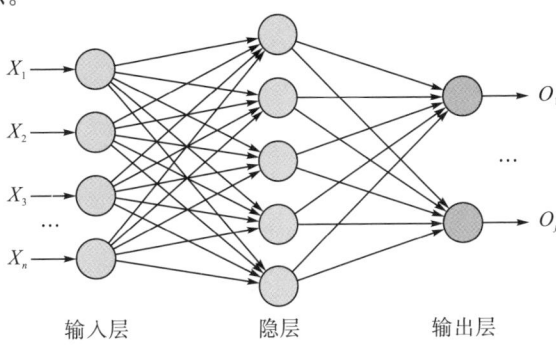

图 3.9 BP 神经网络

n 维输入向量到 m 维输出向量之间的关系为

$$y_l = f\left(\sum_{j=1}^{k} w_{jl} x'_i - \theta_l\right), \quad x'_i = f\left(\sum_{i=1}^{n} w_{ij} x_i - \theta_j\right) \tag{3.15}$$

式中，$f(x)$ 为传递函数，传递函数通常取对数函数或双曲正切函数。对于 P 个样本来说，每一样本的误差为

$$\varepsilon = \frac{1}{2} \sum_{l=1}^{m} (t_l^{P_1} - y_l^{P_1})^2 \tag{3.16}$$

梯度算法下各层权值的改变量为

$$\Delta w_{sq} = -\sum_{P_1=1}^{P} \eta \frac{\partial \varepsilon}{\partial w_{sq}} \tag{3.17}$$

式中，η 为步长；$sq = ij, jl$。P 个样本的总误差为 $E_z = \frac{1}{2} \sum_{P_1}^{P} \sum_{l}^{m-1} \left(t_l^{P_1} - y_l^{P_1}\right)^2$，总误差改变量为

$$\Delta E_z = \sum_{P_1}^{P} \sum_{sq} \frac{\partial \varepsilon}{\partial w_{sq}} \Delta w_{sq} = -\eta \sum_{P_1=1}^{P} \sum_{sq} \left(\frac{\partial \varepsilon}{\partial w_{sq}}\right)^2 \leqslant 0 \tag{3.18}$$

对于第 n_0 次替代，输出层与隐层之间连接权的改变量为

$$(n_0+1) - w_{jl}(n_0) = -\eta \frac{\partial E_z}{\partial w_{jl}} = -\eta \sum_{P_1=1}^{P} \frac{\partial E_{P_1}}{\partial y_l^{P_1}} \frac{\partial y_l^{P_1}}{\partial u_l^{P_1}} \frac{\partial u_l^{P_1}}{\partial w_{jl}} \tag{3.19}$$

第 n_0 次替代时,隐层与输入层之间连接权的改变量为

$$w_{ij}(n_0+1) - w_{ij}(n_0) = -\eta \frac{\partial E_z}{\partial w_{ij}} = \eta \sum_{P_1=1}^{P} \delta_{ij}^{P_1} x_i^{P_1} \qquad (3.20)$$

为了加速收敛并防止振荡,在权值改变量中加入一个动量因子 α(0<α<1):

$$w_{sq}(n_0+1) = w_{sq}(n_0) + \eta \sum_{P_1=1}^{P} \delta_{sq}^{P_1} x_s^{P_1} + \alpha \left[w_{sq}(n_0+1) - w_{sq}(n_0) \right] \qquad (3.21)$$

式中,$sq = ij, jl$。

对于第 n_0 步迭代,如果各样本误差与总误差没有达到预定要求,则对连接权进行调整,如下:

$$w_{ij}(n_0+1) = w_{ij}(n_0) + \eta \sum_{P_1=1}^{P} \delta_{ij}^{P_1} x_i^{P_1} + \alpha \Delta w_{ij}(n_0) \qquad (3.22)$$

$$w_{jl}(n_0+1) = w_{jl}(n_0) + \eta \sum_{P_1=1}^{P} \delta_{jl}^{P_1} x_j^{P_1} + \alpha \Delta w_{jl}(n_0) \qquad (3.23)$$

不断重复上述步骤,即可得到符合训练样本要求的权值和阈值。对于一个待求样本参数,可以使用调整后的权值与阈值进行分析和预测。BP 神经网络算法流程如图 3.10 所示。

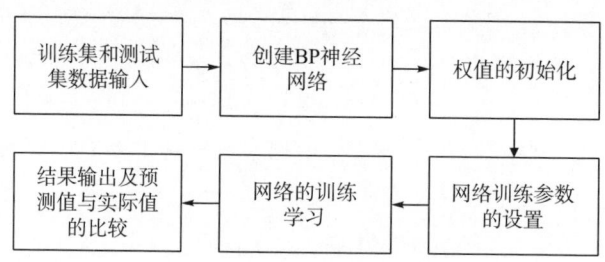

图 3.10　BP 神经网络算法流程

为了保证风险等级预测结果的精确度,训练集数据的来源要具有同一性,即训练集数据和测试集数据要源自相似的工程案例,因为不同的桥型、施工区域以及施工方法会发生不同类型的安全事故。

3.4.2　基于人因因素的神经网络风险预测原理

随机取 N 组人因因素不合格率数据和环境因素对工程的影响率以及风险预测等级数据,应用 MATLAB 软件对输入的 N 组样本数据进行训练,获取隐藏在数据内部的规律,并应用于预测数据。采用的数据都为随机数据(假设数据来自相似的工程案例),更加符合工程实际特征,分别为 3 组不同区间的预测,30 组(0~

0.5)预测、50 组(0～0.5)预测、50 组(0～0.7)预测,利用这几组数据证明应用 MATLAB-BP 神经网络进行安全风险等级预测的可行性。

1. 30 组(0～0.5 的单因素不合格区间)预测

表3.5　0～0.5 单因素不合格区间的 30 组随机数据

序号	生理因素	心理因素	教育因素	素质因素	技术因素	环境因素	风险等级(A)	风险等级(B)
1	0.030	0.151	0.211	0.458	0.291	0.368	2	4
2	0.341	0.351	0.047	0.001	0.270	0.197	3	3
3	0.021	0.333	0.299	0.231	0.435	0.342	2	4
4	0.036	0.270	0.235	0.212	0.132	0.352	3	3
5	0.261	0.349	0.348	0.230	0.159	0.221	3	4
6	0.048	0.333	0.350	0.385	0.060	0.010	3	3
7	0.409	0.089	0.319	0.161	0.470	0.165	4	4
8	0.409	0.064	0.017	0.392	0.323	0.212	3	4
9	0.361	0.500	0.034	0.236	0.240	0.135	3	4
10	0.075	0.086	0.160	0.018	0.320	0.099	2	2
11	0.330	0.016	0.265	0.088	0.272	0.411	3	4
12	0.259	0.281	0.327	0.361	0.324	0.215	3	4
13	0.486	0.441	0.204	0.237	0.272	0.444	2	5
14	0.324	0.335	0.410	0.076	0.361	0.196	3	4
15	0.400	0.095	0.359	0.171	0.261	0.385	4	4
16	0.227	0.184	0.484	0.304	0.497	0.198	3	5
17	0.216	0.230	0.266	0.096	0.109	0.404	3	3
18	0.413	0.491	0.163	0.369	0.053	0.378	2	5
19	0.042	0.078	0.053	0.121	0.055	0.189	2	1
20	0.067	0.428	0.305	0.459	0.032	0.108	3	4
21	0.087	0.322	0.389	0.135	0.202	0.395	3	4
22	0.195	0.188	0.212	0.383	0.224	0.475	3	4
23	0.416	0.095	0.045	0.094	0.183	0.164	3	3
24	0.402	0.214	0.133	0.144	0.382	0.336	4	4
25	0.030	0.241	0.077	0.046	0.314	0.219	4	3
26	0.200	0.060	0.141	0.288	0.386	0.417	2	4
27	0.263	0.295	0.220	0.342	0.466	0.384	2	5
28	0.208	0.113	0.264	0.273	0.486	0.084	3	4
29	0.328	0.192	0.229	0.213	0.096	0.431	4	4
30	0.314	0.291	0.438	0.322	0.069	0.495	2	5

0～0.5 单因素不合格区间的 30 组随机数据见表3.5。MATLAB-BP 神经网络预测值与实际值的比较如图 3.11、图 3.12 所示。MATLAB-BP 神经网络对收集

的随机数据进行分析，发现实际值与预测值的误差较小，给出的测试样本数据组无论有无规律，都可以用神经网络方法进行预测。

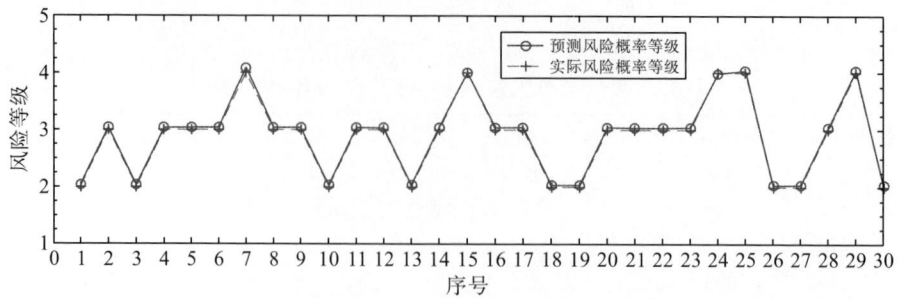

图 3.11　0~0.5 区间的 30 组随机数据实际值与预测值比较图(A)

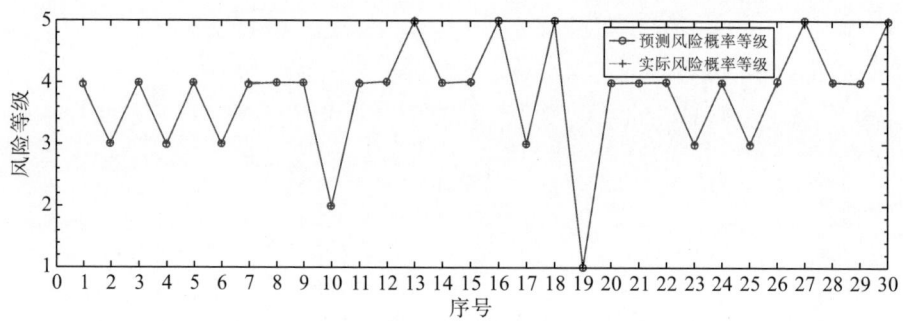

图 3.12　0~0.5 区间的 30 组随机数据实际值与预测值比较图(B)

2. 50 组(0~0.5 的单因素不合格区间)预测

本节选取 3 种不同学习率情况下神经网络的预测情况，学习率分别为 0.01、0.02 和 0.03，具体的预测值与实际值的对比如图 3.13~图 3.15 所示。

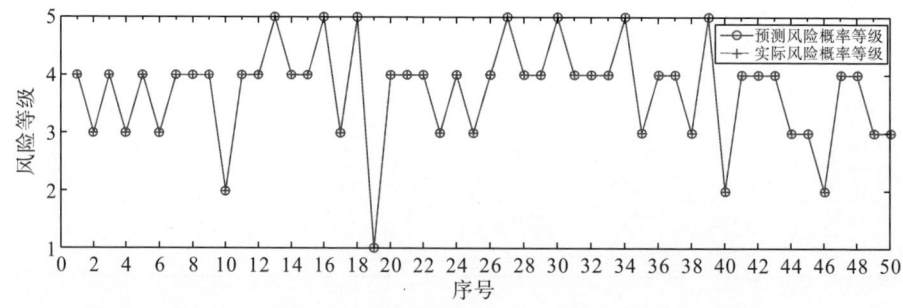

图 3.13　0~0.5 区间的 50 组随机数据实际值与预测值比较图(0.01 学习率)

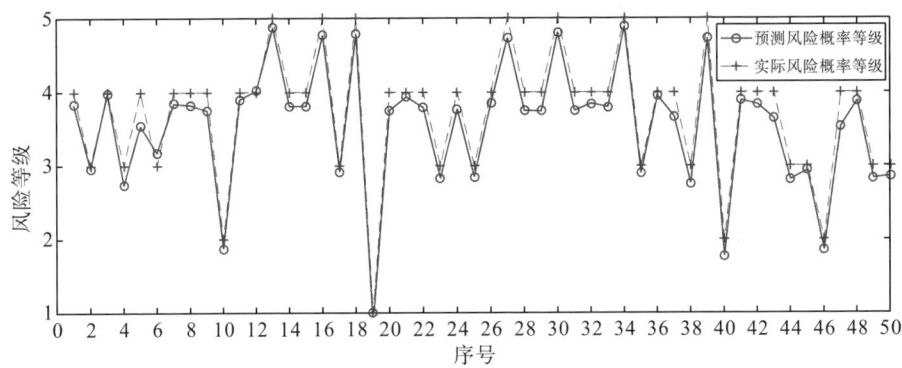

图 3.14　0~0.5 区间的 50 组随机数据实际值与预测值比较图(0.02 学习率)

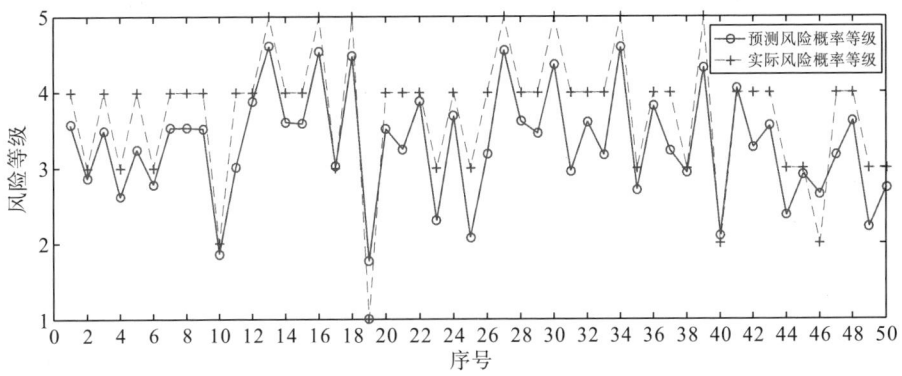

图 3.15　0~0.5 区间的 50 组随机数据实际值与预测值比较图(0.03 学习率)

由图 3.13~图 3.15 可以看出,当学习率为 0.01 时,预测值与实际值基本吻合,学习率越大,数据误差越大。

3. 50 组(0~0.7 的单因素不合格区间)预测

选取 3 种不同学习率情况下神经网络的预测情况,学习率分别为 0.01、0.02 和 0.03,具体的预测值与实际值的比较如图 3.16~图 3.18 所示。当学习率为 0.01 时,预测值与实际值基本吻合,学习率越大,数据误差越大。MTLAB-BP 神经网络有很强的非线性映射能力,可以应用该方法对基于人因因素和环境因素的风险评估体系进行安全风险预测。同时该方法具有很强的时效性,可以在时间维度和空间维度进行风险实时预测。

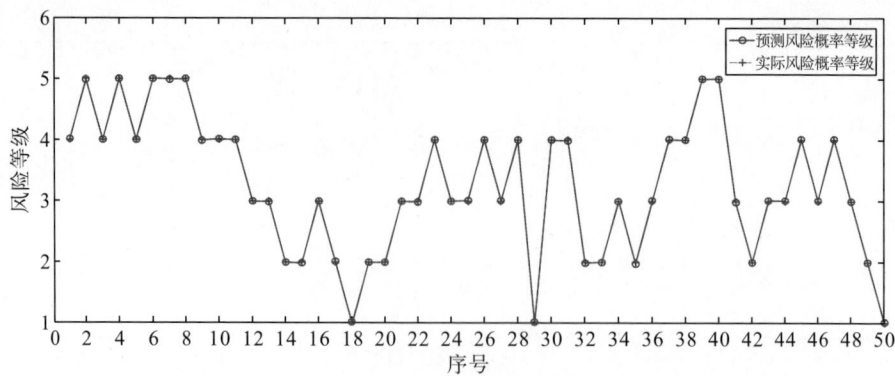

图3.16 0~0.7区间的50组随机数据实际值与预测值比较图(0.01学习率)

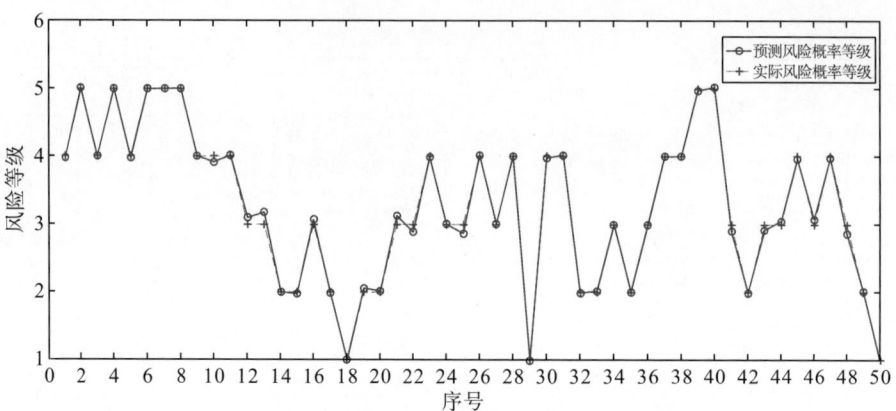

图3.17 0~0.7区间的50组随机数据实际值与预测值比较图(0.02学习率)

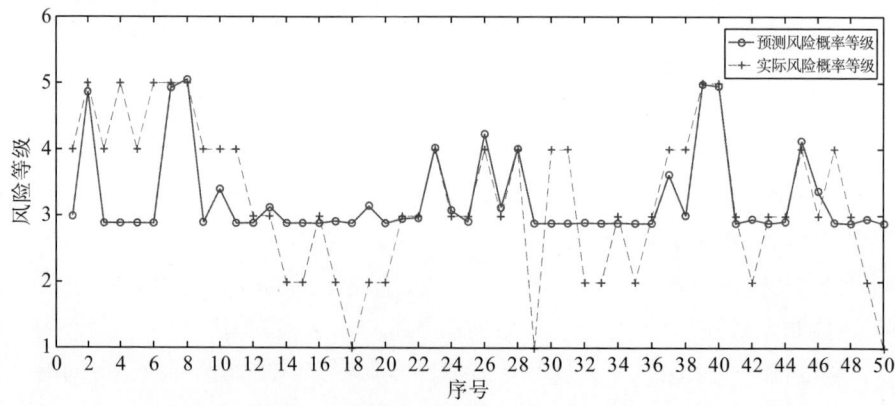

图3.18 0~0.7区间的50组随机数据实际值与预测值比较图(0.03学习率)

3.4.3 基于人因因素的风险预测

1. 时间维度的风险预测

以上的风险预测是对工程总体安全风险的评估，实际工程施工过程中的风险量可能随时发生变化，因此，可以通过计算机设定的方式确定施工过程中每一天的风险等级，流程如图 3.19 所示。工程风险的实时预测结果可以根据以上过程得到，可以很大程度上降低风险发生的概率。通过记录工程每天的风险等级，可以掌握工程风险的发展趋势，有利于评估工程风险的稳定性。

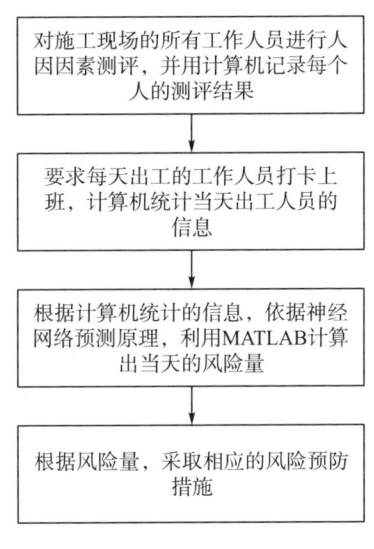

图 3.19　工程风险评估流程

2. 空间维度的风险预测

利用 MATLAB-BP 神经网络计算出各个区域的风险等级，具体的流程如图 3.20 所示。工程风险的空间预测结果可以根据以上过程得到，可以很大程度上降低风险发生的概率。

基于人因因素和环境因素进行安全风险评估的优点是评估结果具有相当的准确性、评估过程简洁、评估结果具有时效性、进行风险评估的投资较低等。传统的安全风险评估方法只对风险进行总体评估，不考虑工程施工的空间风险区域和时间风险区域，即只考虑了结果风险，没考虑过程风险。当通过计算机预测出工程的实时风险以及空间风险时，可以及时采取相应的风险应对措施，降低风险发生概率。因此，在同等条件下，采用 BP 神经网络进行风险预测不失为最优选择。

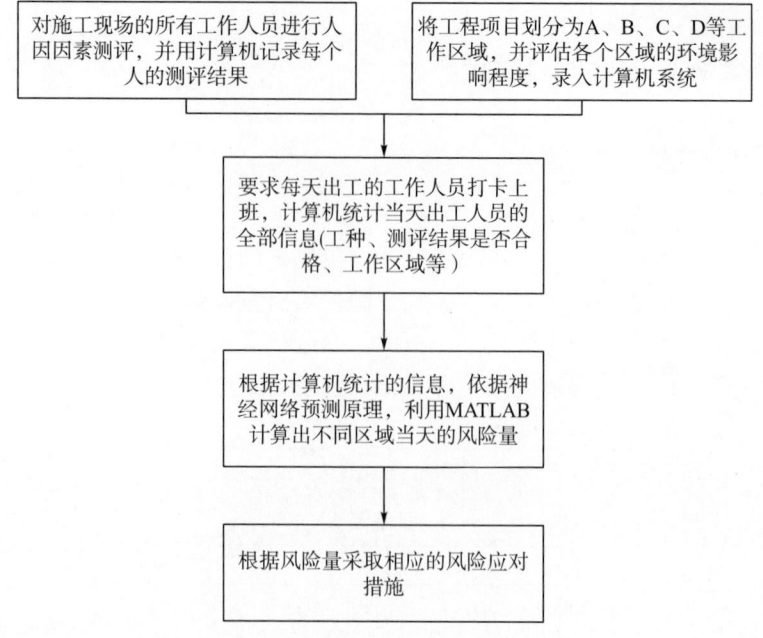

图 3.20　工程空间风险评估流程

基于人因因素和环境因素进行安全风险评估的缺点是实际工程中对人因因素和环境因素不合格率的测试几乎没有，因此人因因素和环境因素的实际不合格率很难从以往的工程案例中得到，这是应用 BP 神经网络对风险进行预测所面临的最大难点。若要短时间内搜集到各类工程人因因素和环境因素不合格率的测试结果需要投入较大的人力、物力、财力。

参 考 文 献

[1]张喜刚. 公路桥梁和隧道工程设计安全风险评估[M]. 北京：人民交通出版社，2010.

[2]Faber M H. Risk and safety in civil engineering[Z]. Zurich Swiss Federal Institute of Technology，2001.

[3]阮欣，陈艾荣，石雪飞. 桥梁工程风险评估[M]. 北京：人民交通出版社，2008.

[4]Saaty T L. Decision-making with the AHP：Why is the principal eigenvector necessary[J]. European Journal of Operational Research，2003，145(1)：85-91.

[5]Saaty T L. The Analytic Hierarchy Process[M]. New York：McGraw-Hill Company，1980.

[6]邓聚龙. 灰色控制系统[M]. 2 版. 武汉：华中理工大学出版社，1993.

[7]康崇禄. 蒙特卡罗方法理论和应用[M]. 北京：科学出版社，2015.

[8]张倩萍. 山区超高互通立交混凝土箱梁现浇安全风险评估[D]. 重庆：重庆交通大学，2019.

[9]王智龙. 单索面双层斜拉桥施工控制研究[D]. 重庆：重庆交通大学，2011.

[10]巩春领. 大跨度斜拉桥施工风险分析与对策研究[D]. 上海：同济大学，2006.

[11]Salmon G M, Hartford D. Risk analysis for dam safety[J]. International Journal of Rock Mechanics and Mining Sciences & Geomechanics Abstracts, 1995, 32(6)：A284.

[12]郭平. 基于体系可靠度的连续梁施工风险分析[D]. 重庆：重庆交通大学，2016.

[13]张帆. 大跨径公路斜拉桥索塔施工安全风险分析与控制研究[D]. 重庆：重庆交通大学，2013.

第4章 独塔单索面斜拉桥施工风险评估

4.1 独塔单索面斜拉桥施工风险识别

4.1.1 工程概况

某单索面公轨两用钢桁梁斜拉桥,主桥为钢桁梁桥,桥跨布置为88m+312m+240m+80m。大桥总体布置图如图4.1所示。桥梁所在河段属于浅滩段,河床横断面呈"U"形,其右岸为冲刷岸,河岸较陡峭,区域人口密集,高层建筑多,建筑密度大;左岸为淤沙岸,沙滩坡度平缓[1](图4.2)。塔形为天梭造型,两侧塔高分别为162m和172m,材料为C50混凝土;梁体为双层钢桁架布置(图4.3),高跨比约为1/38,下层为双线城市轨道交通,上层为公路双线4车道,上下桥面均为正交异形桥面板,因为功能不同,宽度为24.50~36.99m;选择平行钢绞线作为斜拉索,材料为Strand1860。索塔结构见图4.4。

平均水面梯度接近0.28‰,最大流量接近44 900m^3/s,最小流量接近240m^3/s,平均流量为2 160 240m^3/s,平均泥沙浓度接近2.384kg/m^3。三峡水库在2009年投入使用后,设计水位为175m(吴淞高程,下同),枯水季低水位为155m,防洪限制水位为145m。五年一遇的洪水位为184.3m,十年一遇的洪水位为186.7m,二十年一遇的洪水位为188.6m,五十年一遇的洪水位为190.9m,百年一遇的洪水位为192.7m。

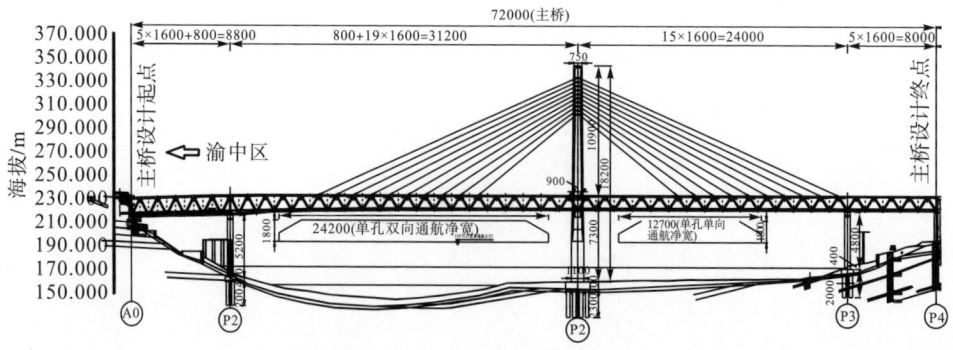

图4.1 大桥总体布置图(cm)

第 4 章　独塔单索面斜拉桥施工风险评估

图 4.2　大桥的现场图

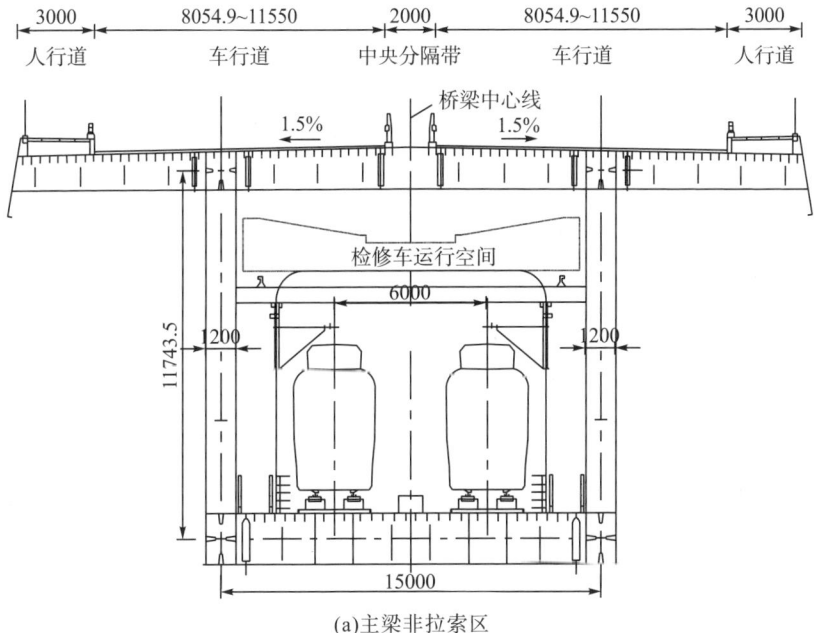

(a) 主梁非拉索区

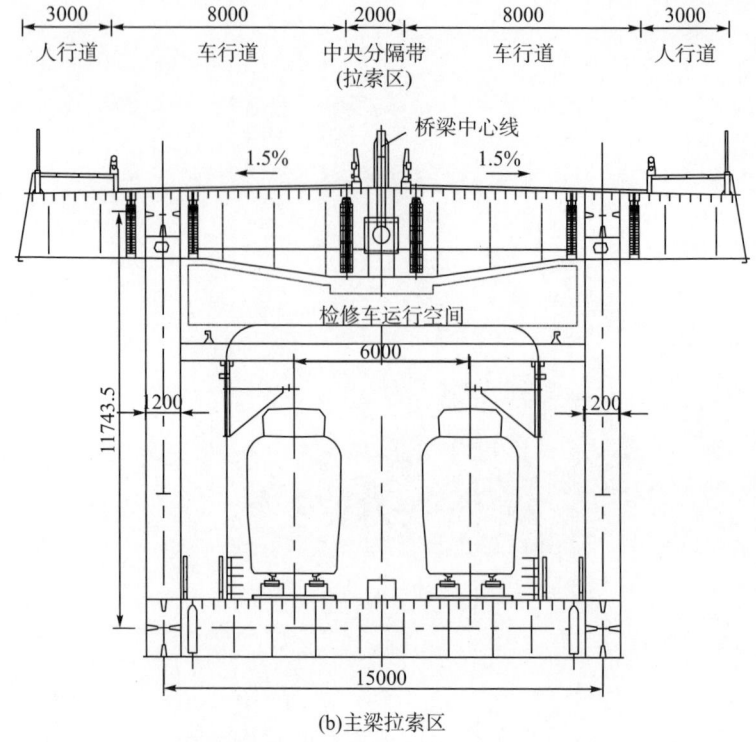

(b)主梁拉索区

图 4.3　主梁控制断面示意图(单位：mm)

桥址处是亚热带湿润气候，雨量充沛，空气湿度大，雾多，日照少，年平均温度维持在 18.1～18.9℃。月平均最高气温在 8 月，接近 28.1℃，月平均最低气温在 1 月，接近 5.7℃，日最高气温接近 43.1℃(2006 年 8 月 1 日)，日最低气温接近-1.8℃。多年平均降水量接近 1082.6mm，降雨多集中在 5～10 月，降雨量最高接近 746.1mm，日降雨量大于 26mm 的大暴雨日约占全年降雨日数的 62%，小时最大降雨量可达 62.9mm，日降雨量最大达 266.7mm(2007 年 7 月)。多年平均相对湿度接近 79%，最热月份相对湿度接近 70%，最冷月份相对湿度接近 81%。全年主导风向为北向，夏季主导风向为北西向，最大风速为 26.8m/s。

大桥所处地理位置特殊，施工场地狭窄，施工干扰大。P2 墩支座位于牛腿上，牛腿上的位置有限。大桥施工先采用梁式起重机安装主桁构件，全桥合龙后，采用桥面吊机安装主桁两侧加宽桥面板及斜撑杆件。同时边跨区域有多条管线，临时墩及支架布置、施工需尽量避让。临时支架结构设计多为悬臂高支架，安装及拆除较困难。主桁采用三角形桁架结构，若采用倒三角形安装，下层桥面板和下弦杆吊装将被上桥面和上弦杆遮挡。采用正三角形安装，吊距较大，吊机选型困难。钢桁梁与钢桥面板采取栓焊结合方式连接，共同参与结构受力，焊接与安装相互交叉，影响大。斜拉索采用单塔单索面钢绞线斜拉索，索力大，最大索力达14500kN/根，每索钢绞线为139根，单索钢绞线数量大，斜拉索的均匀性控制和索力调整难度大[2]。

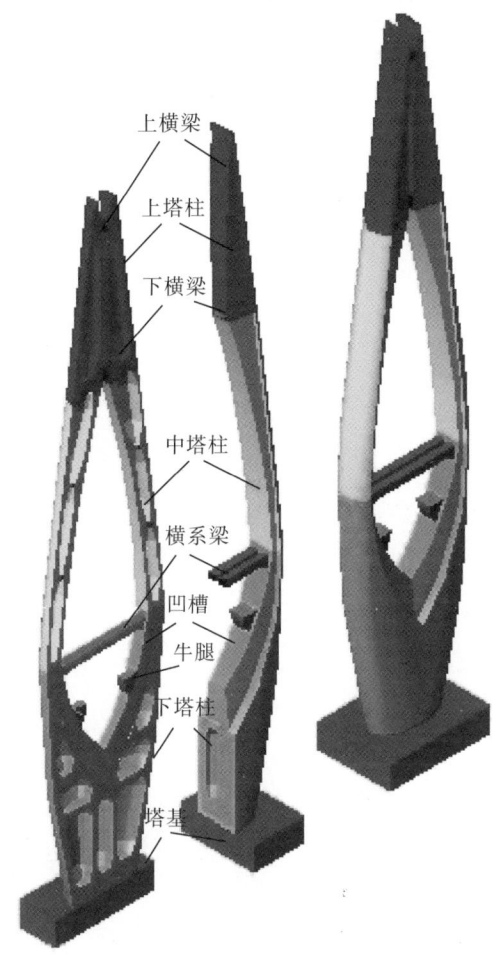

图 4.4　索塔构造示意图

4.1.2　构建层次结构模型

该独塔单索面斜拉桥由索、塔、梁组合而成。若将桥梁各组成部分各种类型的风险都识别出来，将是一项巨大的工程[2]。采用层次分析法列举部分独塔单索面斜拉桥各部位施工期的风险。斜拉索层次分析图如图 4.5 所示，主塔层次分析图如图 4.6 所示，主梁层次分析图如图 4.7 所示，大桥的总体层次分析图如图 4.8 所示。

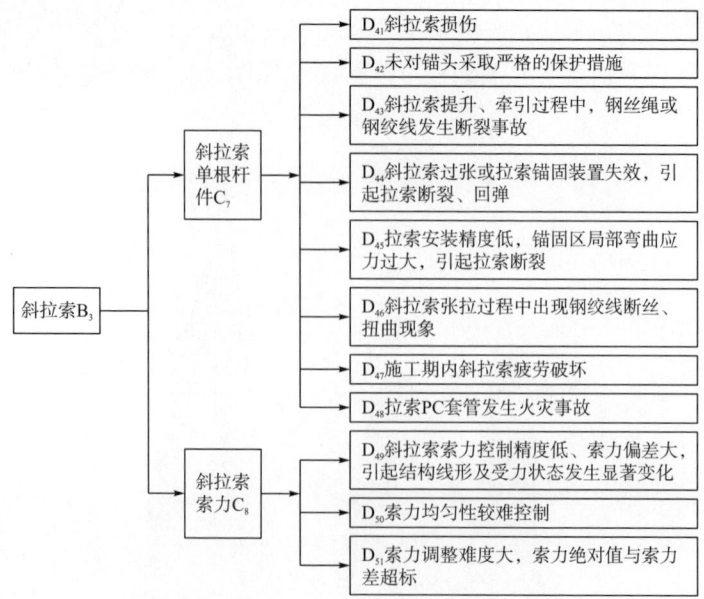

图 4.5 斜拉索层次分析图

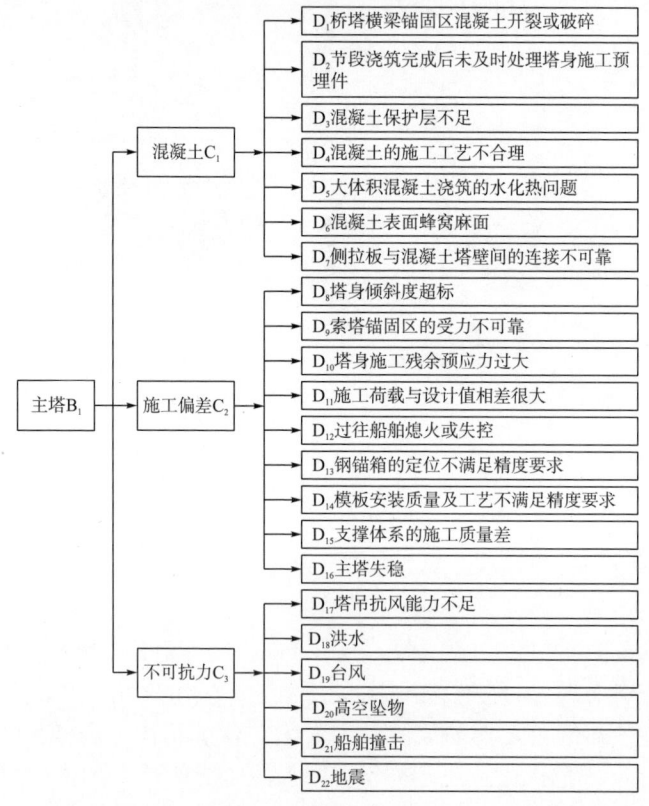

图 4.6 主塔层次分析图

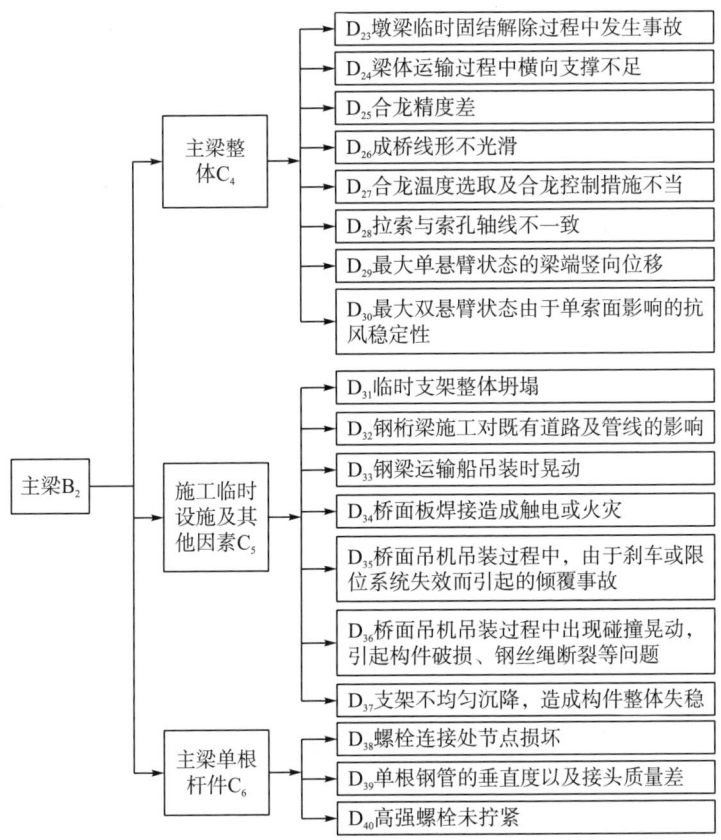

图 4.7　主梁层次分析图

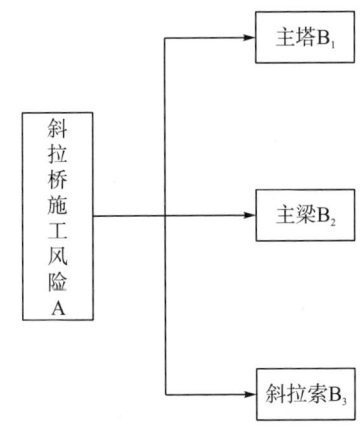

图 4.8　大桥的总体层次分析图

4.1.3 判断矩阵及计算权重

根据两两比较重要的评分规则,邀请了 10 名业内专家,包括高校从事相关工作的教授、专家,施工单位从事该桥梁施工管理的人员,该桥梁的设计人员等,通过调查问卷、专家打分,分别对上一层元素对该层次因素相对重要性进行评分,进而得到各级判断矩阵。首先,两两对比准则层各元素相对于目标层的重要性,从而得出 A-B 判断矩阵,见表 4.1。

表 4.1 A-B 判断矩阵

A	B_1	B_2	B_3
B_1	1	1/5	1/2
B_2	5	1	1/3
B_3	2	3	1

由式(3.2)及式(3.3)计算得层次 B 各元素相对于层次 A 的权重。

表 4.2 权重向量计算表

A-B 判断矩阵	各行元素的连乘积	各行元素积 n 次方根	归一化处理
A B_1 B_2 B_3	$M_i = \prod_{j=1}^{n} a_{ij}$	$m_i = \sqrt[n]{M_i}$	$W_i = m_i \Big/ \sum_{j=1}^{n} m_j$
B_1 1 1/5 1/2	0.1000	0.4642	0.1220
B_2 5 1 3	15	2.4662	0.6483
B_3 2 1/3 1	0.6667	0.8736	0.2297

表 4.2 中,n 为判断矩阵阶数,a_{ij} 为判断矩阵元素,W_i 为权重向量的第 i 个元素,则权重向量 W_A =(0.1220 0.6483 0.2297)。一致性检验过程如下。

(1)计算最大特征根 $\lambda_{\max}$:

$$A \cdot W_A = \begin{pmatrix} 1 & 1/5 & 1/2 \\ 5 & 1 & 3 \\ 2 & 1/3 & 1 \end{pmatrix} \cdot \begin{pmatrix} 0.1220 \\ 0.6483 \\ 0.2297 \end{pmatrix} = \begin{pmatrix} 0.3665 \\ 1.9474 \\ 0.6898 \end{pmatrix}$$

$$\lambda_{\max} = \sum_{i=1}^{n} \frac{(A \cdot W_A)_i}{n \cdot W_{Ai}} = \frac{1}{3} \times \left(\frac{0.3665}{0.1220} + \frac{1.9474}{0.6483} + \frac{0.6898}{0.2297} \right) = 3.0037$$

(2) 一致性检验：

$$CI = \frac{\lambda_{max} - n}{n-1} = \frac{3.0037 - 3}{2} = 0.0019$$

CR=CI/RI=0.0037<0.1，满足一致性检验。

同理，依此步骤，可得其他层次相对上一层次因素的相对权重，也可得指标 B 层的三个判断矩阵，见表 4.3~表 4.5。

表 4.3 B_1-C 判断矩阵

B_1	C_1	C_2	C_3	W_{B1}
C_1	1	1/3	2	0.2297
C_2	3	1	5	0.6483
C_3	1/2	1/5	1	0.1220

注：一次性检验指标 CI=0.0019，一次性检验比率 CR=0.0037<0.1。

表 4.4 B_2-C 判断矩阵

B_2	C_4	C_5	C_6	W_{B2}
C_4	1	3	5	0.6483
C_5	1/3	1	2	0.2297
C_6	1/5	1/2	1	0.1220

注：一次性检验指标 CI=0.0019，一次性检验比率 CR=0.0037<0.1。

表 4.5 B_3-C 判断矩阵

B_3	C_7	C_8	W_{B3}
C_7	1	1/3	0.75
C_8	3	1	0.25

注：一次性检验指标 CI=0，一次性检验比率 CR=0.0<0.1。

对 C 层的排序进行一致性检验，计算一致性指标如下：

$$CI = \sum_{i=1}^{3} W_i CI_i = 0.1220 \times 0.0019 + 0.6483 \times 0.0019 + 0.2297 \times 0 = 0.0015$$

$$RI = \sum_{i=1}^{7} W_i RI_i = 0.1220 \times 0.52 + 0.6483 \times 0.52 + 0.2297 \times 0 = 0.4006$$

随机一致性比率计算如下：$CR = \dfrac{CI}{RI} = \dfrac{0.0015}{0.4006} = 0.0037 < 0.1$，满足要求。

根据专家打分建立 C 层对指标层 D 的判断矩阵，见表 4.6~表 4.13。

表 4.6　C_1-D 判断矩阵

C_1	D_1	D_2	D_3	D_4	D_5	D_6	D_7	W_{C1}
D_1	1	7	4	5	3	9	2	0.3534
D_2	1/7	1	1/3	1/2	1/4	2	1/6	0.0406
D_3	1/4	3	1	2	1/2	5	1/4	0.0978
D_4	1/5	2	1/2	1	1/3	4	1/4	0.0670
D_5	1/3	4	2	3	1	6	1/3	0.1466
D_6	1/9	1/2	1/5	1/4	1/6	1	1/8	0.0245
D_7	1/2	6	4	4	3	8	1	0.2701

注：一次性检验指标 CI_1=0.0388，一次性检验比率 CR_1=0.0285<0.1。

表 4.7　C_2-D 判断矩阵

C_2	D_8	D_9	D_{10}	D_{11}	D_{12}	D_{13}	D_{14}	D_{15}	D_{16}	W_{C2}
D_8	1	1/2	2	3	1/2	7	5	4	2	0.1493
D_9	2	1	4	5	2	9	8	7	4	0.2891
D_{10}	1/2	1/4	1	2	1/4	5	4	3	1/2	0.0818
D_{11}	1/3	1/5	1/2	1	1/5	4	3	2	1/3	0.0576
D_{12}	2	1/2	4	5	1	8	7	6	3	0.2295
D_{13}	1/7	1/9	1/5	1/4	1/8	1	1/2	1/3	1/6	0.0184
D_{14}	1/5	1/8	1/4	1/3	1/7	2	1	1/2	1/5	0.0259
D_{15}	1/4	1/7	1/3	1/2	1/6	3	2	1	1/4	0.0370
D_{16}	1/2	1/4	2	3	1/3	6	5	4	1	0.1113

注：一次性检验指标 CI_2=0.0491，一次性检验比率 CR_2=0.0336<0.1。

表 4.8　C_3-D 判断矩阵

C_3	D_{17}	D_{18}	D_{19}	D_{20}	D_{21}	D_{22}	W_{C3}
D_{17}	1	1/2	3	4	1/4	1/3	0.1117
D_{18}	2	1	4	5	1/3	1/2	0.1365
D_{19}	1/3	1/4	1	2	1/6	1/5	0.0528
D_{20}	1/4	1/5	1/2	1	1/7	1/6	0.0364
D_{21}	4	3	6	7	1	2	0.3971
D_{22}	3	2	5	6	1/2	1	0.2654

注：一次性检验指标 CI_3=0.0529，一次性检验比率 CR_3=0.0265<0.1。

表 4.9　C_4-D 判断矩阵

C_4	D_{23}	D_{24}	D_{25}	D_{26}	D_{27}	D_{28}	D_{29}	D_{30}	W_{C4}
D_{23}	1	2	4	6	3	5	1/4	1/3	0.1084
D_{24}	1/2	1	3	5	2	4	1/5	1/4	0.0743
D_{25}	1/4	1/3	1	3	1/2	2	1/7	1/6	0.0352

续表

C_4	D_{23}	D_{24}	D_{25}	D_{26}	D_{27}	D_{28}	D_{29}	D_{30}	W_{C4}
D_{26}	1/6	1/5	1/3	1	1/4	1/2	1/9	1/8	0.0179
D_{27}	1/3	1/2	2	4	1	3	1/6	1/5	0.0509
D_{28}	1/5	1/4	1/2	2	1/3	1	1/8	1/7	0.0247
D_{29}	4	5	7	9	6	8	1	2	0.3081
D_{30}	3	4	6	8	5	7	1/2	1	0.2235

注：一次性检验指标 CI_4=0.0500，一次性检验比率 CR_4=0.0342<0.1。

表 4.10　C_5-D 判断矩阵

C_5	D_{31}	D_{32}	D_{33}	D_{34}	D_{35}	D_{36}	D_{37}	W_{C5}
D_{31}	1/5	27	1/2	1	1/3	4	1/4	0.0670
D_{32}	1	7	4	5	3	9	2	0.3534
D_{33}	1/2	6	4	4	3	8	1	0.2701
D_{34}	1/7	1	1/3	1/2	1/4	2	1/6	0.0406
D_{35}	1/9	1/2	1/5	1/4	1/6	1	1/8	0.0245
D_{36}	1/4	3	1	2	1/2	5	1/4	0.0978
D_{37}	1/3	4	2	3	1	6	1/3	0.1466

注：一次性检验指标 CI_5=0.0388，一次性检验比率 CR_5=0.0285<0.1。

表 4.11　C_6-D 判断矩阵

C_6	D_{38}	D_{39}	D_{40}	W_{C6}
D_{38}	1	3	7	0.6680
D_{39}	1/3	1	5	0.2640
D_{40}	1/7	1/5	1	0.0681

注：一次性检验指标 CI_6=0.0348，一次性检验比率 CR_6=0.0669<0.1。

表 4.12　C_7-D 判断矩阵

C_7	D_{41}	D_{42}	D_{43}	D_{44}	D_{45}	D_{46}	D_{47}	D_{48}	W_{C7}
D_{41}	1	1/4	4	2	1/6	1/3	3	1/2	0.0667
D_{42}	4	1	7	5	1/3	2	6	3	0.2111
D_{43}	1/4	1/7	1	1/3	1/9	1/6	1/2	1/5	0.0218
D_{44}	1/2	1/5	3	1	1/7	1/4	2	1/3	0.0449
D_{45}	6	3	9	7	1	4	8	5	0.3790
D_{46}	3	1/2	6	4	1/4	1	5	2	0.1464
D_{47}	1/3	1/6	2	1/2	1/8	1/5	1	1/4	0.0308
D_{48}	2	1/3	5	3	1/5	1/2	4	1	0.0992

注：一次性检验指标 CI_7=0.0489，一次性检验比率 CR_7=0.0347<0.1。

表 4.13 C_8-D 判断矩阵

C_8	D_{49}	D_{50}	D_{51}	W_{C8}
D_{49}	1	1/3	1/7	0.0681
D_{50}	3	1	1/5	0.2640
D_{51}	7	5	1	0.6680

注：一次性检验指标 CI_8=0，一次性检验比率 CR_8=0<0.1。

4.1.4 判断矩阵群及检验

计算各层次间的综合权重，见表 4.14 及图 4.9。总层次综合权重见表 4.15 及图 4.10、图 4.11。

表 4.14 层次综合权重值

层次 C	层次 B B_1 0.1220	B_2 0.6483	B_3 0.2297	综合权重
C_1	0.2297	0.0000	0.0000	0.0280
C_2	0.6483	0.0000	0.0000	0.0791
C_3	0.1220	0.0000	0.0000	0.0149
C_4	0.0000	0.6483	0.0000	0.4203
C_5	0.0000	0.2297	0.0000	0.1489
C_6	0.0000	0.1220	0.0000	0.0791
C_7	0.0000	0.0000	0.7500	0.1723
C_8	0.0000	0.0000	0.2500	0.0574

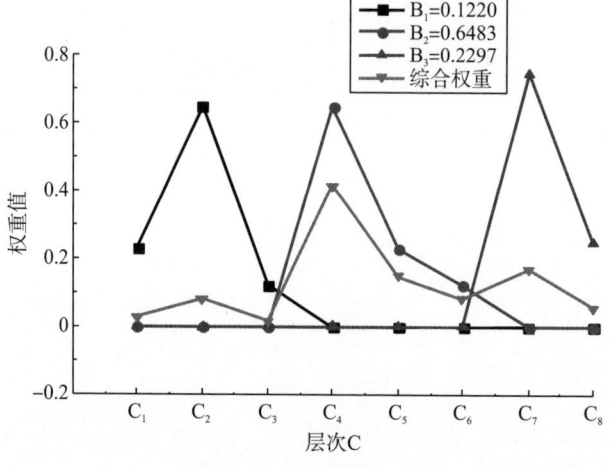

图 4.9 层次综合权重

第 4 章　独塔单索面斜拉桥施工风险评估

表 4.15　总层次综合权重

D 层	C 层 C$_1$	C$_2$	C$_3$	C$_4$	C$_5$	C$_6$	C$_7$	C$_8$	综合权重
	0.028	0.079	0.015	0.420	0.149	0.079	0.172	0.057	
D$_1$	0.353								0.009
D$_2$	0.041								0.001
D$_3$	0.098								0.003
D$_4$	0.067								0.002
D$_5$	0.147								0.004
D$_6$	0.025								0.001
D$_7$	0.270								0.009
D$_8$		0.149							0.012
D$_9$		0.289							0.024
D$_{10}$		0.082							0.006
D$_{11}$		0.058							0.005
D$_{12}$		0.230							0.018
D$_{13}$		0.018							0.002
D$_{14}$		0.026							0.002
D$_{15}$		0.037							0.003
D$_{16}$		0.111							0.009
D$_{17}$			0.112						0.002
D$_{18}$			0.137						0.002
D$_{19}$			0.053						0.001
D$_{20}$			0.036						0.001
D$_{21}$			0.397						0.006
D$_{22}$			0.265	0.157					0.071
D$_{23}$				0.108					0.045
D$_{24}$				0.074					0.031
D$_{25}$				0.035					0.015
D$_{26}$				0.018					0.008
D$_{27}$				0.051					0.021
D$_{28}$				0.025					0.011
D$_{29}$				0.308					0.129
D$_{30}$				0.224					0.094
D$_{31}$					0.067				0.010
D$_{32}$					0.353				0.053
D$_{33}$					0.270				0.040
D$_{34}$					0.041				0.006

续表

D 层	C 层									综合权重
	C_1	C_2	C_3	C_4	C_5	C_6	C_7	C_8	
	0.028	0.079	0.015	0.420	0.149	0.079	0.172	0.057	
D_{35}					0.025				0.004
D_{36}					0.098				0.015
D_{37}					0.14				0.022
D_{38}						0.668			0.053
D_{39}						0.264			0.021
D_{40}						0.068			0.005
D_{41}							0.067		0.012
D_{42}							0.211		0.036
D_{43}							0.022		0.004
D_{44}							0.045		0.009
D_{45}							0.379		0.065
D_{46}							0.146		0.025
D_{47}							0.031		0.005
D_{48}							0.099		0.017
D_{49}								0.068	0.004
D_{50}								0.264	0.015
D_{51}								0.668	0.038

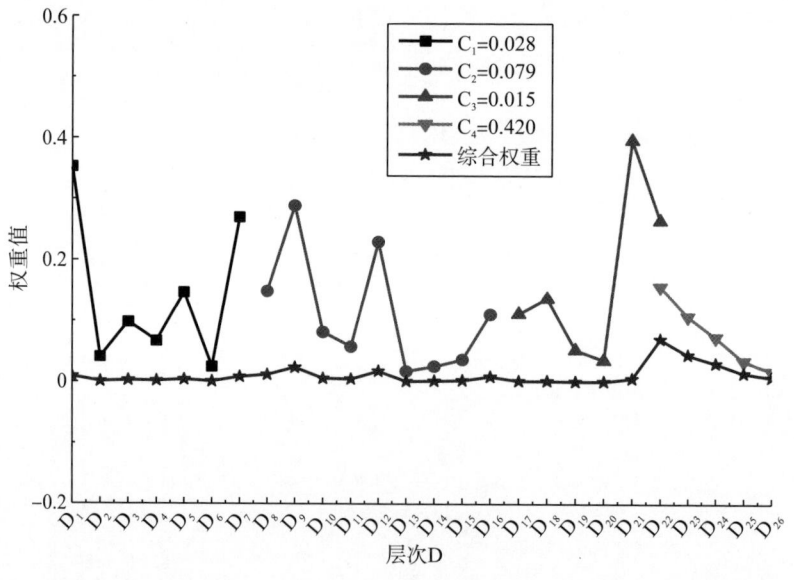

图 4.10 层次综合权重(a)

第 4 章 独塔单索面斜拉桥施工风险评估

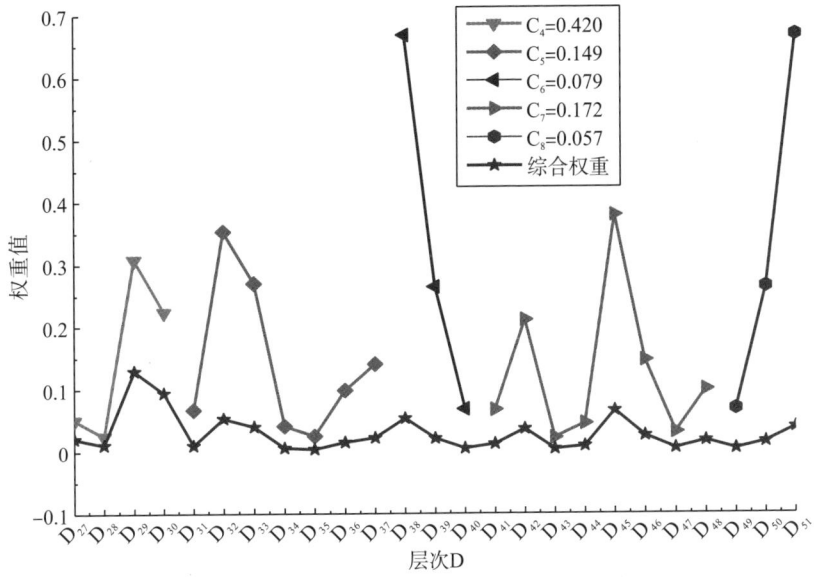

图 4.11 层次综合权重(b)

由表 4.15 确定风险因素的总排序，结果见表 4.16。

表 4.16 风险因素总排序

排序	风险因素	权值
1	D_{29} 最大单悬臂状态的梁端竖向位移	0.129
2	D_{30} 最大双悬臂状态由于单索面影响的抗风稳定性	0.094
3	D_{22} 地震	0.071
4	D_{45} 拉索安装精度低，锚固区局部弯曲应力过大，引起拉索断裂	0.065
5	D_{32} 钢桁梁施工对既有道路及管线的影响	0.053
6	D_{38} 螺栓连接处节点破坏	0.053
7	D_{23} 墩梁临时固结解除过程中发生事故	0.045
8	D_{33} 钢梁运输船吊装时晃动	0.040
9	D_{51} 索力调整难度大，索力绝对值与索力差超标	0.038
10	D_{42} 未对锚头采取严格的保护措施	0.036
11	D_{24} 梁体运输过程中横向支撑不足	0.031
12	D_{46} 斜拉索张拉过程中出现钢绞线断丝、扭曲现象	0.025
13	D_{9} 索塔锚固区的受力不可靠	0.023
14	D_{37} 支架不均匀沉降，引起构件整体失稳	0.022
15	D_{27} 合龙温度选取及合龙控制措施不当	0.021
16	D_{39} 单根钢管的垂直度以及接头质量差	0.021

续表

排序	风险因素	权值
17	D_{12} 过往船舶熄火或失控	0.018
18	D_{48} 拉索 PC 套管发生火灾事故	0.017
19	D_{25} 合龙精度差	0.015
20	D_{36} 桥面吊机吊装过程中出现碰撞晃动，出现构件破损、钢丝绳断裂等问题	0.015
21	D_{50} 索力均匀性较难控制	0.015
22	D_8 塔身倾斜度超标	0.012
23	D_{41} 斜拉索损伤	0.012
24	D_{28} 拉索与索孔轴线不一致	0.011
25	D_{31} 临时支架整体坍塌	0.010
26	D_1 桥塔横梁锚固区混凝土开裂或破碎	0.009
27	D_{16} 主塔失稳	0.008
28	D_7 侧拉板与混凝土塔壁间的连接不可靠	0.008
29	D_{26} 成桥线形不光滑	0.008
30	D_{44} 斜拉索过张或拉索锚固装置失效，引起拉索断裂、回弹	0.008
31	D_{10} 塔身施工残余预应力过大	0.006
32	D_{21} 船舶撞击	0.006
33	D_{34} 桥面板焊接造成触电或火灾	0.006
34	D_{11} 施工荷载与设计值相差很大	0.005
35	D_{40} 高强螺栓未拧紧	0.005
36	D_{47} 施工期内斜拉索疲劳破坏	0.005
37	D_5 大体积混凝土浇筑的水化热问题	0.004
38	D_{35} 桥面吊机吊装过程中，由于刹车或限位系统失效而引起的倾覆事故	0.004
39	D_{43} 斜拉索提升、牵引过程中，钢丝绳或钢绞线发生断裂事故	0.004
40	D_{49} 斜拉索索力控制精度低、索力偏差大，引起结构线型及受力状态发生显著变化	0.004
41	D_3 混凝土保护层不足	0.003
42	D_{15} 支撑体系的施工质量差	0.003
43	D_4 混凝土的施工工艺不合理	0.002
44	D_{14} 模板安装质量及安装工艺不满足精度要求	0.002
45	D_{17} 塔吊抗风能力不足	0.002
46	D_{18} 洪水	0.002
47	D_{13} 钢锚箱的定位不满足精度要求	0.001
48	D_2 节段浇筑完成后未及时处理塔身施工预埋件	0.001
49	D_6 混凝土表面蜂窝麻面	0.001
50	D_{19} 台风	0.001
51	D_{20} 高空坠物	0.001

通过对以上桥梁施工阶段风险因素权重及优先级的排序[3-5]，可知：

(1)最大单悬臂状态的梁端竖向位移权重达到 0.129，成为斜拉桥施工过程中的最大风险因素，若大桥在施工中最大悬臂端的竖向位移过大将造成合龙困难，甚至影响成桥线形，因而有必要对其进行风险分析。

(2)钢桁梁施工对既有道路及管线的影响、墩梁临时固结解除过程中发生事故、梁体运输过程中横向支撑不足等风险因素的权重值也较大。

(3)层次分析法对斜拉桥施工期风险因素的分析结果基本符合工程实际情况。

4.2 结构形式的比选

灰色系统是一种样本信息不充分、信息量少的不确定性系统，通过几何关系比较，识别系统中各因素间的相关程度，以序列曲线形式来确定它们之间的相关性大小[5]。本节运用结合了层次分析和灰色关联理论的综合评价方法对四种结构形式进行分析，通过模型计算确认指标体系以及结构形式的可行性，从而选出最优的结构形式，为斜拉索结构方案的应用提供理论依据。

4.2.1 指标的说明及量化

定量指标是指可以直接通过数据分析来评价内容，评价结果的指标通过客观描述和分析评价对象来反映，通常这种指标形式以数字信息作为评价依据。定性指标是指无法直接通过数据分析评价内容，评价结果的指标通过对评价对象的客观分析和评价来反映，通常以文字描述为评价的主要依据。结构形式的选择均以定性指标作为评价指标，在实际工作中，对定性指标需定量化，定量化处理方法有很多，较常见的是专家评分法。斜拉桥施工风险分析层次模型如图 4.12 所示。

专家评分法是定性、半定量方法。首先，根据评价对象的具体要求，选择多个评价项目，根据项目的评估，制定评价标准，聘请若干专家凭借自己的经验按评价标准给出各项目的评价分值，然后对其进行集合。每个指标由专家划分为赋予了定量值的多个等级，用以判断斜拉索索面结构形式的各指标在本次评价活动中所占等级。如划分为从最好到最差十个等级，可按 10、9、8、7、6、5、4、3、2、1 打分，程度越高，其分值越大。制定用以评定定性指标标准的流程就是将定性指标深入细化为多元性的评价，即考核维度；对各评价维度，尽可能以数据和事实做出明确、具体的评价标准。

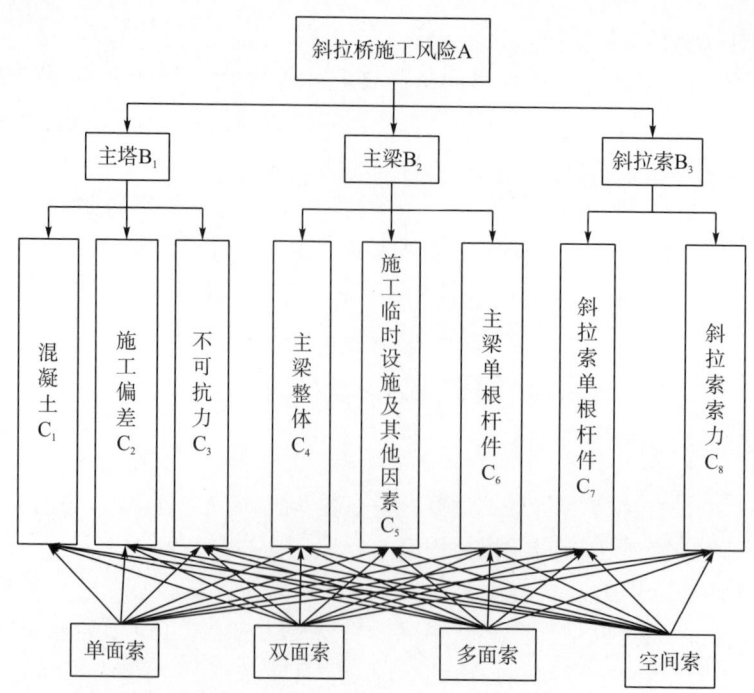

图 4.12　斜拉桥施工风险分析层次模型

4.2.2　斜拉索索面结构形式方案选择的灰色系统特征

结构形式方案选择具有评价指标的种类和数量比较多、评价指标复杂、评价指标具多层次性、评价指标的不确定性影响因素比较多、评价指标多为定性和半定量指标等特点，且存在很多的不确定性因素，这些不确定性因素构成决策的外部边界条件，这就要求决策者必须在一定程度上对这些不完整的信息进行加工与预测。这些因素往往存在着一定的关联，相互影响，相互矛盾。因此，在该桥索面结构形式方案选择中具有灰色系统的特征，可以根据灰色层次分析法的模型及步骤，对斜拉索索面方案进行评价。

4.2.3　实际数据比较分析

邀请了 10 名业内专家对主塔、主梁、斜拉索对不同结构形式的影响进行评分，专家包括高校从事相关工作的教授、专家，施工单位从事该桥梁施工管理的人员，该桥梁的设计人员等。通过统计，得到的影响程度评分见表 4.17～表 4.19 与图 4.13～图 4.15。

表 4.17 主塔对不同结构形式影响程度评分

二级指标	结构形式			
	单面索	双面索	多面索	空间索
混凝土	7	3	6	5
施工偏差	10	7	10	7
不可抗力	8	7	8	6

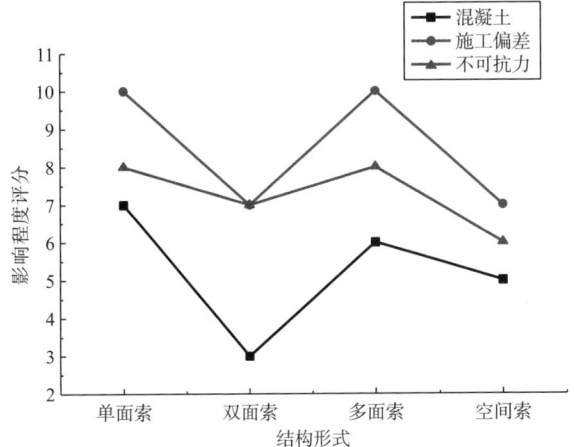

图 4.13 主塔对不同结构形式影响程度评分

表 4.18 主梁对不同结构形式影响程度评分

二级指标	结构形式			
	单面索	双面索	多面索	空间索
主梁整体	6	3	7	5
施工临时设施及其他因素	8	5	3	4
主梁单根杆件	7	5	4	6

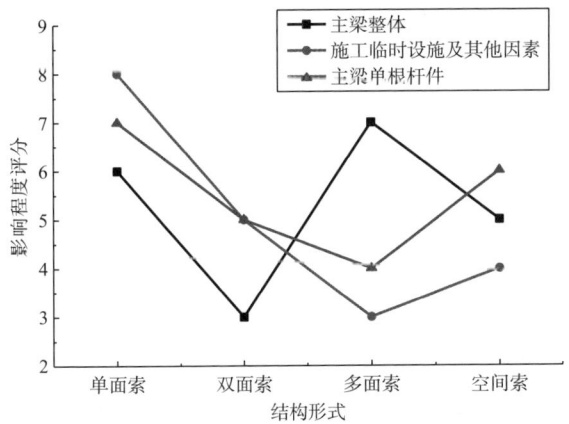

图 4.14 主梁对不同结构形式影响程度评分

表 4.19 斜拉索对不同结构形式影响程度评分

二级指标	结构形式			
	单面索	双面索	多面索	空间索
斜拉索索力	9	8	7	4
斜拉索单根杆件	8	5	7	6

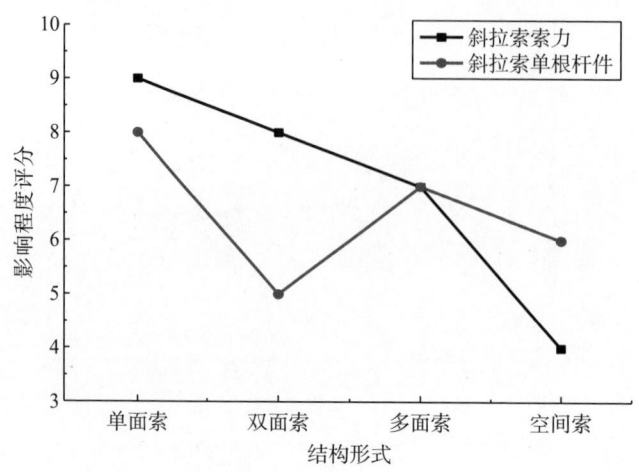

图 4.15 斜拉索对不同结构形式影响程度评分

4.2.4 确定最优指标集及规范化处理

确定结构评价指标权重后，采用灰色关联分析模型对桥梁 4 种结构形式与最优结构形式的关联性进行评估。

（1）根据灰色关联度分析性质可知，指标体系中所选指标值越大，则结构的风险越低，选取最优指标建立参考数列，则为{7，10，8，7，8，7，9，8}。

（2）根据灰色关联度分析，对最优指标和原始指标进行规范化处理。

混凝土 C_1 属效益型指标，则指标规范化处理后结果为

$$X_单(C_1)=\frac{7-3}{7-3}=1.00；X_双(C_1)=\frac{3-3}{7-3}=0.00$$

$$X_多(C_1)=\frac{6-3}{7-3}=0.75；X_空(C_1)=\frac{5-3}{7-3}=0.50$$

同理，对其他指标数据可根据式(3.8)进行规范化处理，计算得到比较数列和参考数列值(规范化处理后的指标数据)，见表 4.20 和图 4.16。

表 4.20 不同结构形式影响程度评分

二级指标	单面索	双面索	多面索	空间索	参考数列
混凝土	1.00	0.00	0.75	0.50	1.00
施工偏差	1.00	0.00	1.00	0.00	1.00
不可抗力	1.00	0.50	1.00	0.00	1.00
主梁整体	0.75	0.00	1.00	0.50	1.00
施工临时设施及其他因素	1.00	0.40	0.00	0.20	1.00
主梁单根杆件	1.00	0.33	0.00	0.67	1.00
斜拉索索力	1.00	0.80	0.60	0.00	1.00
斜拉索单根杆件	1.00	0.00	0.67	0.33	1.00

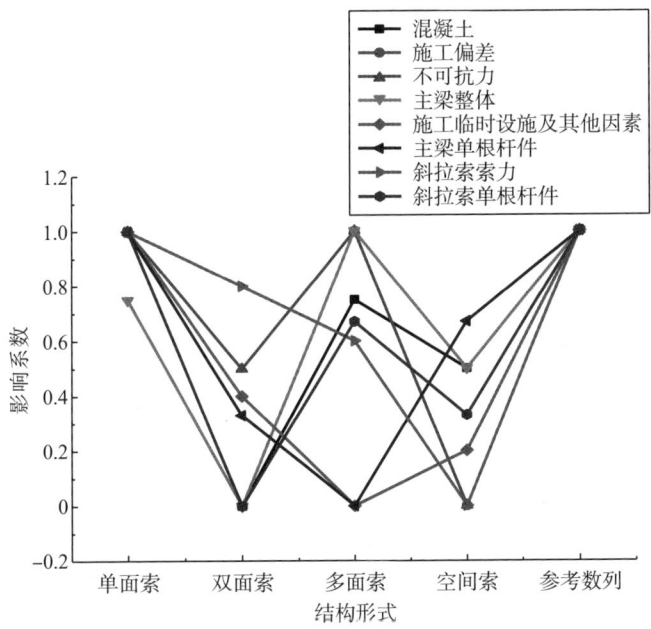

图 4.16 不同结构形式影响程度评分

4.2.5 计算关联度系数矩阵

对已由灰色关联度分析得出的比较数列和参考数列值进行计算，得出斜拉索结构形式选择的指标体系的关联系数。以混凝土 C_1 为例，进行该指标关联系数的计算。

由表 4.19 可知，$\min_i \min_j |x_0(j) - x_i(j)| = 0$，$\max_i \max_j |x_0(j) - x_i(j)| = 1$，取 $\rho=0.5$，则：

$$\zeta_{单}(C_1)=\frac{0+0.5\times1}{|1-1|+0.5\times1}=1\ ;\quad \zeta_{双}(C_1)=\frac{0+0.5\times1}{|1-0|+0.5\times1}=0.33$$

$$\zeta_{多}(C_1)=\frac{0+0.5\times1}{|1-0.75|+0.5\times1}=0.67\ ;\quad \zeta_{空}(C_1)=\frac{0+0.5\times1}{|1-0.5|+0.5\times1}=0.5$$

根据公式计算其他指标的关联系数，结果见表 4.21 及图 4.17，层次综合权重值见图 4.18。

表 4.21 各指标和最优指标的关联系数

二级指标	单面索	双面索	多面索	空间索
混凝土	1.00	0.33	0.67	0.50
施工偏差	1.00	0.33	1.00	0.33
不可抗力	1.00	0.50	1.00	0.33
主梁整体	0.67	0.33	1.00	0.50
施工临时设施及其他因素	1.00	0.45	0.33	0.38
主梁单根杆件	1.00	0.43	0.33	0.60
斜拉索索力	1.00	0.71	0.56	0.33
斜拉索单根杆件	1.00	0.33	0.60	0.43

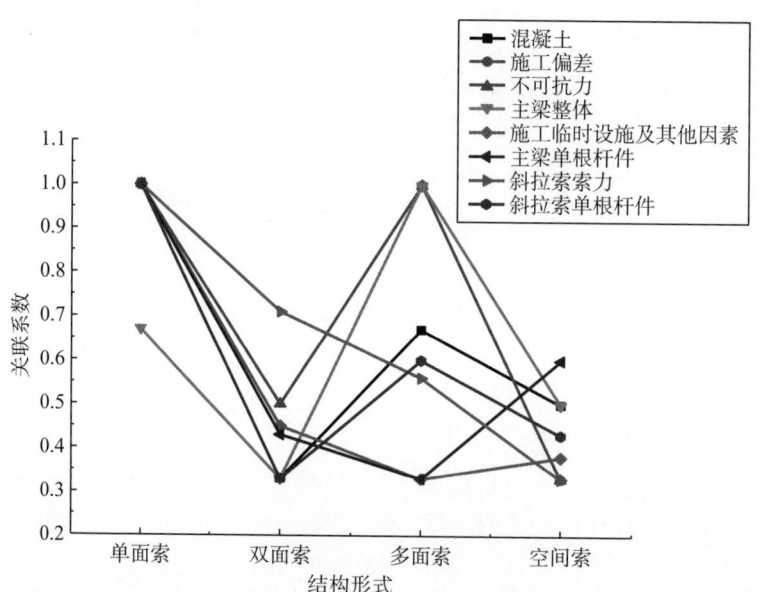

图 4.17 各指标和最优指标的关联系数

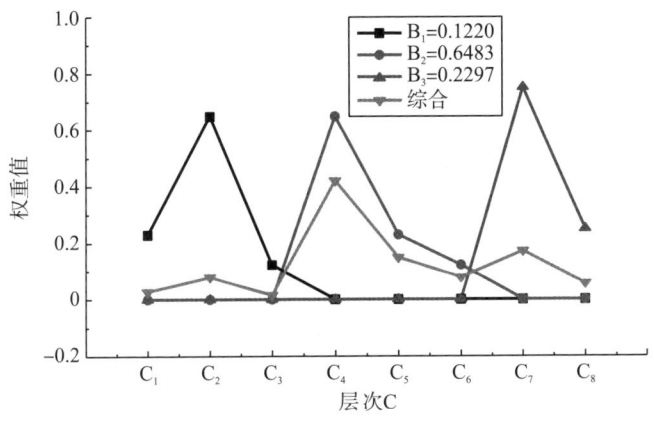

图 4.18 层次综合权重值

4.2.6 索面结构形式的确定

计算关联度，确定最优方案的评价结果。

根据 $R_i = \sum_{j=1}^{m} W(j) \times \zeta_i(j)(i=1,2,\cdots,n; j=1,2,\cdots,m)$，计算 $R_单$、$R_双$、$R_多$、$R_空$，结果见表 4.22 及图 4.19。其中，$W(j)$ 代表第 j 个二级指标的综合权重，$\zeta_i(j)$ 代表第 i 种结构形式第 j 个指标的关联系数。

表 4.22 各二级指标的关联系数及其在整个评价体系中的权重

二级指标	结构形式				综合权重
	单面索	双面索	多面索	空间索	
混凝土	1.00	0.33	0.67	0.50	0.0280
施工偏差	1.00	0.33	1.00	0.33	0.0791
不可抗力	1.00	0.50	1.00	0.33	0.0149
主梁整体	0.67	0.33	1.00	0.50	0.4203
施工临时设施及其他因素	1.00	0.45	0.33	0.38	0.1489
主梁单根杆件	1.00	0.43	0.33	0.60	0.0791
斜拉索索力	1.00	0.71	0.56	0.33	0.1723
斜拉索单根杆件	1.00	0.33	0.60	0.43	0.0574

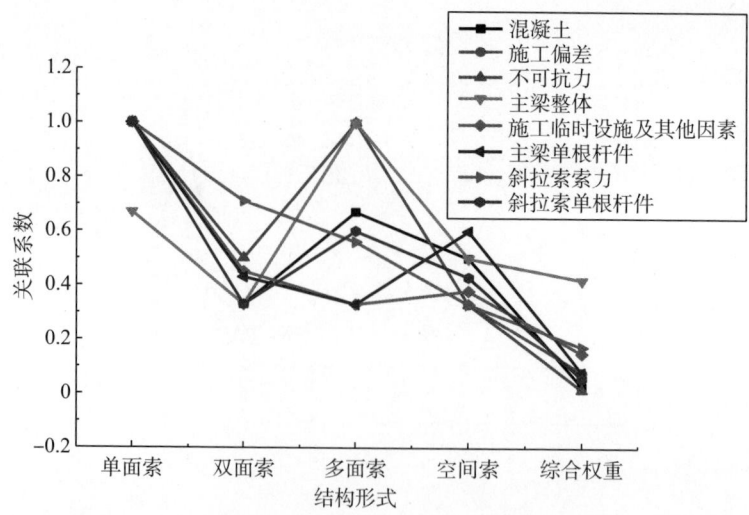

图 4.19 各二级指标的关联系数及其在整个评价体系中的权重

$R_{单}=1\times 0.0280+1\times 0.0791+1\times 0.0149+0.67\times 0.4203+1\times 0.1489+1\times 0.0791$
$+1\times 0.1723+1\times 0.0574=0.8613$。

索面结构形式为双索面、多索面、空间索的关联度系数可以用同样方法确定，各结构形式的关联度如下：

$$R_{双}=0.4238, \quad R_{多}=0.7392, \quad R_{空}=0.4408$$

按灰色关联度排序可以看出 $R_{单}>R_{多}>R_{空}>R_{双}$，由于单索面的关联度与最优索面结构形式的关联度最大，即从某些指标上讲，单索面结构形式优于其他索面结构形式。

4.3 施工过程分析

4.3.1 有限元模型的建立

某大桥主桥为单塔单索面公轨两用钢桁梁斜拉桥，桥跨布置为 80m+240m+312m+88m＝720m。钢桁梁长 720m（两端至支座中心），主桥宽 24～36.990m，桁梁宽度为 15m，桁梁设置为变高度。主桁采用等节段长度布置变高度三角形桁式，全桥共计 45 个节段，各节段长度均为 16m。主梁是双层桥面，为下层宽 13m、上层双向 4 车道及两侧人行道的双线城市轨道交通。主桁主要杆件均为焊接箱形截面。大桥所处地理位置人口密度大，建筑密集，交通量大，施工场地小，项目投资额大，结构形式新颖，一旦有事故发生，将会造成严重社会影响以及巨大经济损失，这就使得施工风险分析控制变得尤为重要[2]。

利用有限元分析软件 ANSYS 建立该大桥最大悬臂状态分析模型，桥面所在平面为 XY 平面，设置纵桥向为 X 方向，横桥向为 Y 方向，竖直方向为 Z 方向，模型共有 16 571 个单元，斜拉索选用空间杆单元 link10，桥塔选用 beam4 单元，主梁选用 beam188 单元。最大悬臂阶段计算模型如图 4.20 所示。根据桥梁结构所处施工阶段实际情况及计算精度的需要，在分析模型中采用的材料参数见表 4.23。

表 4.23 材料参数

构件名称	泊松比	弹性模量/GPa	质量密度/(kg·m^{-3})
桥塔 C50	0.2	34.5	2.549
斜拉索	0.3	195	8.005
钢材 Q370	0.3	206	7.850
刚臂	0.3	206 000	0.000
施工支架	0.3	206	7.850
支座	0.3	100 000	0.000
拉索横梁纵向联系	0.3	54	7.850

根据施工阶段划分，将大桥在最大悬臂状态受重力荷载作用下最大悬臂端所产生的位移值作为检验值。计算截面如图 4.21 所示。

图 4.20 最大悬臂阶段计算模型

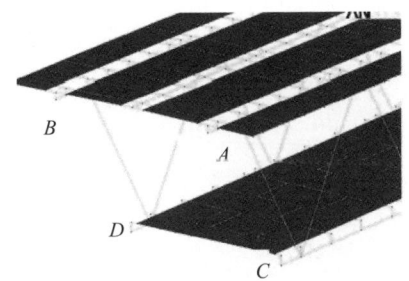

图 4.21 结构的关键截面

4.3.2 计算结果

利用以上计算参数，通过 ANSYS 分析模型的计算，得到斜拉桥最大悬臂端在重力作用下各计算截面的位移值，见表 4.24。

表 4.24　各截面最大位移值

截面	A-A	B-B	C-C	D-D
位移值/m	0.27	0.26	0.25	0.25

通过有限元分析，可以得到结构在特定工况及参数条件下的结构响应，但对于大桥所需的各种材料而言，其参数并不是某一个特定的数值，而是一个随机变化的量。若要确定结构施工过程的风险，材料参数的数量需达到统计规律的要求，此时若采用有限元软件进行大规模分析是不切实际的。

4.4　结构失效概率分析

基于层次分析法-灰色关联理论-有限元分析-蒙特卡罗法-RBF 神经网络评价方法模拟分析施工过程风险的基本步骤：通过层次分析法确定各风险因素对于施工总风险的权重值，判断最大风险因素，然后以 RBF 神经网络代替有限元分析，结合蒙特卡罗法确定结构的重要风险因素在施工过程中的概率大小[6-10]。

4.4.1　生成神经网络训练样本

由于大桥采用独塔的结构形式，结构所处的最大悬臂状态确定为最危险状态，最大风险因素确定为悬臂端位移。

将斜拉索的泊松比、弹性模量、质量密度以及初应变（表 4.25）作为基本变化量，且符合正态分布，利用 MATLAB 软件生成基本变化量所对应的随机数，并将其导入 ANSYS 软件，计算相应的位移值。若计算得到的结构位移值超过容许位移值 0.5m，则认为结构失效，否则认为结构处于正常状态。

表 4.25　参数变量随机分布

参数变量	均值	变异系数值
质量密度/(kg·m^{-3})	8.005	0.05
弹性模量/GPa	195	0.06
泊松比	0.3	0.05
初应变	0.003	0.06

4.4.2 建立并检验 RBF 神经网络

神经网络具有很强的非线性拟合能力，记忆性和鲁棒性好，能够分离网络的结构参数，且快速收敛。它具有唯一最佳逼近的特性，且无局部极小问题存在，学习过程收敛速度快。利用 newrbe 函数建立近似径向基神经网络，并调节 spread 函数值为 0.1。当神经网络的输入样本确定以后，理论上需要对输入样本进行归一化处理，即将不同区间、不同尺度的样本转换到相同区间中，使样本各个分量具有相同尺度。归一化处理使得神经网络更加容易训练和学习。因为若样本数据相差较大、尺度不一，未经归一化处理而直接使用，尺度较大的样本将会垄断神经网络的学习过程，从而不能反映较小样本的贡献，这与隐含层单元的分配原则是不符的。

样本归一化处理的公式为

$$x' = \frac{x - x_{\min}}{x_{\max} - x_{\min}} \tag{4.1}$$

样本归一化处理的计算公式简洁明了。对于小样本的情况，计算十分容易。但当样本达到几十万次甚至上百万次时，耗时过长。MATLAB 中有对样本进行归一化处理的语句，可对样本进行归一化处理，映射到[0,1]。MATLAB 中归一化的语句格式为

$$[y,\text{ps}]=\text{mapminmax}(A) \ \text{ps}.y\text{min}=0； \quad [y,\text{ps}]=\text{mapminmax}(A,\text{ps}) \tag{4.2}$$

式中，A 为收集的一组样本数据；ps 为处理过程的设置，实现对数据的一致处理；y 为经过归一化后的数据。

随机生成 20 组样本数据，前 16 组数据为训练样本，后 4 组数据为检验样本，对数据进行归一化处理后的结果见表 4.26。

表 4.26 神经网络样本数据

序号	质量密度 /(kg·m^{-3})	弹性模量 /GPa	泊松比	初应变	A 节点位移/m	B 节点位移/m	C 节点位移/m	D 节点位移/m
1	8.220	202.856	0.299	0.0028	0.183	0.1772	0.169	0.166
2	8.739	180.872	0.296	0.0030	0.444	0.4385	0.417	0.414
3	7.101	203.392	0.305	0.0031	0.114	0.1089	0.104	0.100
4	8.350	214.074	0.305	0.0032	0.046	0.0511	0.050	0.053
5	8.133	200.720	0.287	0.0033	0.151	0.1454	0.139	0.136
6	7.482	207.106	0.300	0.0030	0.071	0.0654	0.062	0.058
7	7.831	203.505	0.298	0.0027	0.175	0.1688	0.1600	0.157
8	8.142	191.450	0.309	0.0029	0.350	0.3439	0.330	0.326

续表

序号	质量密度/(kg·m^{-3})	弹性模量/GPa	泊松比	初应变	A节点位移/m	B节点位移/m	C节点位移/m	D节点位移/m
9	9.437	198.438	0.316	0.0028	0.263	0.2577	0.2460	0.243
10	9.114	185.789	0.317	0.0034	0.390	0.3852	0.3800	0.387
11	7.465	205.394	0.287	0.0029	0.114	0.1093	0.110	0.104
12	9.2199	181.5793	0.301	0.0031	0.502	0.496	0.487	0.483
13	8.2954	182.4942	0.282	0.0030	0.480	0.495	0.485	0.481
14	7.9798	185.5289	0.283	0.0032	0.398	0.393	0.377	0.374
15	8.2911	160.5519	0.300	0.0029	0.441	0.435	0.439	0.445
16	7.9230	211.8290	0.323	0.0027	0.041	0.036	0.032	0.029
17	7.9553	198.8047	0.289	0.0027	0.159	0.164	0.157	0.153
18	8.6013	186.1673	0.306	0.0031	0.419	0.414	0.397	0.394
19	8.5690	211.0325	0.297	0.0030	0.076	0.071	0.078	0.075
20	8.5723	174.9753	0.317	0.0030	0.288	0.273	0.278	0.266

神经网络训练结果见表 4.27。神经网络训练误差见表 4.28 与图 4.22。神经网络的训练误差基本控制在 5%左右，以位移为指标的神经网络训练结果误差可以满足要求。

表 4.27　神经网络训练结果

序号	检验样本				训练结果			
	A-A 截面	B-B 截面	C-C 截面	D-D 截面	A-A 截面	B-B 截面	C-C 截面	D-D 截面
1	0.159	0.164	0.157	0.153	0.162	0.162	0.155	0.153
2	0.419	0.414	0.397	0.394	0.449	0.444	0.426	0.421
3	0.076	0.071	0.078	0.075	0.079	0.080	0.079	0.078
4	0.288	0.273	0.278	0.266	0.281	0.284	0.277	0.276

表 4.28　神经网络训练误差

截面序号	A-A 截面	B-B 截面	C-C 截面	D-D 截面
1	−0.016	0.014	0.012	0.003
2	−0.071	−0.072	−0.072	−0.069
3	−0.041	−0.137	−0.006	−0.039
4	0.025	−0.041	0.004	−0.039

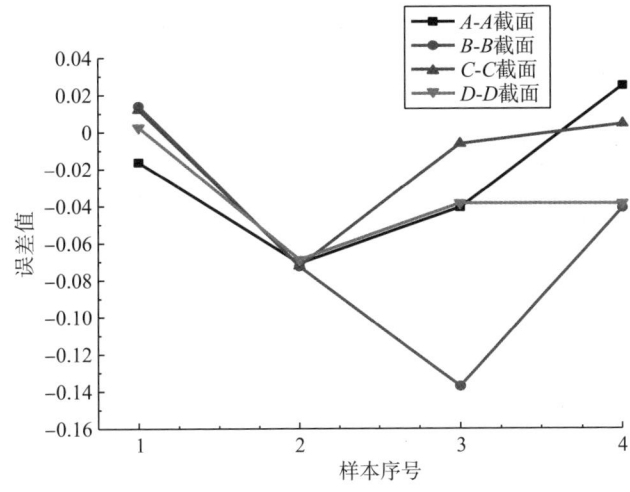

图 4.22　神经网络训练误差

4.4.3　利用神经网络进行风险分析

神经网络训练完毕后，对符合正态分布的随机数进行重复计算，结构失效概率预测结果见表 4.29 与图 4.23。计算结果表明，当结构位移状态计算次数达到 200 万次时，A-A、B-B、C-C、D-D 四个截面失效概率相近，这与所选取的截面位置及受荷载情况相符，钢桁梁最大悬臂端位移失效概率达到 0.12%，失效概率可控。该风险分析方法采用概率理论更加准确地确定了风险因素对桥梁结构的影响[11]。

在具体施工过程中，仍需时刻注意钢桁梁最大悬臂端的线形，构件需严格按照图纸在工厂预制，严格控制尺寸精度，若发现线形及竖向位移偏离预期值，需及时采取纠偏措施。在钢桁梁斜拉桥施工过程中，最大悬臂端的位移是重点控制的对象，对其进行定量分析，将有利于施工的顺利进行。

层次分析法简单、系统，能够将人的主观判断用数量的形式进行表达。本节利用层次分析法，确定了桥梁在最大悬臂状态悬臂端的竖向位移为最大风险因素。而灰色系统理论中的灰色关联分析法可以有效解决评价指标难以准确量化和统计的问题，使得评价结果更加客观。将二者有效地结合就可以完成方案的决策，并且在避免人为因素的影响下更加准确地确定风险因素对桥梁结构的影响。

表 4.29　结构失效概率预测结果

计算次数/次	A-A 截面	B-B 截面	C-C 截面	D-D 截面
0.5×10^6	9.0200×10^{-4}	9.0400×10^{-4}	8.3400×10^{-4}	8.2800×10^{-4}
1.5×10^6	1.2800×10^{-3}	1.1500×10^{-3}	9.2600×10^{-4}	9.1700×10^{-4}
2.0×10^6	1.2100×10^{-3}	1.1700×10^{-3}	9.2900×10^{-4}	9.1400×10^{-4}

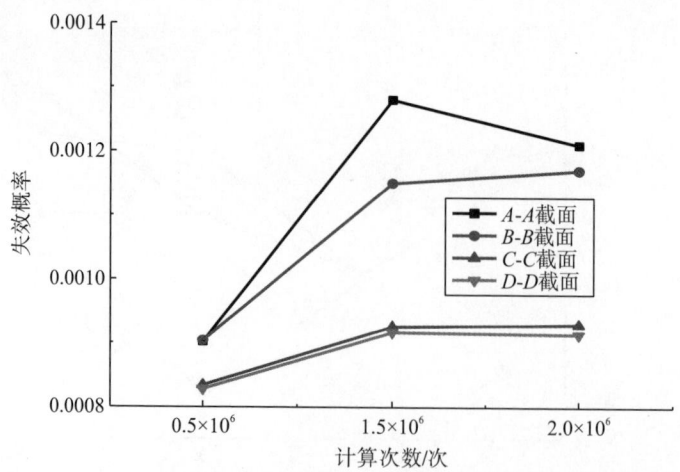

图 4.23　结构失效概率预测结果

根据大桥实际结构形式和截面形式建立有限元模型，计算出结构在重力荷载作用下以特定参数为前提的悬臂端位移，最终以 RBF 神经网络代替有限元分析并结合蒙特卡罗法确定了桥梁在重力荷载作用下悬臂端竖向位移大于规定值的概率，即结构的失效概率。结果表明，结构的失效概率为 0.12%，满足工程要求。

参 考 文 献

[1] 任国雷，刘安双. 山地城市跨江大桥设计创新和关键技术[M]. 重庆：重庆大学出版社，2019.

[2] 郑慧君. 大跨度单索面钢桁梁斜拉桥施工风险分析[D]. 重庆：重庆交通大学，2014.

[3] 张喜刚. 公路桥梁和隧道工程设计安全风险评估[M]. 北京：人民交通出版社，2010.

[4] Faber M H. Risk and safety in civil engineering[Z]. Swiss Federal Institute of Technology，Switzerland，2012.

[5] 邓聚龙. 灰色控制系统[M]. 2 版. 武汉：华中理工大学出版社，1993.

[6] Saaty T L. The Analytic Hierarchy Process[M]. New York：McGraw-Hill Company，1980.

[7] 李鸿吉. 模糊数学基础及实用算法[M]. 北京：科学出版社，2005.

[8] 邓聚龙. 灰色系统理论教程[M]. 武汉：华中理工大学出版社，1990.

[9] 阮欣，陈艾荣，石雪飞. 桥梁工程风险评估[M]. 北京：人民交通出版社，2008.

[10] 曾勇，郑慧君，向中富. 大跨单索面公轨两用钢桁梁斜拉桥施工风险分析[J]. 重庆交通大学学报(自然科学版)，2014，33(4)：29-33,80.

[11] Salmon G M，Hartford D N D. Risk analysis for dam safety[J]. International Water Power and Dam Construction，1995，47(3)：42-47.

第5章 山区超高互通立交箱梁现浇风险评估体系

5.1 山区超高互通立交箱梁现浇风险识别

山区超高互通立交桥梁施工是一个复杂的系统工程,影响其施工安全的因素有很多[1]。为了使山区超高互通立交箱梁现浇安全风险评估的结果更加科学和全面,本章从山区桥梁施工中常见的安全风险事件出发,对山区超高互通立交箱梁现浇存在的风险进行梳理,结合多种风险估计的方法对风险源进行定量分析和风险评价等。山区超高互通立交箱梁现浇安全风险评估的流程如图 5.1 所示。

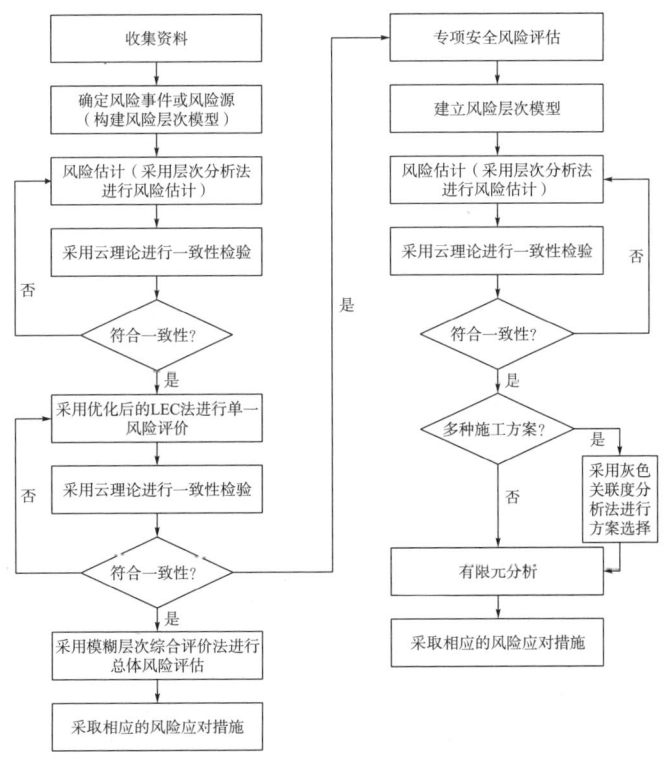

图 5.1 山区超高互通立交箱梁现浇安全风险评估流程

在山区超高互通立交箱梁现浇施工过程中,可能发生的安全事故有支架失效、桥梁坍塌、机械伤害、高空坠落、模板爆裂、物理因素事故(如触电事故、火灾事故等)、化学安全事故(如爆炸事故、中毒和窒息事故等)、自然灾害事故(如地震、洪灾、泥石流、飓风等)、其他安全事故等。从施工过程中可能出现的安全事故出发,对主要风险事件进行层次分析,结果见表5.1。

表 5.1 风险事件层次分析表

目标层	准则层		
可能发生的安全事故 A	支架失效事故 B_1	触电事故 B_6	中毒和窒息事故 B_{11}
	桥梁坍塌事故 B_2	火灾事故 B_7	车辆伤害事故 B_{12}
	物体打击事故 B_3	爆炸事故 B_8	灼伤事故 B_{13}
	机械伤害事故 B_4	高空坠落事故 B_9	自然灾害事故 B_{14}
	起重伤害事故 B_5	模板爆裂事故 B_{10}	其他安全事故 B_{15}

大多数桥梁坍塌事件是由支架失效造成的,现浇梁桥的坍塌事件主要与支架工程相关[2,3]。同时涉及的高空坠落事故绝大部分由其他原因造成,如模板爆裂、起重伤害等,因此考虑到事故类型之间的相互影响,本章主要研究山区超高互通立交箱梁现浇过程安全风险事件中的支架失效事故、机械伤害(起重伤害)事故、高空坠落事故,其层次结构见表5.2。

表 5.2 风险事件分析表

风险事件	风险源		
支架失效事故	材料质量不合格	支架设计存在缺陷	混凝土现浇冲击力度过大
	支架基础强度不足	支架预压不合格	风荷载过大
	支架搭设工艺不合格	支架拆除不合理	人员管理不到位
机械伤害(起重伤害)事故	钢丝绳没有定期检查	起重机具养护维修不当	起重设备标准段失稳
	吊装方式不对	操作人员技能较差	起重机基础失稳
	无指挥人员指导工作	挂钩挂物时晃动、超负荷	6级以上大风
高空坠落事故	工作人员缺乏安全意识	安全防护措施存在缺陷	高空作业面杂物太多
	作业人员发生肢体冲突	起吊设备运输人员发生意外事故	在强风环境中作业

5.2 层次分析法风险估计

5.2.1 层次分析法的概念

层次分析法通过建立结构层次模型将与研究项有关的元素分解成目标、准则、方案等层次，然后进行定性和定量分析[4,5]。在进行各层次目标整理的过程中，每个层次中的目标元素不宜过多，元素过多会使各元素之间的比较复杂化，因此风险层次判断矩阵一般不宜过大。具体的结构层次如图 5.2 所示。可以通过层次分析法计算风险源之间的相对重要性权值或计算各风险事件之间的相对发生概率值。

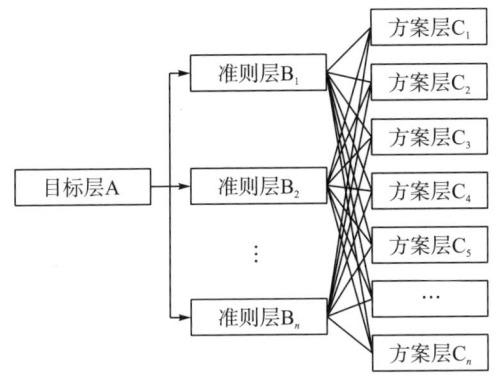

图 5.2 结构层次

5.2.2 层次分析法的计算步骤

根据以上结构层次图建立矩阵图，以 A 和 B 层次为例，建立有关目标 A 的 A-B 三阶判断矩阵，见表 5.3。

表 5.3 权重计算表

A-B 判断矩阵			各行元素连乘积	各行元素积 n 次方根	归一化处理
A	B_1	B_2	B_3	$M_i = \prod_{j=1}^{n} a_{ij}$	$m_i = \sqrt[n]{M_i}$	$w_i = m_i / \sum_{j=1}^{n} m_i$
B_1	a_{11}	a_{12}	a_{13}	M_1	m_1	w_1
B_2	a_{21}	a_{22}	a_{23}	M_2	m_2	w_2
B_3	a_{31}	a_{32}	a_{33}	M_3	m_3	w_3

注：n 为判断矩阵的阶数；a_{ij} 为元素两两比较得到的相对重要性值；w_i 为第 i 个准则层的相对权重值。

根据表中的公式可以得到 $W_A = (w_1, w_2, w_3)^T$，即权重向量。根据公式 $\lambda_{\max} = \sum_i^n \dfrac{(A \cdot W_A)_i}{n \cdot W_{Ai}}$（$A$ 为目标层的值）计算最大特征根 $\lambda_{\max}$，代入公式 $CR = \dfrac{\lambda_{\max} - n}{RI(n-1)}$ 进行一致性检验，当 CR 小于 0.1 时则判断矩阵符合一致性检验，计算结果可以直接使用，若 CR 不小于 0.1 则矩阵元素要进行重新取值。矩阵元素的取值直接影响着矩阵计算结果，其取值见表 5.4。

表 5.4 判断矩阵标度含义

含义	标度
表示两个元素相比，具有相同重要性	1
表示两个元素相比，前者比后者重要	3
表示两个元素相比，前者比后者明显重要	5
表示两个元素相比，前者比后者强烈重要	7
表示两个元素相比，前者比后者极端重要	9
表示上述相邻判断的中间值	2、4、6、8
若因素 i 与 j 重要性之比为 a_{ij}，则 j 与 i 重要性之比为 $1/a_{ij}$	

RI 的取值与矩阵阶数 n 有关，随着阶数的增大，RI 的取值增大，具体取值情况见表 5.5。

表 5.5 RI 的一致性指标

n	RI	n	RI	n	RI
1	0	5	1.12	9	1.46
2	0	6	1.26	10	1.49
3	0.52	7	1.36	11	1.51
4	0.89	8	1.41	12	1.54

如果不考虑定性原则，每一个矩阵元素 a_{ij} 都有 15 个数据可进行选择，因此对层次判断矩阵赋值前，首先要确定两元素之间的相对重要性。在实际的工程中，各种风险源之间相互影响、相互关联，元素之间的相对重要性存在着很大的不确定性，也就是其取值范围较大。一般进行安全风险评估工作时，主要由具有相关资质的专业人员进行矩阵的赋值，但是存在变量较多、矩阵阶数较大的情况。当出现一致性检验不符合标准的情况时，就需要对矩阵进行重新赋值和计算，如此循环反复会加大工作量。考虑到在实际工程中，准则层和方案层的元素数可能会达到 9 个甚至 9 个以上，不利于后续工作的开展，因此，为了保证层次分析方法数据直观性的优点，同时不影响工作的整体进度，层次计算采用 MATLAB 软件。

5.3 基于层次分析法的云模型方案分析

为克服层次分析法的缺点，可以利用云模型求得各个层次元素的期望值。云模型这一概念于 1995 年由李德毅院士提出，云模型属于不确定性人工智能范畴，主要用于定性与定量之间的转化[6]。该方法能够充分地考虑专家对指标认识的模糊性和随机性，从而得到指标权重值。层次分析法是确定各项风险事件相对重要性权值的有效方法，但层次分析法的前提是专家打分，有很强的主观性和随机性，因此云模型可以解决层次分析法的不确定性，提高结果的准确性。云模型的主要作用为验证多位专家评价结果的一致性，并得到期望风险概率值。

5.3.1 云模型的定义

为了弥补概率论和模糊数学理论在处理不确定性问题中存在的缺陷，李德毅教授提出了云模型的概念。云模型的理论基础实际上是定性概念与具有模糊性和随机性的数值之间的相互转化，从数学的角度对自然语言进行定性评价，常用的数字特征为期望、熵以及超熵。其中期望值 Ex 是最能够表现定性概念的数值点；熵 En 的大小可以判定定性特征的不确定性大小，也就是判定 Ex 是否为最优的数值点；超熵 He 的大小可以判定 En 的不确定性大小，也就是不确定性的程度，He 越大，云图中云滴的分布越不集中，云的厚度也越大，则对定性概念的评价随机性越大。

5.3.2 云发生器

云模型可以利用软件实现，云发生器分为正向云发生器(forward cloud generator)和逆向云发生器(backward cloud generator)两种，其中正向云发生器是从定性概念到定量表示，逆向云发生器是从定量值转化到定性概念。

1. 正向云发生器算法

输入表示指标重要性定性概念的数字特征 Ex、En、He 以及生成的云滴数 n，输出每个云滴 x_i 以及对应的隶属度。其具体算法步骤如下。

(1) 生成以 En 为均值、以 He 为方差的正态随机数 E_n'。

(2) 生成以 Ex 为均值、以 En′为方差的正态随机数 x_i。

(3) 计算隶属度即确定度：

$$\mu_i = \exp\left[-\frac{(x_i - \mathrm{Ex})^2}{2(\mathrm{En}')^2}\right] \tag{5.1}$$

(4)重复上述步骤,直到生成足够的云滴。

2. 逆向云发生器算法

逆向云发生器是指从给定的云滴中,求出 Ex、En、He。输入:n 个云滴的定量值以及每个云滴代表概念的确定度$(x_i,\ y_i)$;输出:n 个云滴表示的概念的 Ex、En、He。其具体算法步骤如下。

(1)由 x_i 计算 n 个云滴的样本均值 $\bar{x}$ 和样本方差 S^2 的关系如下:

$$S^2 = \frac{1}{n-1}\sum_{i=1}^{n}(x_i - \bar{x})^2 \tag{5.2}$$

(2)求得期望 $\bar{x}$ = Ex。

(3)求得熵 En:

$$\mathrm{En} = \sqrt{\frac{\pi}{2}} \times \frac{1}{n}\sum_{i=1}^{n}|x_i - \bar{x}| \tag{5.3}$$

(4)求得超熵 He:

$$\mathrm{He} = \sqrt{S^2 - \mathrm{En}^2} \tag{5.4}$$

5.3.3 云模型的作用

对各个风险源的相对重要性或各风险事件的相对发生概率采用层次分析法进行定量计算,一般的风险评估工作需要多位专家进行赋值,但由于人的主观意识影响,不同专家得到的结果存在一定的差异,因此可以采用云模型判断多位专家的评估结果是否符合一致性。针对单一风险源或风险事件,将多位专家通过层次分析法得到的结果用正向云发生器和逆向云发生器进行处理,得到相应的云图。根据云滴的离散程度来判断一致性,若云滴的离散程度较大,则一致性较弱;若云滴的离散程度较小,则一致性较强,可以得到期望值 Ex。

5.4 基于 LEC 法的风险评估

5.4.1 传统 LEC 法的计算原理

作业条件危险性分析方法(likelihood exposure consequence,LEC 法)是桥梁安全风险评估中常用的方法[6,7]。该方法由格雷厄姆(K. J. Craham)和金尼(G. F.

Kinney)提出，他们用生产活动中安全事件发生概率 L、人员暴露程度 E 以及人员伤亡 C 三个因素的乘积大小来评判安全风险的大小，其经典计算公式为 $D = L \times E \times C$。LEC 的取值见表 5.6。

表 5.6　参数取值表

	分值	10	6	3	1	0.5	0.1
L 取值	事故发生的可能性	完全会发生	发生概率较高	可能，但可能性不大	完全意外	很少可能	几乎不可能发生
	分数值	10	6	3	2	1	0.5
E 取值	暴露于危险环境的频繁程度	连续暴露	每天工作时间暴露	每周一次或偶然暴露	每月暴露一次	每年几次暴露	几乎不暴露
	分值	100	40	15	7	3	1
C 取值	事故造成的后果	10 人以上死亡	3～9 人死亡	1～2 人死亡	严重伤残	有伤残	轻伤
D 取值	危险等级	5	4	3	2	1	
	危险性后果	≥320	160～320	70～160	20～70	<20	

根据经典的 LEC 法可知，危险性越高，分值越大。LEC 法具有简洁、直观、高效的特点。但该方法的评估方法单一，仅从人员暴露于危险环境的频繁程度以及人员的伤亡程度来评价整个生产活动的风险等级，因此可以对该方法进行优化处理。

5.4.2　传统 LEC 法的优化

安全事故等级的评价因素有人员伤亡、经济损失、时间损失和社会影响四个方面，同时影响安全事故的主要原因有人员管理因素和工程项目所处的地理环境。为了使工程的安全风险评估结果更加精确，本节基于以上因素对传统的 LEC 法进行优化，具体优化过程如下。

1. 传统模型改进

传统的 LEC 法主要对人员的伤亡情况进行评判，评判标准单一，不能准确客观地反映项目安全风险源的实际情况，改进后的模型如下：

$$D = L \times (P + M + T + E) \times K \tag{5.5}$$

式中，L 为通过层次分析法计算得到的各风险相对重要性权值；P 为事故发生造成的人员伤亡情况；M 为事故发生造成的直接经济损失；T 为事故发生造成的时间损失；E 为事故发生造成的社会影响；K 为安全事故发生的可能性；D 为施工作业危险性大小及风险等级。

2. 安全事故发生可能性 K 的取值

安全事故发生可能性 K 的取值可以通过专家打分，然后利用云模型计算期望值 K。将工程项目的工程概况以及该工程安全管理的各项评估指标给多位专家进行评审，并对该工程安全事故发生的可能性 K 进行打分，分值为 0～1，将专家打分后的 K 值应用 MATLAB 进行云模型计算，得到期望 K 值。

3. 参数取值优化

经典 LEC 法中 L 的取值为 0～10，改进后 L 的取值为 0～1，主要经过层次分析法计算得到，不需要进行额外的参数优化。

改进后的计算模型中，P 的取值为 1～10，通过对施工现场布局、施工人员数、人员分配数的统计和分析，询问有关专家参照表 5.7 进行评分。

改进后的计算模型中，M 的取值为 1～10，通过对施工项目各项清单的查阅分析，询问有关专家参照表 5.7 进行评分。

改进后的计算模型中，T 的取值为 1～10，通过对施工工期以及施工进度的了解，询问有关专家参照表 5.7 进行评分。

改进后的计算模型中，E 的取值为 1～10，通过对工程项目性质、工程项目建成后的作用、工程项目涉及的范围等的了解，询问有关专家参照表 5.7 进行评分。

D 的取值为以上相关因素的乘积，可以对照表 5.7 对 D 进行风险源评级，以便采取相关的安全风险控制措施。

表 5.7 改进后的元素取值

	分值	10	8	6	3	1
P 取值	人员伤亡数/人	死亡≥30 或 重伤≥100	10≤死亡<30 或 50≤重伤<100	3≤死亡<10 或 10≤重伤<50	1≤死亡<3 或 3≤重伤<10	无人死亡，及少数人轻伤
	分值	10	8	6	3	1
M 取值	经济损失/万元	>1000	500<损失≤1000	100<损失≤500	50<损失≤100	≤50
	分值	10	8	6	3	1
T 取值	时间损失/d	>60	30≤损失<60	10≤损失<30	2≤损失<10	<2
	分值	10	8	6	3	1
E 取值	影响程度	省级以上影响	省级影响	市级影响	区县级影响	局部影响
	分值	>0.7	0.3～0.7	0.3～0.06	0.15～0.06	<0.06
D 取值	风险等级评判 等级描述	极高风险 不可接受	高度风险 严格控制	中度风险 合理控制	低度风险 可接受	轻微风险 可忽略

对风险等级描述的定义如下。

不可接受：无论降低风险的成本有多大，都要将风险降低到可控区间。

严格控制：应该确定降低风险的措施，如果风险降低措施的成本与所得到的收益比例是合理的，降低风险的措施就应该被执行。

合理控制：除了常规的安全工程管理措施外，该区域的风险要引起相关的重视，必要时要采取措施降低风险等级。

可接受：当工程项目风险等级处于该阶段时，风险处于可接受状态，在此情况下可酌情采取安全风险应对措施。

5.5 基于模糊理论-层次分析法-云模型的综合风险评估

基于模糊理论-层次分析法-云模型综合风险评估方法的步骤为：建立因素集合—建立评价集合—建立权重集—建立单因素评定集—建立模糊综合评定集[8-10]。

(1) 建立因素集。根据层次分析理论建立因素集，$U = \{u_1, u_2, \cdots, u_n\}$，其中 $u_i(i=1,2,3,\cdots,n)$ 相当于层次结构图中的标准层因素，u_{ij} $(i=1,2,3,\cdots,n; j=1,2,3,\cdots,m)$ 相当于层次结构图中的方案层。

(2) 建立评价集。根据项目的具体情况可将风险分为四个等级，为 $V = \{v_1, v_2, v_3, v_4\} = \{$低度风险，中度风险，高度风险，极高风险$\}$，见表 5.8。

表 5.8 风险评价集与相关标准

评价等级	一级	二级	三级	四级
评价集	低度风险	中度风险	高度风险	极高风险
风险值 S	1	2	3	4
评价值 V	$0 \leqslant V < 1.5$	$1.5 \leqslant V < 2.5$	$2.5 \leqslant V < 3.5$	$V \geqslant 3.5$

(3) 建立单因素评定集。根据层次分析计算方法，对每一因素集的风险源进行计算，最终得到相应的评价结果。

(4) 建立模糊综合评定集。为对项目风险进行综合评价，选取 11 位相关专业的专家对每一风险因素等级进行风险评价，得到相同风险等级的专家数，计算出相应权重 R_i 和 R_{ij}。

(5) 得到评价等级。$V = \tilde{B} \cdot S^T$，$B = W \cdot R$，$\tilde{B}$ 是 B 归一化后的矩阵。

改进后的 LEC 方法适用于单因素安全风险事件的评估，对于大型工程的综合风险评价适用模糊层次综合分析的方法。先应用优化的 LEC 法对各个安全风险事件进行评估，再采用模糊层次综合分析的方法对山区超高互通立交箱梁现浇工程进行综合评估。

灰色层次分析法是结合灰色系统理论和层次分析法对施工方案进行评价的理

论方法。假设各施工方案的评价体系由 n 个层次指标构成，若存在 m 个方案，则第 i 个方案的 n 个指标构成数列 $a_i = \{a_{i1}, a_{i2}, a_{i3}, \cdots, a_{in}\}(i = 1,2,3,\cdots,m)$。

在安全风险评估的过程中，同一分部工程或分项工程可能存在多种施工方案，不同的施工方案安全风险系数不同，灰色层次分析法的目的就是通过计算不同施工方案的关联度确定风险系数，从而进行专项安全风险评估，并采取具有针对性的安全风险应对措施。基于层次分析法定量分析的优点以及灰色理论的优点，灰色层次分析法可以从多角度对不同施工方案进行评估，从而得到精度较高的评估结果。

5.6 重大风险事件专项评估体系

对于安全风险事件发生率较高或造成损失较大的分部分项工程，有必要对其进行专项安全风险评估[11-15]。传统的安全风险评估工作只进行风险的综合评估，对于施工阶段和施工区域的风险评估涉及较少，因此本节将对"风险三维认知结构"模型进行优化，增加时间维度和空间维度的风险评估。

5.6.1 三维认知结构模型的定义

三维认知结构模型是指包括从物理、事理、人理三个维度对工程进行风险识别和分析。物理维度是指施工过程中的物质机理和客观规律，即包括物的不安全状态、项目所处的自然环境情况；事理维度是指项目施工过程中的各项过程，包括具体的方案设计、施工工艺、施工保障等；人理是指通过人员的素质、教育、习惯等方面分析其对安全的主观能动性。基于该三维认知结构模型，可以将山区高墩桥梁建设过程中的风险源进行系统的、有层次的、有规律的分级，建立一个直观的风险认知模型，其具体的关系如图 5.3 所示。

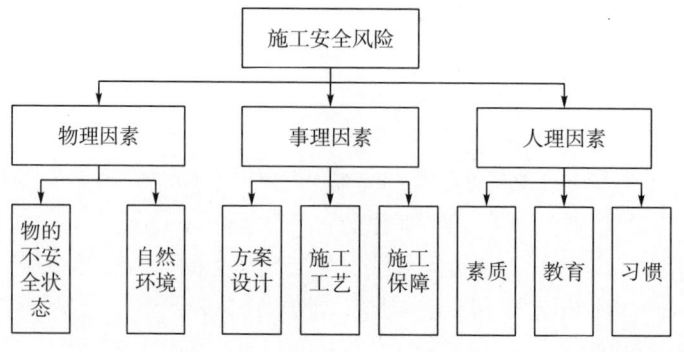

图 5.3 风险认知三维结构模型

1. 基于物理维度的安全风险识别

山区超高互通立交混凝土箱梁现浇施工阶段基于物理维度的安全风险主要包括物的不安全状态和自然环境不安全状态。物的不安全状态主要包括施工设备故障、施工设备老化、施工设备安全防护措施不足、施工设备危险能量释放、危险物资的不稳定性等；自然环境不安全状态是指温度、湿度、风速、地震、泥石流、滑坡等自然风险因素。

2. 基于事理维度的安全风险识别

山区超高互通立交混凝土箱梁现浇施工阶段基于事理维度的安全风险主要包括方案设计、施工工艺和施工保障。施工工艺是指在山区高墩立交箱梁现浇过程中的一系列施工过程，山区桥梁建设过程较复杂，施工工艺种类繁多，可针对主要的施工主体进行基于事理维度的安全风险识别。在山区高墩立交箱梁现浇施工中，主要的施工阶段有支架工程、混凝土现浇工程，应具体分析支架工程和混凝土现浇工程中的施工工艺风险因素。

3. 基于人理维度的安全风险识别

山区高墩立交混凝土箱梁现浇施工阶段基于人理维度的安全风险主要包括各方人员的素质、教育、习惯等。大型项目施工过程中涉及的人员较多，包括业主方、施工方、设计方、供货方、监理方等。各方对人员的管理水平直接影响施工过程中风险事件的发生概率，可以根据各参与方对人员的管理情况分析其对施工安全的影响。

以上三个维度对山区高墩立交混凝土箱梁现浇施工阶段的安全影响是一种并联关系，即当三个维度的安全风险都不发生时，项目处于安全状态；当其中一个维度的风险发生时，整个施工项目都有发生安全风险事件的可能性。

5.6.2 五维认知结构的改进模型

工程管理三维认知结构模型只对项目施工过程中的安全因素进行了基本的分类，也就是风险的定性分析。项目安全风险评估工作中，风险的定性分析是整个评估工作的基本要求和前提条件，对相关风险因素进行定量评估是安全风险评估工作的关键环节。三维认知结构模型从理论上分析了项目施工过程中的风险构成及相互之间的关系，且风险认知结构模型是静态的分析，只针对宏观的项目整体，但实际的项目施工是一个持续的过程，不仅有时间上的持续，也包括空间上的持续。因此，本节在三维认知结构模型的基础上进行延伸，将施工过程中的时间点和空间点考虑到认知结构模型中,即构成"五维认知结构模型"。

5.6.3 基于时间维度的安全风险识别

对于山区高墩立交混凝土箱梁现浇的施工而言,箱梁现浇是一个动态的施工过程,通过三维认知结构模型可以很清楚地理解涉及风险的物理、事理、人理这三个维度的信息。但是对于一个动态的施工过程,静态的分析不能得到确切的结果,因此从时间维度考虑箱梁现浇施工过程中的风险情况,即分析箱梁现浇的施工时间段与箱梁现浇的施工风险值是否存在一定的相关性。

1. 时间维度的定义

安全风险事件的发生在一定程度上是随机的,其具有一定的偶然性,即风险事件的发生可认为是一个随机过程。随机过程也可认为是概率论中的"动力学",也就是指其研究对象是随时间变化的。工程技术中有很多随机现象,例如,地震波幅、结构物承受的风荷载、通信系统中的各种干扰等都可以应用随机过程数学模型来描述。工程技术中的随机过程产生的原理较复杂,因此其都不能直观、简单地用时间和随机变量表达,只有通过样本函数才能得到随时间变化的统计规律性。

2. 时间维度具体分析

对于山区超高互通立交箱梁现浇施工过程而言,在箱梁现浇的时间段 t 内,风险概率 P 是随机的,但考虑到诸多影响因素后,如混凝土的浇筑量、振捣的力量、支架的受力等,风险概率 P 与时间 t 存在相关性。具体分析如下。

设 T 为无限实数集,参数 $t \in T$ 的随机变量记为随机过程 $\{P(t), t \in T\}$,考虑到在现浇箱梁的时间段 T 内,随机变量 $P(t) - P(s)(0 \leqslant s < t)$ 为随机过程在区间 $(s, t]$ 上的增量,随着混凝土浇筑量的增加,即任意选取正整数 n 和任意 n 个时刻值 $0 \leqslant t_0 < t_1 < t_2 < \cdots < t_n < t$,可以得到相连时刻点之间的风险概率关系 $P(t_1) < P(t_0)$,$P(t_2) < P(t_1)$,$P(t_3) < P(t_2)$,$\cdots$,$P(t_n) < P(t_{n-1})$,由此可以得到在时间段 $(s, t]$ 内,$\{P(t), t \in T\}$ 为独立增量函数。

当将现浇箱梁施工过程考虑为时间连续状态离散,则用泊松过程进行分析,即时间段内连续,相应时间点风险概率离散。

3. 基于时间维度的风险分析模式

对于专项安全风险评估过程,可以将专项工程划分为 n 个施工阶段,通过专家打分得到专项工程各施工阶段的相对风险分值$(P_1, P_2, \cdots, P_n)$。因此，对于专项安全风险事件，可以采用层次分析法-MATLAB 云模型的方法对专项工程的各施工阶段进行风险分析。

5.6.4 基于空间维度的安全风险识别

在传统的安全风险识别过程中，主要将风险因素分为人、材、机、环境四大类，但以此为基础进行的安全风险评估的准确性一直受到质疑[16-19]。该方法的缺点在于将所有的安全风险因素集中到二维平面(图 5.4)，忽略了三维空间的安全风险和风险概率；优点为能够简单明了地对风险进行分类和评分，适用于项目较小的安全风险评估工作。

图 5.4 传统项目风险源分类

1. 空间维度的定义

空间维度可按照其字面意思进行理解，传统的安全风险评估方法只从二维角度考虑项目风险源，对所有的项目都进行压缩处理，但在实际项目中，特别是对高度较大的项目，空间维度的安全风险是需要考虑的。在房屋建筑领域有高层建筑和超高层建筑之分，施工的难度随着建筑物高度的增加而增加，同时面临的风险也越来越大；对于山区超高互通桥梁来说，桥墩越高，施工风险越大[20,21]。

2. 空间维度具体分析

根据搜集的安全风险事故案例，选取有高度条件的 18 起安全事件，分析风险事件发生的高度区间(图 5.5)。在这 18 起安全事件中，主要为支架失效、桥梁倒塌、模板爆裂，所占比重如图 5.6 所示。桥梁安全事故主要发生的高度区间为 10～50m，可以认为高度在此区间段的桥梁安全事故发生的概率较大。同时也可以说明当桥墩高度超过一定值时，桥梁施工发生安全风险事件的概率会相对较低。其原因可能为建设高墩桥梁过程中，各参与方都高度重视该工程的质量，特别是施工单位，因此在高墩桥梁建设过程中会加大安全管理力度，从而降低安全风险事件发生的概率。在桥梁安全风险事件中，支架失效所占比重最大，是桥梁工程中最主要的风险事件之一。

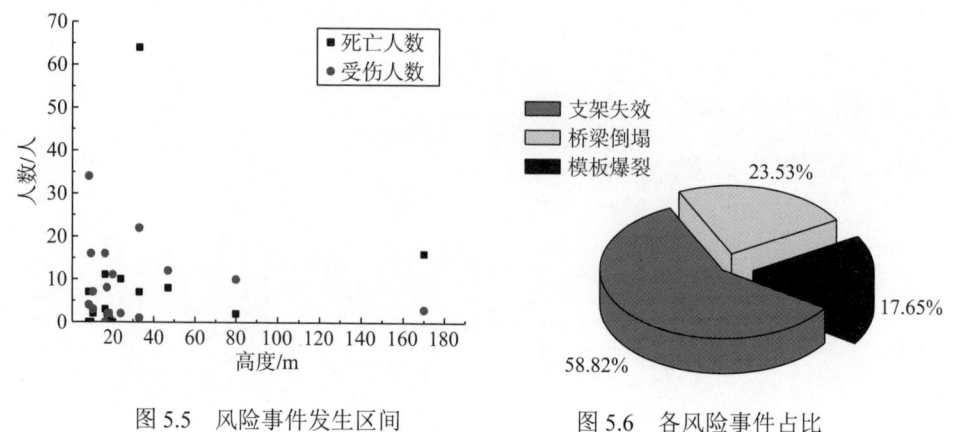

图 5.5　风险事件发生区间　　　　图 5.6　各风险事件占比

3. 二维平面空间维度分析方法

在安全风险评估过程中，通过对每项风险因素在空间上的评价方法，采用三级打分的形式对风险因素进行无量纲化处理，最终进行叠加，得到最后的空间风险等级。对于山区桥梁施工，其工程平面空间区域的风险分析方法如图 5.7 所示。

其中，对于地形地质的评分为：①山区地形平缓地带，计 1 分；②山区一般地带，计 2 分；③山区峡谷、山间盆地以及山口险要区域，计 4 分。

对于人员密度的评分为：①工作区域较少人员暴露或暴露频率较低，计 1 分；②工作区域人员暴露频率较高，计 2 分；③工作区域人员暴露特别频繁，计 4 分。

对于工程高度的评分为：①工作区域的施工对象高度低于 5m 时，计 1 分；②工作区域施工对象高度为 5～10m 时，计 3 分；③工作区域施工对象高度大于 10m 时，计 5 分。

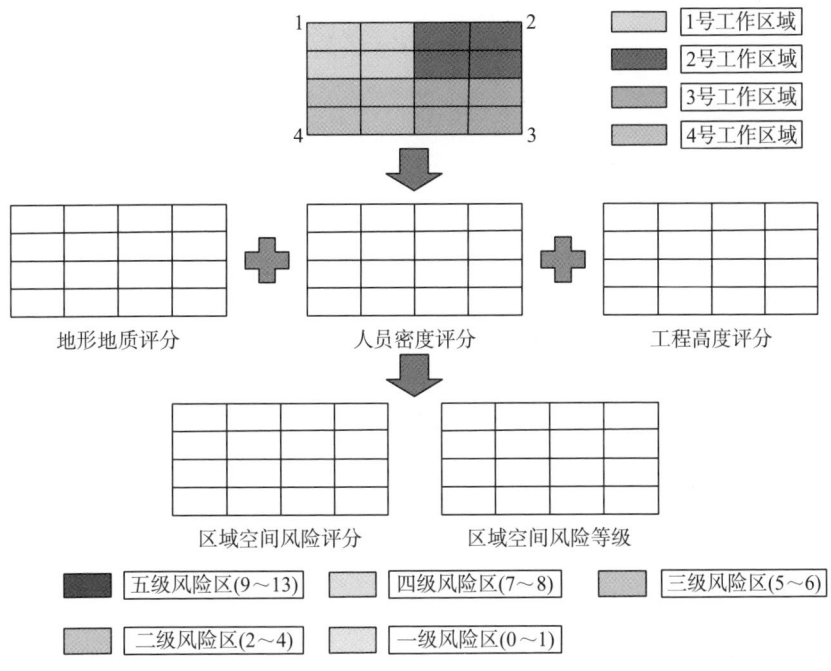

图 5.7 山区桥梁施工空间区域风险评估模式

4. 三维高度空间维度分析方法

根据对项目平面空间区域的风险评价，可得到各个工作区域的风险等级。考虑到山区桥梁建设过程中受到山区地形的影响，桥墩等主体工程的高度存在差异，有必要评价风险源在高度空间的分布。其具体的评价方法与平面空间维度的分析方法类似，在此不做过多阐述。

本章建立了山区高墩互通立交混凝土箱梁现浇阶段的施工风险评估流程，制定了相应的安全风险应对措施，可以对整个工程工作区域进行风险等级评定。若评定整体工程空间的安全风险，则需要对整个工程空间板块进行分解，需要相当大的工作量，但对于局部施工则具有很强的适用性。

参 考 文 献

[1]张倩萍. 山区超高互通立交混凝土箱梁现浇安全风险评估[D]. 重庆：重庆交通大学，2019.

[2]阮欣，陈艾荣，石雪飞. 桥梁工程风险评估[M]. 北京：人民交通出版社，2008.

[3]张喜刚. 公路桥梁和隧道工程设计安全风险评估[M]. 北京：人民交通出版社，2010.

[4] Faber M H. Risk and safety in civil engineering[Z]. Swiss Federal Institute of Technology, Switzerland, 2001.

[5] Saaty T L. The Analytic Hierarchy Process[M]. New York: McGraw-Hill Company, 1980.

[6] 代劲, 宋娟, 胡峰, 等. 云模型与文本挖掘[M]. 北京: 人民邮电出版社, 2013.

[7] 王国卿. 粒计算研究丛书: 云模型与粒计算[M]. 北京: 科学出版社, 2012.

[8] 李鸿吉. 模糊数学基础及实用算法[M]. 北京: 科学出版社, 2005.

[9] 邓聚龙. 灰色系统理论教程[M]. 武汉: 华中理工大学出版社, 1990.

[10] 张腾, 肖赟. 模糊层次分析法在桥梁工程总体施工安全风险评估中的应用[J]. 华北科技学院学报, 2015, 12(4): 75-78.

[11] 邓雪, 李家铭, 曾浩健, 等. 层次分析法权重计算方法分析及其应用研究[J]. 数学的实践与认识, 2012, 42(7): 93-100.

[12] 阮欣, 尹志逸, 陈艾荣. 风险矩阵评估方法研究与工程应用综述[J]. 同济大学学报(自然科学版), 2013, 41(3): 381-385.

[13] 王丽. 集成 AHP/熵权法的煤矿工业广场火灾风险评估方法研究[J]. 煤炭工程, 2018, 50(8): 177-180.

[14] 许硕, 唐作其, 王鑫. 基于 D-AHP 和灰色理论的信息安全风险评估[J]. 计算机工程, 2019, 45(7): 194-202.

[15] 张杰. 公路桥梁工程安全风险关注点及风险评估现状[J]. 地下空间与工程学报, 2012, 8(S2): 1665-1667, 1671.

[16] 娄峰, 何勇, 刘恒权, 等. 公路桥梁施工总体安全风险评估方法研究[J]. 中国安全科学学报, 2010, 20(11): 159-163.

[17] 俞素平. 现浇桥梁施工安全风险评估的模糊层次分析法[J]. 四川理工学院学报(自然科学版), 2014, 27(3): 70-74.

[18] 李书韬, 程进. 模糊层次分析方法在大跨度桥梁施工期风险评估中的应用[J]. 结构工程师, 2011, 27(5): 159-162.

[19] 阮欣, 陈艾荣, 欧阳效勇, 等. 超大跨径斜拉桥索塔施工期间风险评估与风险管理[J]. 桥梁建设, 2008, 38(2): 74-77.

[20] 苏卫国, 刘剑. 现浇箱梁高支模满堂支架的有限元分析[J]. 华南理工大学学报(自然科学版), 2013, 41(2): 82-87.

[21] Washer G, Connor R, Nasrollahi M, et al. New framework for risk-based inspection of highway bridges[J]. Journal of Bridge Engineering, 2016, 21(4): 04015077.

第6章 山区超高互通立交箱梁现浇施工风险评估

6.1 工程概况

以西南地区某立交工程为例,对该山区超高互通立交箱梁现浇过程进行安全风险评估工作[1]。该立交共有 31 联,101 跨现浇桥,其中主线 8 联,匝道桥 23 联,均为普通混凝土现浇箱梁。该立交效果图和 A 匝道现场图如图 6.1~图 6.4 所示。

图 6.1 西南某立交效果图

图 6.2 西南某立交 A 匝道现场图 1

图 6.3 西南某立交 A 匝道现场图 2

图 6.4 西南某立交 A 匝道现场图 3

桥址区位于 V 形沟谷中，地表多为林地，地表植被发育。立交区沟谷两侧山形陡峻，两侧中山岩坡自然坡度角为 45°～55°。立交桥通过两条断层，断层面和破碎带特征不明显，资料显示该断层不是全新世活动断裂，立交区没有发震断裂通过，可不考虑发震断裂引起的断裂错动对工程的影响，经过对立交区周边地质进一步的勘察，发现不良地质作用发育，无特殊性岩石。

1. 地表水

立交区地表水体不发育，勘察期间为旱季，立交区所在沟谷底部有一股流水，流量不大，约 5L/s。该沟谷流域上方汇水面积较大，预计在雨季暴雨情况下，短时间会形成较大地表径流。

2. 地下水

立交区地下水为第四系孔隙水类型、基岩裂隙水类型、岩溶裂隙水类型。立交区位于沟谷底部的地下水埋藏较浅，位于山上的地下水埋藏较深。本桥工程勘察中钻孔揭露深度为 2m 和 6.5m，其他位于山上钻孔未揭露地下水，推断立交区位于沟谷底部的地段存在 2～6.5m 的地下水。

该山区超高互通立交箱梁施工特点如下[1,2]：

(1)山区地形条件较复杂，高低落差较大，修建大规模立交桥梁对跨越深沟、山谷有着较大的优势。

(2)桥址地形复杂，为保证施工材料及施工设备进现场，需要修筑施工便道；工程所在地理区域狭小，施工场地布置的难度较大，工作量较大。

(3)材料设备的运输不方便，材料的存储也存在一定困难。

(4)有着较特殊的气候条件，该山区互通立交所处地段常年大风，对施工产生的影响较大。

(5)施工地点地势不平坦，岩石强度较大，桩基施工和基础施工都比较困难。

(6)钢管门式支架搭设中，材料运输过程中可能出现问题。

(7)本工程桥型复杂，弯道较多，墩柱高度不一致，施工难度也较大。

山区超高互通立交箱梁的混凝土现浇施工的难点如下：

(1)混凝土浇筑过程中混凝土泵送具有冲击力，因此混凝土浇筑过程中的冲击力难以控制。

(2)在非对称混凝土浇筑过程中，支架会产生较大的侧移，显著增加支架体整体失稳的风险。

(3)混凝土泵送的角度会引起水平荷载，进一步加剧失稳的风险。

(4)混凝土浇筑过程中的动态过程对体系的影响是多方面的，体系的动态变化影响模板、肋木、立杆的内力和变形，这些参量的变化会造成支架的局部失稳或整体失稳，因为各方面的原因都很难掌控，对施工来说具有较大的困难。

6.2 支架受力有限元分析

6.2.1 支架工程概况

1. 支架特点

该山区超高互通立交桥梁共有 31 联，108 跨现浇，本节主要对立交中的 SPS 门架式支架进行有限元分析。SPS 门架式支架是从欧洲引进的一种框架式支撑系统，其特点为支撑荷载大，拆塔速度较快，广泛应用于地形起伏变化较大位置的现浇箱梁支撑、桥梁加固、桥梁拆除，较大荷载混凝土现浇支撑以及钢结构安装工程等。已有资料表明，该框架式支撑系统单根立杆极限承载能力为 450kN，根据荷载试验单根立杆承载 69.15t，其安全荷载为 34.5t（安全系数为 2.0）和 27.6t（安全系数为 2.5）。采用 SPS 门架式支架的匝道以及匝道详细情况见表 6.1。

表 6.1 某立交箱梁工程量统计表

序号	桥梁名称	支架高度/m	跨度/m	桥面宽度/m	支架方案
1	某立交 A 匝道 2#桥	52~58	3×17+2×16.5	10.5~16.51	SPS 门架式
2	某立交 D 匝道桥	7~51	3×18	10.5~16.88	SPS 门架式
3	某立交 E 匝道 2#桥	4.5~54	4×19	10.5	牛腿门架式
4	某立交 H 匝道桥	13~49	3×19+16.67	10.5	SPS 门架式

由于该立交涉及的匝道较多，因此本节以该立交 A 匝道 2#桥的 SPS 支架为主要分析对象，分析支架在混凝土现浇阶段的受力变形情况、在局部施工缺陷情况下的受力情况以及在不同边界条件下的受力情况。

2. 支架体系设计

由于 SPS 钢支墩均较高，所以按 2.4m×2.4m 设置支墩间距，竖向每隔 3m 设置一道桁架。墩柱两侧支墩之间设置连接，并与桥墩进行抱紧连接。SPS 顶部采用可调顶托进行高度调节，保证钢支墩顶部与对应条形基础顶部高程一致；SPS 顶部采用双层双肢 I45a 工字钢作为支撑主梁和分配梁进行荷载传递。工字钢与 SPS 顶托之间采用型钢扣件进行固定连接。需要将 SPS 桁架与桥墩进行锁紧连接。SPS 支架构造图如图 6.5 所示。

图 6.5　SPS 支架构造图

SPS 支架各构件材料情况见表 6.2。

表 6.2　构件材料情况

支架构件	材料类型	尺寸大小	厚度/mm
横撑支架(2.4m)	Q345 钢	方钢管，50mm×50mm	4.0
标准立杆(3.0m)	Q345 钢	圆钢管，直径 133mm	5.6
横撑架斜杆	Q245 钢	圆钢管，直径 48.3mm	3.2

3. 荷载和边界条件情况

1) 荷载情况

支架工程的荷载情况见表 6.3。

表 6.3　荷载情况

永久荷载	取值	可变荷载	取值
现浇箱梁混凝土荷载(体积荷载)	25kN/m³	振捣混凝土产生的竖向荷载	2kN/m²
贝雷梁荷载(线荷载)	0.9kN/m	振捣混凝土产生的水平荷载	4kN/m²
模板荷载(线荷载)	0.5kN/m	倾倒混凝土产生的竖向荷载	2kN/m²
满堂支架双 U 形钢荷载	73t	倾倒混凝土产生的水平荷载	$P_m = 4.6V^{\frac{1}{4}}$, 0.5m/h
支架顶托上的双肢 I45a 工字钢荷载	80.4kN/m	施工人员、材料运输等荷载	1kN/m²
I63a 工字钢荷载	121.6kN/m	风荷载	0.1kN/m

2) 边界条件

对于支架的空间三维模型，支架立杆顶端节点释放 X、Y、Z 三个方向的线位移，立杆下端节点约束 X、Y、Z 三个方向的线位移。

4. 支架的有限元模型

A 匝道 2#桥墩高 52m，但由于满堂支架和贝雷梁的存在，实际的 SPS 支架高为 46m。A 匝道 2#桥的 SPS 支架计算模型的立面图和侧面图如图 6.6 所示。

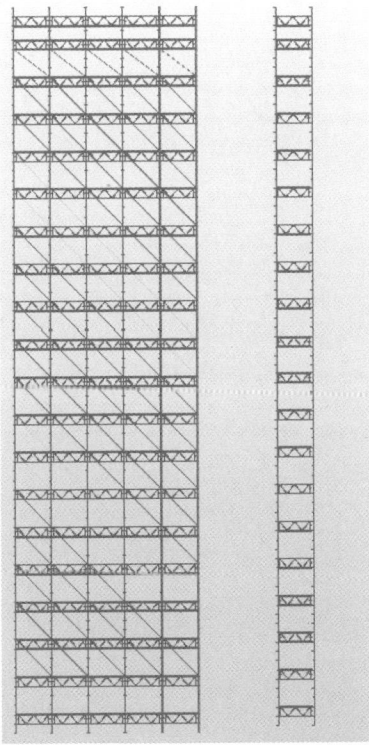

图 6.6　支架计算模型的立面图与侧面图

6.2.2 支架搭设理想情况下的受力分析

选取 4 根杆件进行不同施工阶段的支架受力分析,每根杆件选取 7 个点的数据。具体的分析状态:①支架在理想施工工艺状态下,在不同的施工阶段和荷载情况下进行受力分析;②支架存在施工缺陷的情况下,在不同的施工阶段和荷载情况下进行受力分析。

图 6.7 为杆件标号图,支架受力图如图 6.8 所示。

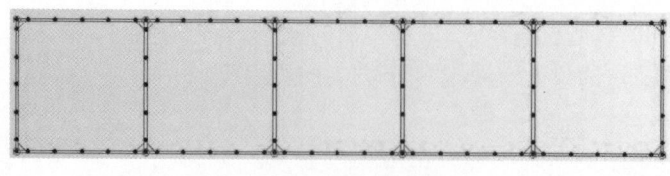

图 6.7 杆件标号图

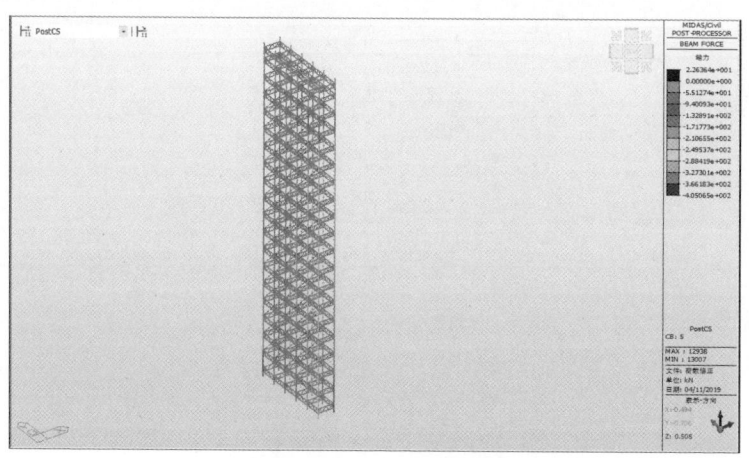

图 6.8 支架受力图

1. 不同荷载组合系数下整体轴力分析

主要杆件的受力图如图 6.9 所示。

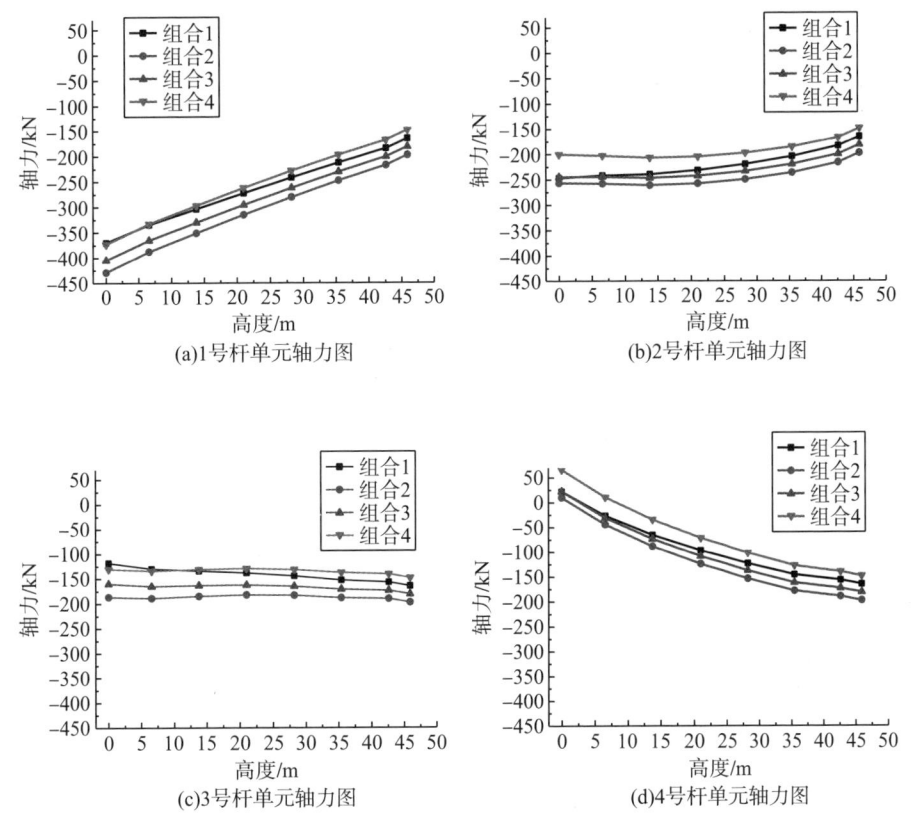

图 6.9 主要杆件的受力图

其中荷载组合 1 的组合系数为 1，荷载组合 2 的组合系数为 1.2，荷载组合 3 的组合系数为 1.1，荷载组合 4 的组合系数为 0.9。由图 6.9 可以看出，1～4 号杆件在不同荷载组合系数情况下最大轴力为 429.3kN，超过了安全系数为 2.5 的安全荷载 27.6t，但是处于安全承载范围内。

SPS 支撑系统中，选用的钢管尺寸为直径 133mm，壁厚 5.6mm，材质为 Q345。根据压杆稳定条件，有如下计算结果。

钢管的回转半径为（$i=4.508$，$l=3.0\mathrm{m}$）：

$$\lambda = \frac{\mu l}{i} = \frac{1 \times 3.0 \times 100}{4.508} = 66.55$$

Q345 的折减系数值 φ 为 0.854。

其中，Q345 的强度设计值 $f = 310\,\mathrm{N/mm}^2$。

$$N=0.854\times22.413\times10^{-4}\times310\times10^{6}=593.36\text{kN}$$

由此可知最大轴力 429.3kN＜593.36kN，SPS 支撑系统承载力满足要求。

2. 荷载组合 1 条件下荷载分阶段轴力分析

由图 6.10 可以看出，受到风荷载和水平荷载的影响，1～4 号竖杆中 1 号杆件的受力最大，因此在该山区超高互通桥梁的建设过程中，要注意风荷载和水平荷载对 SPS 支架的影响。同时在混凝土现浇阶段支架受力达到最大值，因此在混凝土浇筑过程中要注意对支架进行监控。

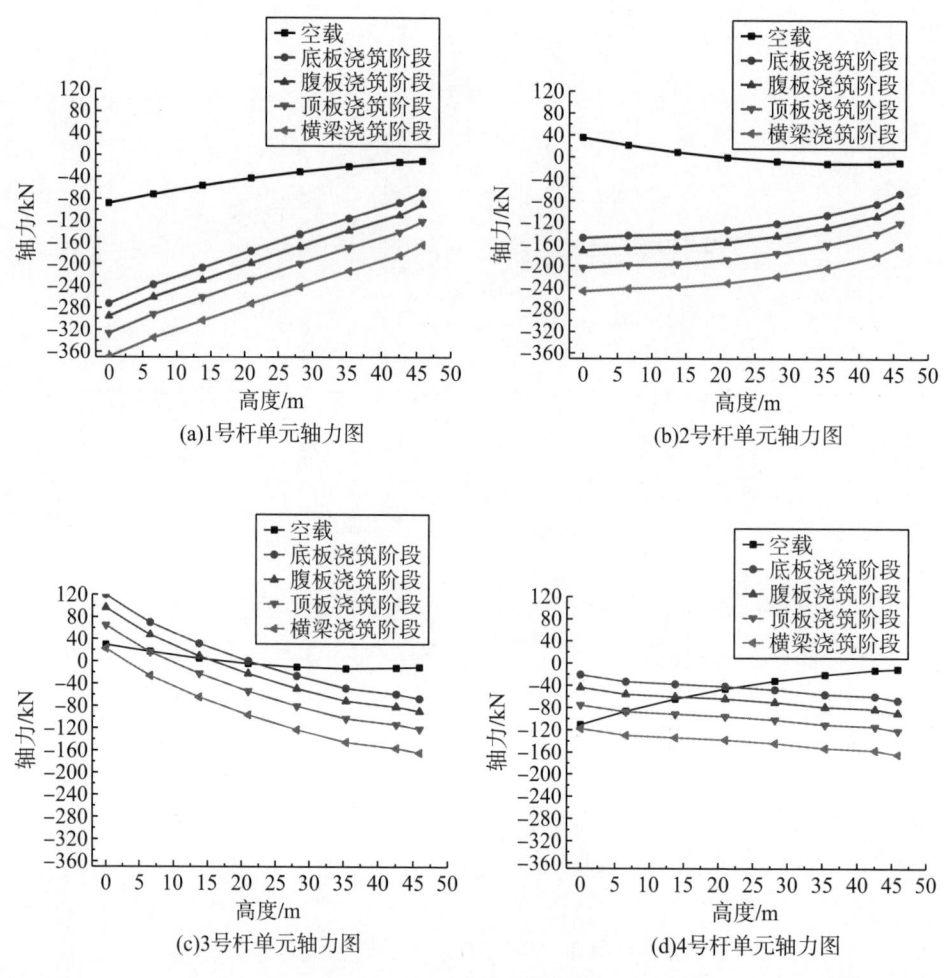

图 6.10　各施工阶段各杆件轴力分布图

3. 位移变形分析

(1)悬臂状态。对支架位移的分析是采用支架最不利结构进行分析,即支架为悬臂状态和受到单向水平力的作用。

SPS 支架在 X 方向的最大位移为 101mm,在 Y 方向的最大位移为 6mm,在 XYZ 方向的综合位移为 122mm＞l/400=115mm(l 按 46m 取值),该 SPS 支架在悬臂状态可能发生失稳现象,需要设置稳定装置,降低支架的挠度。

(2)非悬臂状态。约束支架上方 X、Y 方向的位移,分析其在 X、Y 及 XYZ 方向的综合挠度。

由图 6.11 可知,SPS 支架在 X 方向的最大位移为 11mm,在 Y 方向的最大位移为 2mm,在 XYZ 方向的综合挠度为 18mm＜115mm,因此该 SPS 支架的稳定性满足要求,但在实际工程中要对支架设置稳定装置,降低 SPS 支架发生失稳的可能性。

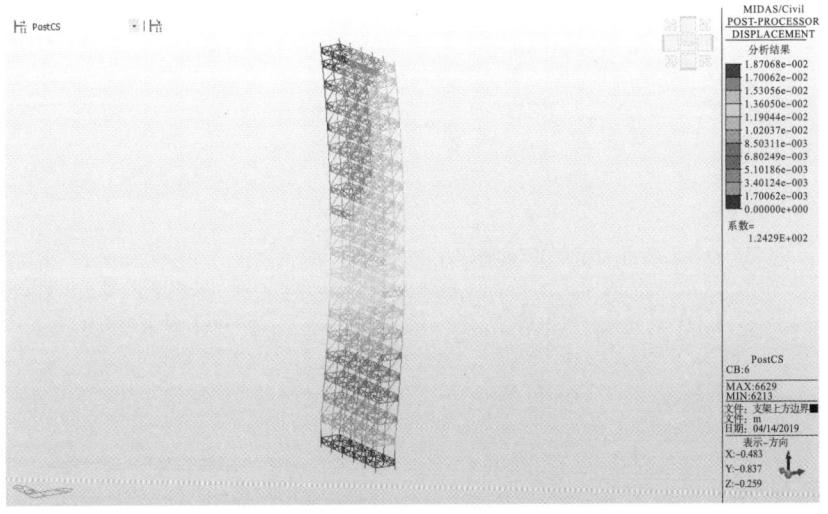

图 6.11　SPS 支架 XYZ 方向综合位移图

6.2.3　支架搭设存在施工缺陷的受力分析

SPS 支架由不同的杆件连接而成,因此有必要研究支架横撑和支架斜撑对 SPS 支架整体受力的影响。支架施工缺陷状态是指支架施工过程中部分支架横撑和斜撑缺失情况下支架的整体受力情况。1~4 号竖杆的轴力对比图如图 6.12 所示。其中斜撑缺陷 1 表示有 10 处斜撑缺陷,斜撑缺陷 2 表示有 20 处斜撑缺陷,横撑缺陷 1 表示有 15 处横撑缺陷。

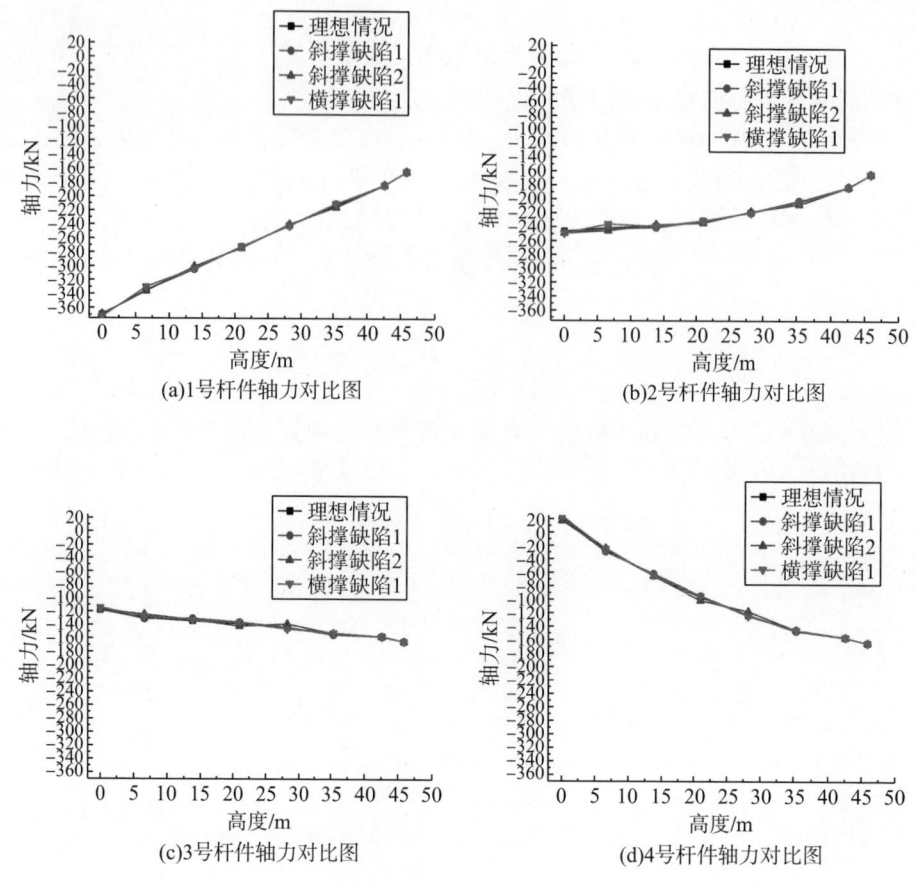

图 6.12 杆件轴力对比图

在支架施工过程中，局部的横撑和斜撑失效对支架的整体受力影响不大，因此由支架横撑和斜撑的施工缺陷造成支架失效现象的可能性较低。

6.2.4 支架屈曲模态分析

对支架的有限元分析，支架强度和稳定性是主要内容，对支架在不同工况、不同搭设情况下的受力进行分析，结果表明支架结构的受力符合规范要求。支架在不同条件下前六阶临界荷载的分布系数见表 6.4，理想状态下 SPS 支架的一阶模态如图 6.13 所示。

表 6.4　支架屈曲模态分析

模态	临界荷载系数				
	施工缺陷 1	施工缺陷 2	理想状态	边界缺陷 1	边界缺陷 2
一阶模态	8.68	8.56	9.05	9.01	8.98
二阶模态	8.96	8.92	9.28	9.22	9.13
三阶模态	9.21	9.18	9.56	9.46	9.45
四阶模态	9.56	9.46	9.74	9.68	9.63
五阶模态	9.78	9.71	9.9	9.86	9.82
六阶模态	9.98	9.86	10.02	9.92	9.98

图 6.13　理想状态下 SPS 支架的一阶模态

由图 6.14 可以看出，在五种情况下，支架均处于稳定状态。但支架搭设过程中的局部施工缺陷对支架的临界荷载系数影响较大。两种边界条件缺陷对支架临界荷载系数影响不大，因此，支架的搭设工艺可作为支架工程中的重要风险因素。

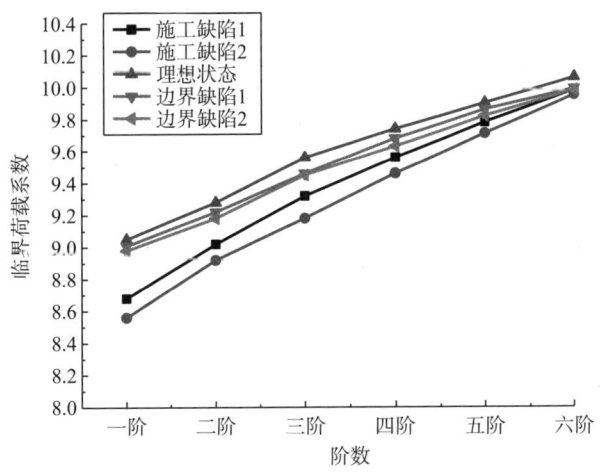

图 6.14　支架屈曲模态分析图

6.3 层次分析法-云模型-专家打分-改进 LEC 法-模糊评价

6.3.1 风险层次模型

传统的风险识别是采用故障树分析法对施工项目进行全面的风险源识别,然后利用层次分析法或 LEC 法或其他方法进行风险分析。对于工程量较大的项目,细分风险源是一个工程量较大的项目,如何进行简单有效的风险评估工作是本节考虑的重点[3-5]。在山区超高互通立交混凝土箱梁现浇施工过程中,发生率较高的安全事故有支架失效事故、高空坠落事故、施工机具事故、桥梁坍塌事故以及其他安全事故,因此,该山区超高互通立交混凝土箱梁现浇施工的风险源识别过程主要从可能发生的安全事故角度进行分析,如图 6.15 所示。

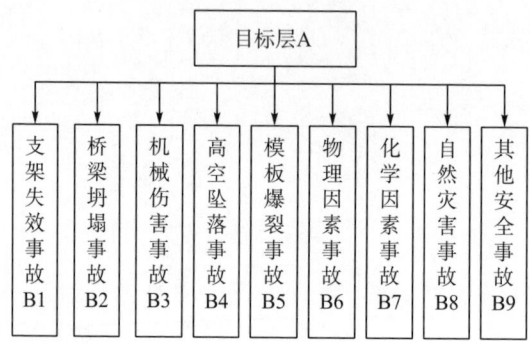

图 6.15 基于总目标的风险事件层次分析

6.3.2 风险事故权重排序

根据权重计算方法对施工过程中可能发生的安全风险事故权重进行计算,将准则层 B1~B9 分别交给 9 位具有相关经验的人员进行风险事件发生概率两两判断,得出判断矩阵,然后利用 MATLAB 软件计算相对重要性权值,以 1 号专家的打分为例,见表 6.5。

表 6.5 1 号专家对各类风险事件发生概率的判断矩阵

1 号	B1	B2	B3	B4	B5	B6	B7	B8	B9
B1	1	3	1/4	1/2	2	5	6	7	4

续表

1号	B1	B2	B3	B4	B5	B6	B7	B8	B9
B2	1/3	1	1/6	1/4	1/2	3	4	5	2
B3	4	6	1	2	4	7	8	9	6
B4	2	4	1/2	1	3	6	7	8	5
B5	1/2	2	1/4	1/3	1	4	5	6	3
B6	1/5	1/3	1/7	1/6	1/4	1	2	3	1/3
B7	1/6	1/4	1/8	1/7	1/5	1/2	1	4	1/4
B8	1/7	1/5	1/9	1/8	1/6	1/3	1/4	1	1/5
B9	1/4	1/2	1/6	1/5	1/3	3	4	5	1

由表 6.5 可知，判断矩阵有

$$A = \begin{bmatrix} 1 & 3 & 1/4 & 1/2 & 2 & 5 & 6 & 7 & 4 \\ 1/3 & 1 & 1/6 & 1/4 & 1/2 & 3 & 4 & 5 & 2 \\ 4 & 6 & 1 & 2 & 4 & 7 & 8 & 9 & 6 \\ 2 & 4 & 1/2 & 1 & 3 & 6 & 7 & 8 & 5 \\ 1/2 & 2 & 1/4 & 1/3 & 1 & 4 & 5 & 6 & 3 \\ 1/5 & 1/3 & 1/7 & 1/6 & 1/4 & 1 & 2 & 3 & 1/3 \\ 1/6 & 1/4 & 1/8 & 1/7 & 1/5 & 1/2 & 1 & 4 & 1/4 \\ 1/7 & 1/5 & 1/9 & 1/8 & 1/6 & 1/3 & 1/4 & 1 & 1/5 \\ 1/4 & 1/2 & 1/6 & 1/5 & 1/3 & 3 & 4 & 5 & 1 \end{bmatrix}$$

矩阵行元素连乘积：按照层次分析计算方法得到各行元素连乘积为 $M_i = \prod_{j=1}^{n} a_{ij}$，即 M=[630　0.8333　580608　20160　30　0.0008　0.00001　0　0.0833]^T。

矩阵行元素连乘积开方：各行元素连乘积 n 次方根公式为 $m_i = \sqrt[n]{M_i}$，可得到 m=[2.0466　0.9799　4.3695　3.008　1.4592　0.4524　0.3478　0.2178　0.7587]^T。

归一化处理：对 m_i 归一化处理计算公式为 $W_i = m_i \big/ \sum_{j=1}^{n} m_j$，最终得到 W_A=[0.150　0.072　0.320　0.221　0.107　0.033　0.026　0.016　0.056]^T。

一致性检验：对归一化结果进行一致性检验，检验公式为 $\lambda_{max} = \sum_{i}^{n} \frac{(A \cdot W_A)_i}{n \cdot W_{Ai}}$，$CI = \frac{\lambda_{max} - n}{n - 1}$，$CR = \frac{CI}{RI} = \frac{\lambda_{max} - n}{(n-1) \cdot RI}$。

具体计算过程如下：

$$A \cdot W_A = \begin{bmatrix} 1 & 3 & 1/4 & 1/2 & 2 & 5 & 6 & 7 & 4 \\ 1/3 & 1 & 1/6 & 1/4 & 1/2 & 3 & 4 & 5 & 2 \\ 4 & 6 & 1 & 2 & 4 & 7 & 8 & 9 & 6 \\ 2 & 4 & 1/2 & 1 & 3 & 6 & 7 & 8 & 5 \\ 1/2 & 2 & 1/4 & 1/3 & 1 & 4 & 5 & 6 & 3 \\ 1/5 & 1/3 & 1/7 & 1/6 & 1/4 & 1 & 2 & 3 & 1/3 \\ 1/6 & 1/4 & 1/8 & 1/7 & 1/5 & 1/2 & 1 & 4 & 1/4 \\ 1/7 & 1/5 & 1/9 & 1/8 & 1/6 & 1/3 & 1/4 & 1 & 1/5 \\ 1/4 & 1/2 & 1/6 & 1/5 & 1/3 & 3 & 4 & 5 & 1 \end{bmatrix} \cdot \begin{bmatrix} 0.150 \\ 0.072 \\ 0.320 \\ 0.221 \\ 0.107 \\ 0.033 \\ 0.026 \\ 0.016 \\ 0.056 \end{bmatrix} = \begin{bmatrix} 1.423 \\ 0.676 \\ 3.134 \\ 2.072 \\ 1.002 \\ 0.314 \\ 0.256 \\ 0.161 \\ 0.543 \end{bmatrix}$$

$$\lambda_{\max} = \sum_i^n \frac{(A \cdot W_A)_i}{n \cdot W_{Ai}}$$

$$= \frac{1}{9} \left(\frac{1.432}{0.150} + \frac{0.676}{0.072} + \frac{3.134}{0.320} + \frac{2.072}{0.221} + \frac{1.002}{0.107} + \frac{0.314}{0.033} + \frac{0.256}{0.026} + \frac{0.161}{0.016} + \frac{0.543}{0.056} \right)$$

$$= 9.621$$

$$\mathrm{CR} = \frac{\lambda_{\max} - n}{(n-1) \cdot \mathrm{RI}} = \frac{9.621 - 9}{8 \times 1.46} = 0.053 < 0.100$$

其中，RI=1.46，由此可知 1 号专家对各项安全风险事件的相对发生概率的评估矩阵满足一致性要求。因此，由评估矩阵得到的 W_A= [0.150　0.072　0.320　0.221　0.107　0.033　0.026　0.016　0.056]$^\mathrm{T}$ 可以作为安全风险事件发生率的相对权重值。

同时，9 位专家对各个安全风险事件发生概率的计算结果见表 6.6。

表6.6　风险事件相对概率权重值

专家号	1	2	3	4	5	6	7	8	9
B1	0.150	0.134	0.155	0.144	0.277	0.327	0.221	0.184	0.207
B2	0.072	0.064	0.057	0.049	0.036	0.028	0.070	0.064	0.058
B3	0.320	0.274	0.221	0.212	0.277	0.172	0.154	0.255	0.290
B4	0.221	0.274	0.305	0.297	0.146	0.172	0.307	0.255	0.134
B5	0.107	0.092	0.087	0.134	0.102	0.125	0.112	0.109	0.087
B6	0.033	0.034	0.033	0.032	0.046	0.051	0.046	0.042	0.039
B7	0.026	0.026	0.023	0.023	0.033	0.035	0.046	0.042	0.037
B8	0.016	0.037	0.027	0.017	0.017	0.018	0.020	0.018	0.036
B9	0.056	0.065	0.091	0.092	0.066	0.072	0.025	0.031	0.112

根据表 6.6 可知，各风险事件发生概率的相对权重值与各类安全风险事件所占比重基本一致，具体概率权重分布如图 6.16 所示，单个风险事件的概率一致性检验云图如图 6.17～图 6.19 所示。但通过层次分析法计算出的概率只是相对概率，对风险的评价还要结合风险发生时产生的损失，将风险概率相对值结合改进后的 LEC 法对风险进行最后的评价。

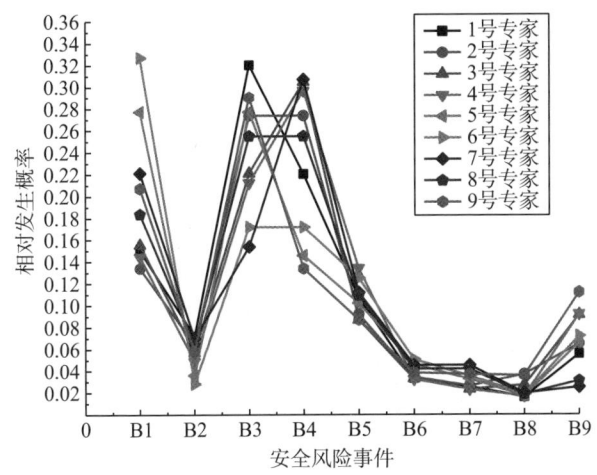

图 6.16　层次分析法的各风险事件概率权值

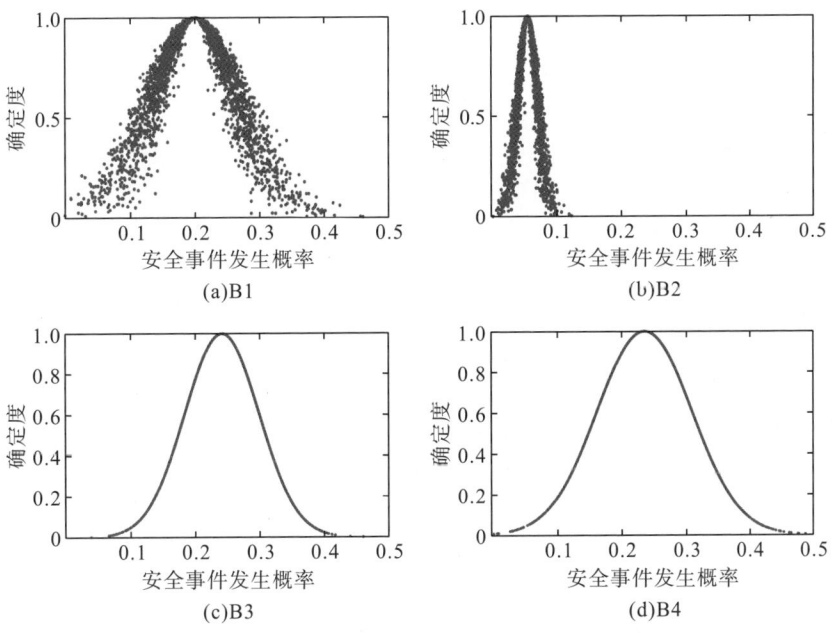

图 6.17　B1～B4 风险事件的发生概率云图

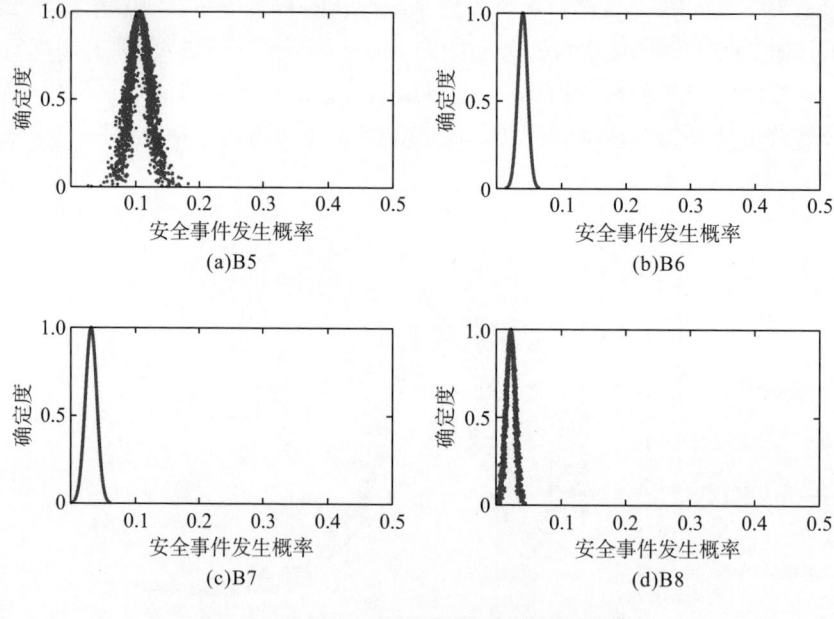

图 6.18 B5~B8 风险事件的发生概率云图

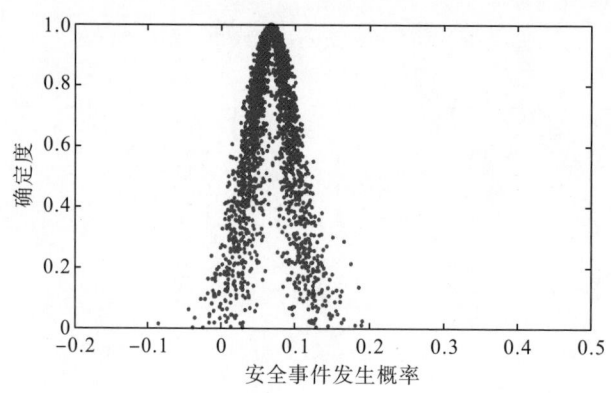

图 6.19 B9 风险事件的发生概率云图

B1~B9 风险事件的发生概率云图中，云滴的离散程度较低，因此可以得出 9 位专家对各个安全风险事件发生概率的评价符合一致性要求，因此可以得出 9 种安全风险事件的期望发生概率：

W＝[0.200　0.055　0.242　0.234　0.106　0.040　0.032　0.023　0.068]

其中，安全风险事件的相对发生概率从大到小依次为施工机具事故、高空坠落事故、支架失效事故、模板爆裂事故、其他安全事故、桥梁坍塌事故、物理因素事故、化学因素事故和自然灾害事故[1,6]。

6.3.3 风险源等级评价

根据相关风险事件概率重要性权值,结合改进后的 LEC 法公式 $D=L\times(P+M+T+E)\times K$ 计算风险等级。邀请 9 位专家对工程总体风险发生概率值 K 进行打分,同时邀请 9 位具有相关资深经验的专家对各个风险事件相对重要性权值进行打分。

1. K 值计算

专家对 K 值的评分结果见表 6.7。

表 6.7 专家对 K 值的评分

专家号	1	2	3	4	5	6	7	8	9
分值	0.10	0.15	0.20	0.25	0.15	0.10	0.20	0.15	0.30

利用 MATLAB 软件对总体风险发生的概率值 K 进行云模拟,得到其期望值为 0.178。因此该工程施工过程中发生安全事件的期望概率为 0.178,其概率云图如图 6.20 所示。

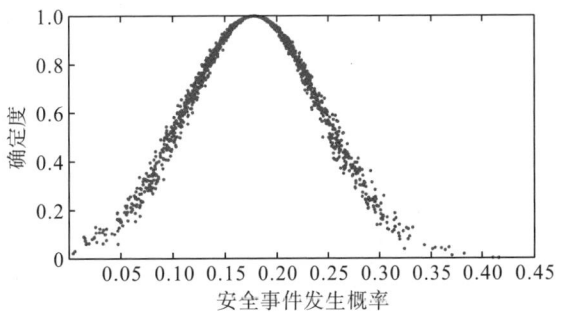

图 6.20 基于专家打分的安全事件发生概率云图

2. 风险等级评价

各项安全风险事件的风险等级见表 6.8、表 6.9。

由表 6.9 可知,支架失效为主要的安全风险事件,其风险等级为高度风险,需要采取措施进行严格的控制。其次为高空坠落事故和施工机具事故,其风险等级都为高度风险。以上的结论主要依靠相关专业人员的经验以及主观评价,且不同的专家对同一安全风险事件的打分存在一定的差异,因此将采用云模型对专家打分的结果进行统一性验证,并得到各个安全风险事件的期望风险等级。

表 6.8　1 号专家风险等级评价

风险事件	概率 L	概率 K	概率 合计	损失 P	损失 M	损失 T	损失 E	D	风险等级
B1	0.150	0.178	0.027	3	3	3	6	0.401	高度
B2	0.072	0.178	0.013	6	6	8	6	0.333	高度
B3	0.320	0.178	0.057	3	1	1	1	0.342	高度
B4	0.221	0.178	0.039	3	3	3	1	0.393	高度
B5	0.107	0.178	0.019	3	6	3	3	0.286	中度
B6	0.033	0.178	0.006	1	3	1	1	0.035	轻微
B7	0.025	0.178	0.004	6	6	3	6	0.093	低度
B8	0.016	0.178	0.003	6	6	6	8	0.074	低度
B9	0.056	0.178	0.010	3	1	3	1	0.080	低度

表 6.9　9 位专家风险等级评价

专家号	1	2	3	4	5	6	7	8	9	Ex
D1	0.401	0.501	0.497	0.461	0.592	0.873	0.472	0.393	0.442	0.552
D2	0.333	0.239	0.213	0.227	0.115	0.090	0.224	0.205	0.186	0.204
D3	0.342	0.293	0.315	0.302	0.296	0.306	0.274	0.454	0.310	0.321
D4	0.393	0.488	0.434	0.529	0.208	0.184	0.546	0.454	0.191	0.381
D5	0.286	0.246	0.279	0.358	0.218	0.334	0.419	0.407	0.186	0.304
D6	0.035	0.048	0.059	0.057	0.082	0.091	0.082	0.075	0.069	0.066
D7	0.093	0.069	0.061	0.074	0.088	0.093	0.123	0.112	0.099	0.090
D8	0.074	0.171	0.115	0.079	0.054	0.067	0.075	0.067	0.115	0.091
D9	0.080	0.093	0.130	0.098	0.094	0.103	0.036	0.044	0.159	0.089

6.3.4　基于云模型的期望风险等级

根据 9 种安全风险事件的风险评价等级，利用 MATLAB 软件建立相应的云发生器，对 9 位专家打分结果进行统一性验证，具体的评判标准如下。

若得到的云图云滴离散程度较大则表明 9 位专家打分结果一致性较差，需要重新进行打分；若得到的云图云滴离散程度较小，则表明 9 位专家打分结果一致性较好，则不需要重新打分。同时根据 9 位专家的打分值确定不同风险事件的期望风险等级。

根据云模型初次计算得出的 9 种安全风险事件的期望风险等级为

D=[0.552　0.204　0.321　0.381　0.304　0.066　0.090　0.091　0.089]

这 9 种安全风险事件的期望风险等级为 D=[高度　中度　高度　高度　高度　低度　低度　低度　低度]。相关的云图如图 6.21~图 6.23 所示。

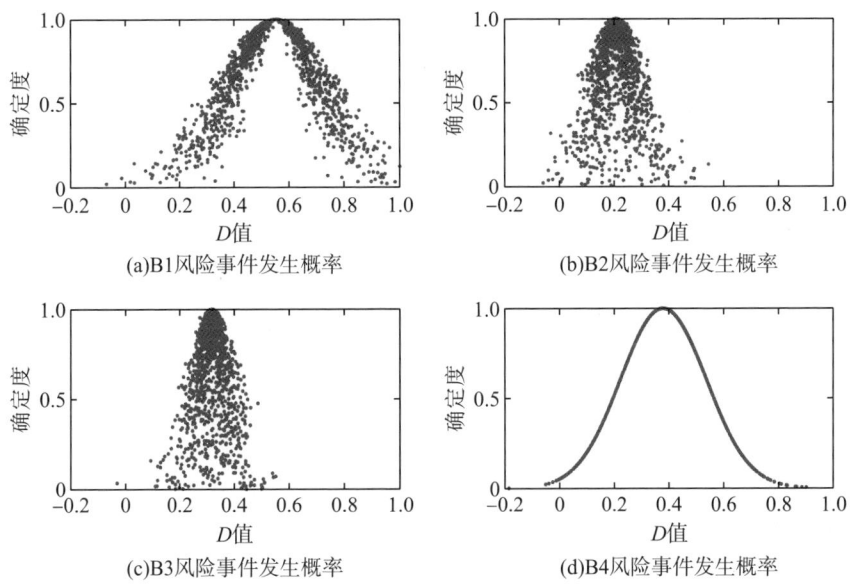

图 6.21　B1~B4 风险事件的危险性大小初次云图

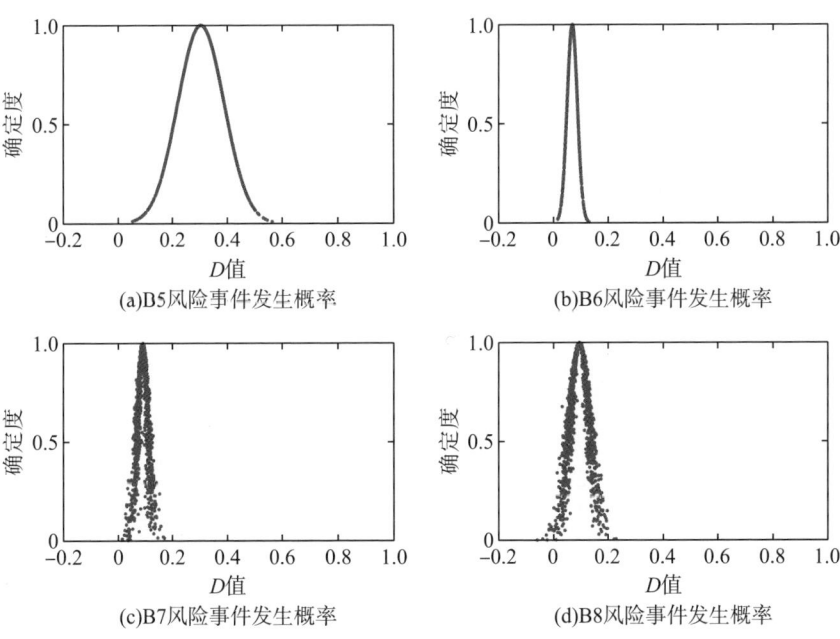

图 6.22　B5~B8 风险事件的危险性大小初次云图

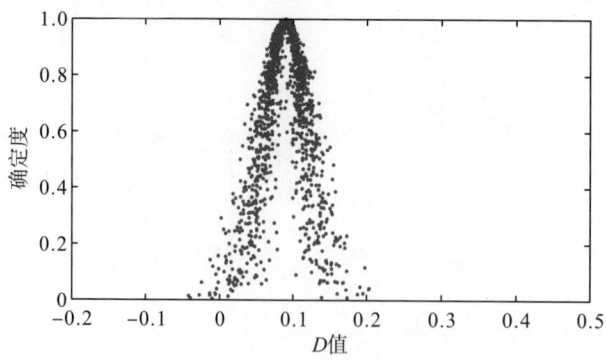

图 6.23　B9 风险事件的危险性大小初次云图

B2 风险事件以及 B3 风险事件的初次云图云滴离散程度较大,表示专家打分结果存在一定的差异。因此,将 B2 风险事件和 B3 风险事件评价结果反馈给专家,然后进行单独打分,最终反馈的结果分别为 D_2=[0.231　0.239　0.233　0.227　0.167　0.159　0.225　0.189　0.217]、D_3=[0.342　0.293　0.315　0.302　0.296　0.306　0.219　0.272　0.206],如图 6.24 所示。

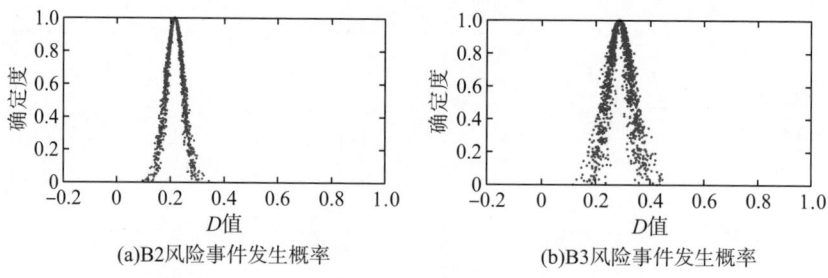

(a)B2风险事件发生概率　　　　　　(b)B3风险事件发生概率

图 6.24　B2 和 B3 风险事件多次反馈后得到的云图

最终得到各个安全风险事件的期望风险等级为

$D'=$[0.552　0.189　0.255　0.381　0.304　0.066　0.090　0.091　0.089]
则相应的风险等级为 $D'=$[高度　中度　中度　高度　高度　低度　低度　低度　低度]。由此可知,属于高度风险的有支架失效、高空坠落、模板爆裂,属于中度风险的有桥梁坍塌和施工机具事故,属于低度风险的有物理因素事故、化学因素事故、自然灾害事故以及其他安全事故。对于风险等级较高的风险事件需要进行专项安全风险评估,同时制定安全风险消减措施。

6.3.5 基于模糊层次综合评价的总体安全风险评估

各安全风险事件的风险概率以及相应的风险等级确定后，对于项目整体的安全风险等级则应用模糊层次综合评价的方法确定，选取 11 位专家对各风险事件进行等级评定，最终得到 R 值，同时可知各风险权重值 W，则 $B = W \cdot R$，其中 $R = [R_1 \quad R_2 \quad R_3 \quad R_4 \quad R_5 \quad R_6 \quad R_7 \quad R_8 \quad R_9]^T$，见表 6.10。

表 6.10 评价不同风险等级的专家数

风险描述	低度风险		中度风险		高度风险		极高风险	
评价等级	一级	比重	二级	比重	三级	比重	四级	比重
支架失效事故 B1	0	0	4	0.364	7	0.636	0	0
桥梁坍塌事故 B2	2	0.182	4	0.364	4	0.364	1	0.090
施工机具事故 B3	4	0.364	4	0.364	3	0.273	0	0
高空坠落事故 B4	5	0.455	5	0.455	1	0.090	0	0
模板爆裂事故 B5	2	0.182	6	0.545	3	0.273	0	0
物理因素事故 B6	3	0.273	5	0.454	3	0.273	0	0
化学因素事故 B7	2	0.182	7	0.636	2	0.182	0	0
自然灾害事故 B8	5	0.454	2	0.182	2	0.182	2	0.182
其他安全事故 B9	4	0.264	4	0.364	3	0.272	0	0

由表 6.10 可知，$R = [R_1 \quad R_2 \quad R_3 \quad R_4] = \begin{bmatrix} 0 & 0.364 & 0.636 & 0 \\ 0.182 & 0.364 & 0.364 & 0.090 \\ 0.364 & 0.364 & 0.273 & 0 \\ 0.455 & 0.455 & 0.090 & 0 \\ 0.182 & 0.545 & 0.273 & 0 \\ 0.273 & 0.454 & 0.273 & 0 \\ 0.182 & 0.636 & 0.182 & 0 \\ 0.454 & 0.182 & 0.182 & 0.182 \\ 0.264 & 0.364 & 0.272 & 0 \end{bmatrix}$，则有

$W = [0.200 \quad 0.055 \quad 0.242 \quad 0.234 \quad 0.106 \quad 0.040 \quad 0.032 \quad 0.023 \quad 0.068]$，所以 $B = W \cdot R$ 的计算结果如下：

$$\boldsymbol{B} = \begin{bmatrix} 0.200 \\ 0.055 \\ 0.242 \\ 0.234 \\ 0.106 \\ 0.040 \\ 0.032 \\ 0.023 \\ 0.068 \end{bmatrix}^{\mathrm{T}} \cdot \begin{bmatrix} 0 & 0.364 & 0.636 & 0 \\ 0.182 & 0.364 & 0.364 & 0.090 \\ 0.364 & 0.364 & 0.273 & 0 \\ 0.455 & 0.455 & 0.090 & 0 \\ 0.182 & 0.545 & 0.273 & 0 \\ 0.273 & 0.454 & 0.273 & 0 \\ 0.182 & 0.636 & 0.182 & 0 \\ 0.454 & 0.182 & 0.182 & 0.182 \\ 0.264 & 0.364 & 0.272 & 0 \end{bmatrix} = [0.269\ 0.413\ 0.303\ 0.009]$$

$$\tilde{\boldsymbol{B}} = [0.271\ 0.415\ 0.305\ 0.009]$$

$$V = \tilde{\boldsymbol{B}} \cdot \boldsymbol{S}^{\mathrm{T}} = [0.271\ 0.415\ 0.305\ 0.009] \cdot [1\ 2\ 3\ 4]^{\mathrm{T}} = 2.052$$

通过模糊层次综合分析法计算出山区超高互通立交混凝土箱梁现浇施工的综合安全风险等级为中度风险，需要采取相关的安全风险应对措施。

6.4 支架工程专项风险分析

6.4.1 基于三维认知结构的风险分析

在山区超高互通立交混凝土箱梁现浇过程中，支架失效属于高度风险等级的安全风险事件，因此有必要对支架工程进行专项风险分析[7-21]。已有资料表明该工程项目有 3 个支架施工方案，分别为满堂支架方案、牛腿+贝雷梁门架方案、SPS+贝雷梁门架方案。通过查阅相关资料以及询问专家意见，基于三维认知结构模式的支架风险层次分析如图 6.25 所示。

同一风险源在不同的施工方案中所占的比重不同，且不同的支架施工方案风险发生的概率也不相同，采用层次分析法对风险源进行重要性确定，同时采用灰色关联度理论分析各风险在不同施工方案中的重要性。但考虑到赋值的客观性，本节依然采取 9 位专家打分的方法得出结论，然后进行云计算，得出最优的期望关联度值。其中支架工程包含的 9 种风险源的相对重要性权值采用层次分析法计算，以 1 号专家的打分为例，见表 6.11。

第 6 章 山区超高互通立交箱梁现浇施工风险评估

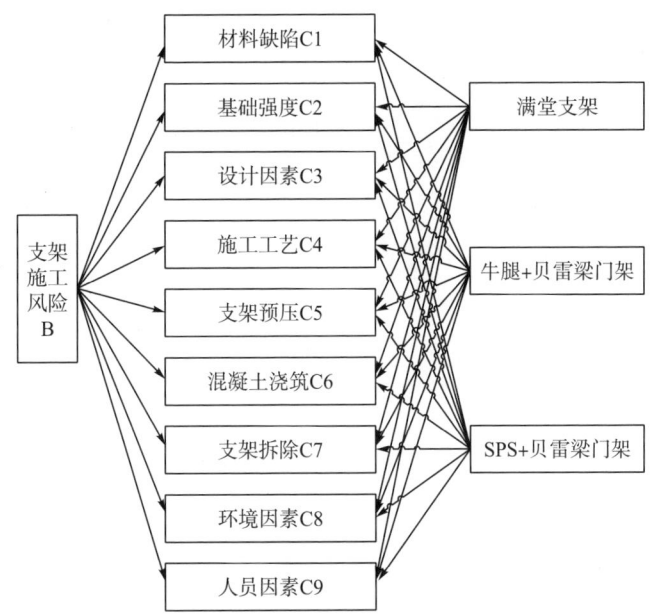

图 6.25 支架层次分析图

表 6.11 1 号专家对支架工程风险源的判断矩阵

1号	C1	C2	C3	C4	C5	C6	C7	C8	C9
C1	1	1/2	2	3	5	6	7	8	4
C2	2	1	3	4	6	7	8	9	5
C3	1/2	1/3	1	2	4	5	6	7	3
C4	1/3	1/4	1/2	1	3	4	5	6	2
C5	1/5	1/6	1/4	1/3	1	2	3	4	1/2
C6	1/6	1/7	1/5	1/4	1/2	1	2	3	1/3
C7	1/7	1/8	1/6	1/5	1/3	1/2	1	2	1/4
C8	1/8	1/9	1/7	1/6	1/4	1/3	1/2	1	1/5
C9	1/4	1/5	1/3	1/2	2	3	4	5	1

由表 6.11 可知，判断矩阵为

$$A = \begin{bmatrix} 1 & 1/2 & 2 & 3 & 5 & 6 & 7 & 8 & 4 \\ 2 & 1 & 3 & 4 & 6 & 7 & 8 & 9 & 5 \\ 1/2 & 1/3 & 1 & 2 & 4 & 5 & 6 & 7 & 3 \\ 1/3 & 1/4 & 1/2 & 1 & 3 & 4 & 5 & 6 & 2 \\ 1/5 & 1/6 & 1/4 & 1/3 & 1 & 2 & 3 & 4 & 1/2 \\ 1/6 & 1/7 & 1/5 & 1/4 & 1/2 & 1 & 2 & 3 & 1/3 \\ 1/7 & 1/8 & 1/6 & 1/5 & 1/3 & 1/2 & 1 & 2 & 1/4 \\ 1/8 & 1/9 & 1/7 & 1/6 & 1/4 & 1/3 & 1/2 & 1 & 1/5 \\ 1/4 & 1/5 & 1/3 & 1/2 & 2 & 3 & 4 & 5 & 1 \end{bmatrix}$$

矩阵行元素连乘积：按照层次分析法得到各行元素连乘积为 $M_i = \prod_{j=1}^{n} a_{ij}$，即

$\boldsymbol{M} = [20216 \quad 362880 \quad 840 \quad 30 \quad 0.0333 \quad 0.0012 \quad 0 \quad 0 \quad 1]^T$。

矩阵行元素连乘积开方：各行元素连乘积 n 次方根公式为 $m_i = \sqrt[n]{M_i}$，可得到

$\boldsymbol{m} = [3.008 \quad 4.417 \quad 2.113 \quad 1.459 \quad 0.685 \quad 0.473 \quad 0.332 \quad 0.241 \quad 1.000]^T$。

归一化处理：对 m_i 归一化处理的计算公式为 $W_i = m_i \big/ \sum_{j=1}^{n} m_j$，最终得到

$\boldsymbol{W}_A = [0.224 \quad 0.308 \quad 0.157 \quad 0.108 \quad 0.051 \quad 0.035 \quad 0.025 \quad 0.018 \quad 0.074]^T$。

一致性检验：对归一化结果进行一致性检验，检验公式 $\lambda_{\max} = \sum_{i}^{n} \dfrac{(A \cdot W_A)_i}{n \cdot W_{Ai}}$，

$\mathrm{CI} = \dfrac{\lambda_{\max} - n}{n-1}$，$\mathrm{CR} = \dfrac{\mathrm{CI}}{\mathrm{RI}} = \dfrac{\lambda_{\max} - n}{(n-1) \cdot \mathrm{RI}}$。具体计算过程如下：

$$A \cdot W_A = \begin{bmatrix} 1 & 1/2 & 2 & 3 & 5 & 6 & 7 & 8 & 4 \\ 2 & 1 & 3 & 4 & 6 & 7 & 8 & 9 & 5 \\ 1/2 & 1/3 & 1 & 2 & 4 & 5 & 6 & 7 & 3 \\ 1/3 & 1/4 & 1/2 & 1 & 3 & 4 & 5 & 6 & 2 \\ 1/5 & 1/6 & 1/4 & 1/3 & 1 & 2 & 3 & 4 & 1/2 \\ 1/6 & 1/7 & 1/5 & 1/4 & 1/2 & 1 & 2 & 3 & 1/3 \\ 1/7 & 1/8 & 1/6 & 1/5 & 1/3 & 1/2 & 1 & 2 & 1/4 \\ 1/8 & 1/9 & 1/7 & 1/6 & 1/4 & 1/3 & 1/2 & 1 & 1/5 \\ 1/4 & 1/5 & 1/3 & 1/2 & 2 & 3 & 4 & 5 & 1 \end{bmatrix} \cdot \begin{bmatrix} 0.224 \\ 0.308 \\ 0.157 \\ 0.108 \\ 0.051 \\ 0.035 \\ 0.025 \\ 0.018 \\ 0.074 \end{bmatrix} = \begin{bmatrix} 2.096 \\ 2.942 \\ 1.464 \\ 1.011 \\ 0.476 \\ 0.328 \\ 0.232 \\ 0.172 \\ 0.694 \end{bmatrix}$$

$$\lambda_{\max} = \sum_{i}^{n} \dfrac{(A \cdot W_A)_i}{n \cdot W_{Ai}}$$

$$= \dfrac{1}{9}\left(\dfrac{2.096}{0.224} + \dfrac{2.942}{0.308} + \dfrac{1.464}{0.157} + \dfrac{1.011}{0.108} + \dfrac{0.476}{0.051} + \dfrac{0.328}{0.035} + \dfrac{0.232}{0.025} + \dfrac{0.172}{0.018} + \dfrac{0.694}{0.074}\right) = 9.400$$

$$\text{CR} = \frac{\lambda_{\max} - n}{(n-1) \cdot \text{RI}} = \frac{9.400 - 9}{8 \times 1.46} = 0.034 < 0.100$$

其中 RI=1.46，由此可知 1 号专家对支架工程 9 种风险发生概率重要性的评估矩阵满足一致性要求。

同时采用灰色关联度理论分析不同风险因素对不同施工方案的重要性，并得到关联度，见表 6.12。

表 6.12 支架方案风险源风险权值数据

	C1	C2	C3	C4	C5	C6	C7	C8	C9
方案 1	9	7	8	7	7	7	3	4	7
方案 2	7	1	6	9	3	3	5	5	5
方案 3	8	6	7	8	6	5	4	4	6

(1) 最优指标集。根据灰色关联度得到最优指标集 $a_0 = \{9,7,8,9,7,7,5,5,7\}$。

(2) 绝对差值见表 6.13。

表 6.13 绝对差值

	C1	C2	C3	C4	C5	C6	C7	C8	C9
方案 1	0	0	0	2	0	0	2	1	0
方案 2	2	6	2	0	4	4	0	0	2
方案 3	1	1	1	1	1	1	1	1	1

(3) 计算关联度。根据第二级最小差和第二级最大差，ρ 取值为 0.5，关联度的计算公式如下：

$$\min_i \min_j \left| a_{oj} - a_{ij} \right| = 0, \ \max_i \max_j \left| a_{oj} - a_{ij} \right| = 6 \tag{6.1}$$

$$\lambda_{ij} = \frac{\min_i \min_j \left| a_{oj} - a_{ij} \right| + \rho \max_i \max_j \left| a_{oj} - a_{ij} \right|}{\left| a_{oj} - a_{ij} \right| + \rho \max_i \max_j \left| a_{oj} - a_{ij} \right|} (i=1,2,\cdots,m; \ j=1,2,\cdots,n) \tag{6.2}$$

根据指标重要性权值 $\boldsymbol{W}_A^1 = (w_1^1 \ w_2^1 \ w_3^1)^T$，确定最终的加权关联度值 $\boldsymbol{R}$。1 号专家赋值关联度计算结果见表 6.14。

表 6.14　1 号专家赋值关联度计算结果

指标	C1	C2	C3	C4	C5	C6	C7	C8	C9
\multicolumn{10}{c}{层次分析法计算出的各指标所占权重}
权值	0.224	0.308	0.157	0.108	0.051	0.035	0.025	0.018	0.074
\multicolumn{10}{c}{各指标的关联度}
方案 1	0.75	0.75	0.75	0.75	0.75	0.75	0.75	0.75	0.75
方案 2	0.60	0.33	0.60	1.00	0.43	0.43	1.00	1.00	0.60
方案 3	1.00	1.00	1.00	0.60	1.00	1.00	0.60	0.75	1.00

$$R = A \cdot W_A = \begin{bmatrix} 0.75 & 0.60 & 1.00 \\ 0.75 & 0.33 & 1.00 \\ 0.75 & 0.60 & 1.00 \\ 0.75 & 1.00 & 0.60 \\ 0.75 & 0.43 & 1.00 \\ 0.75 & 0.43 & 1.00 \\ 0.75 & 1.00 & 0.60 \\ 0.75 & 1.00 & 0.75 \\ 0.75 & 0.60 & 1.00 \end{bmatrix}^T \cdot \begin{bmatrix} 0.224 \\ 0.308 \\ 0.157 \\ 0.108 \\ 0.051 \\ 0.035 \\ 0.025 \\ 0.018 \\ 0.074 \end{bmatrix} = [0.750 \quad 0.563 \quad 0.942]^T$$

根据计算得出方案 1、方案 2 以及方案 3 最终的关联度 R=[0.750　0.563　0.942]^T，可以得到方案 3 的关联度最大。同理，经过其余 8 位专家打分后的风险因素相对重要性权值见表 6.15，三种支架施工方案的加权关联度的值见表 6.16 与图 6.26。

表 6.15　支架风险因素相对重要性计算结果

风险因素	\multicolumn{9}{c}{专家号}
	1	2	3	4	5	6	7	8	9
C1	0.224	0.250	0.291	0.300	0.274	0.287	0.229	0.206	0.169
C2	0.308	0.250	0.205	0.095	0.083	0.087	0.146	0.206	0.169
C3	0.157	0.170	0.135	0.214	0.186	0.202	0.146	0.129	0.102
C4	0.108	0.116	0.135	0.146	0.123	0.133	0.094	0.083	0.102
C5	0.051	0.054	0.088	0.061	0.056	0.058	0.062	0.052	0.061
C6	0.035	0.026	0.028	0.041	0.019	0.020	0.021	0.033	0.037
C7	0.025	0.037	0.040	0.028	0.038	0.039	0.042	0.052	0.061
C8	0.018	0.019	0.020	0.020	0.029	0.030	0.029	0.033	0.037
C9	0.074	0.079	0.059	0.095	0.192	0.144	0.229	0.206	0.262

表 6.16 9 位专家赋值关联度计算结果

方案号	专家号								
	1	2	3	4	5	6	7	8	9
1	0.75	0.786	0.768	0.897	0.905	0.921	0.914	0.818	0.964
2	0.563	0.531	0.551	0.738	0.737	0.644	0.581	0.589	0.597
3	0.942	0.824	0.834	0.772	0.773	0.743	0.746	0.812	0.910

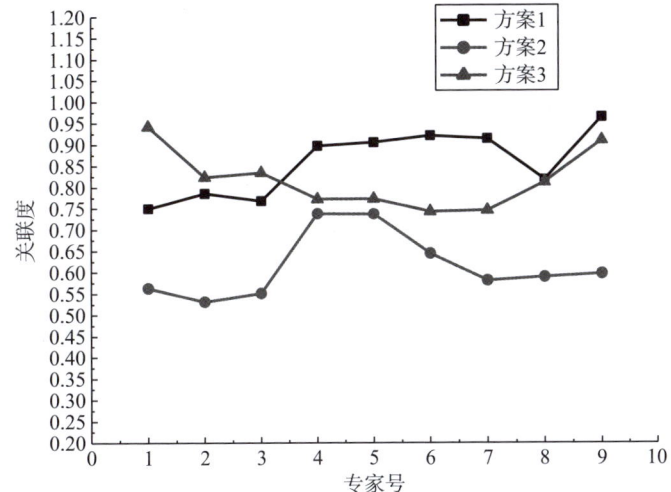

图 6.26 9 位专家赋值关联度计算结果图

不同专家打分情况下得到的关联度存在较大的差异，因此可以借助 MATLAB 软件建立云理论模型，计算出三种施工方案的期望关联度，如图 6.27 所示。

对支架工程影响最大的风险因素为材料因素，其次为设计因素、施工工艺、支架预压等。9 位专家得出的结果基本为正态云图，表明专家组意见基本一致，因此三种方案的期望关联度为(0.858，0.615，0.817)。三种方案的灰色关联度排序为 $R_3 > R_1 > R_2$，从关联度大小来比较，则属方案 1 的安全风险最大，但方案 3 和方案 1 的关联度同属于一个等级，因此方案 3 的安全风险也很大，方案 2 的风险相对较小。

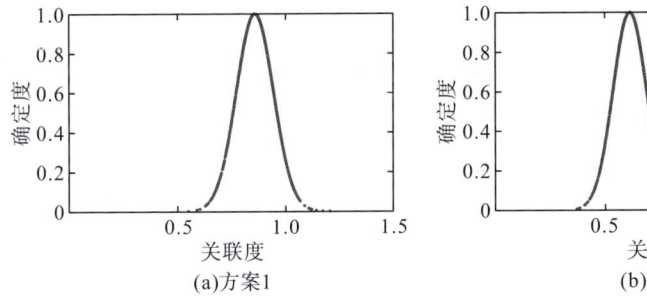

(a)方案1 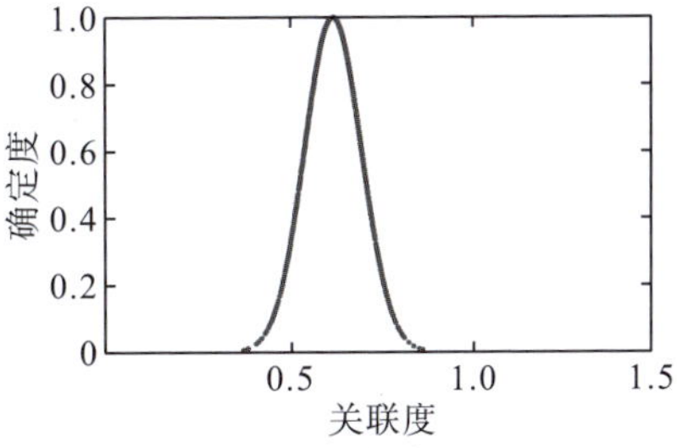   (b)方案2

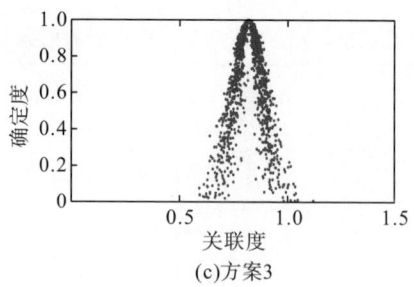

(c)方案3

图 6.27　9 位专家赋值关联度计算结果云图

6.4.2　基于时间维度的分析

在现浇箱梁施工阶段进行了基于时间维度的风险分析。在箱梁现浇的过程中，安全风险值是一个随时间变化的值，可将箱梁现浇过程分为浇筑初期 T_1、浇筑中期 T_2、浇筑后期 T_3 三个阶段，即浇筑初期为风险概率 P 缓慢增加阶段，浇筑中期为风险概率 P 增长较快阶段，浇筑后期为风险概率 P 缓慢降低阶段。但对桥梁施工风险事件的统计分析可得，支架失效事故是混凝土浇筑阶段发生率最高的事故类型。因此将支架工程作为专项研究的重点，将整个支架施工过程分为 11 个阶段，如图 6.28 所示，然后利用层次分析法对其各阶段事故的相对发生概率进行计算，最后采用 MATLAB-云模型检验专家打分的一致性。

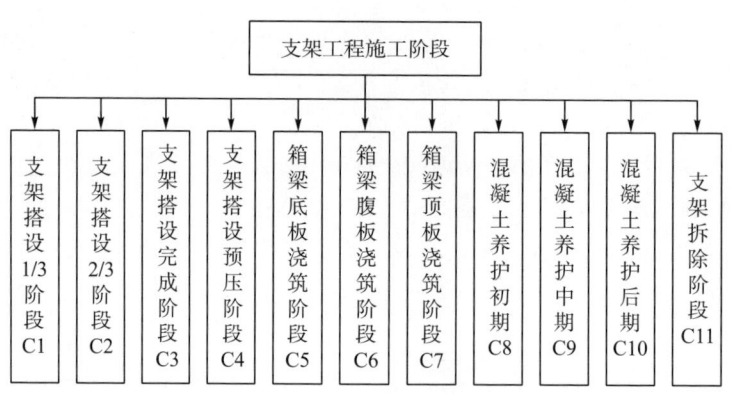

图 6.28　支架工程施工阶段划分图

1. 采用层次分析法进行支架工程风险分析

选取 9 位专家对这 11 个阶段发生事故的相对概率进行评分，并计算出相对概率权重值，以 1 号专家打分为例，见表 6.17。

第6章 山区超高互通立交箱梁现浇施工风险评估

表6.17　1号专家对支架工程施工阶段相对概率的判断矩阵

1号	C1	C2	C3	C4	C5	C6	C7	C8	C9	C10	C11
C1	1	1	1/3	1/6	1/4	1/5	1/5	2	3	3	1/2
C2	1	1	1/3	1/6	1/4	1/5	1/5	2	3	3	1/2
C3	3	3	1	1/4	1/2	1/3	1/3	4	5	5	2
C4	6	6	4	1	3	2	2	7	8	8	5
C5	4	4	2	1/3	1	1/2	1/2	5	6	6	3
C6	5	5	3	1/2	2	1	1	6	7	7	4
C7	5	5	3	1/2	2	1	1	6	7	7	4
C8	1/2	1/2	1/4	1/7	1/5	1/6	1/6	1	2	2	1/3
C9	1/3	1/3	1/5	1/8	1/6	1/7	1/7	1/2	1	1	1/4
C10	1/3	1/3	1/5	1/8	1/6	1/7	1/7	1/2	1	1	1/4
C11	2	2	1/2	1/5	1/3	1/4	1/4	3	4	4	1

由表6.17可知，判断矩阵为

$$A = \begin{bmatrix} 1 & 1 & 1/3 & 1/6 & 1/4 & 1/5 & 1/5 & 2 & 3 & 3 & 1/2 \\ 1 & 1 & 1/3 & 1/6 & 1/4 & 1/5 & 1/5 & 2 & 3 & 3 & 1/2 \\ 3 & 3 & 1 & 1/4 & 1/2 & 1/3 & 1/3 & 4 & 5 & 5 & 2 \\ 6 & 6 & 4 & 1 & 3 & 2 & 2 & 7 & 8 & 8 & 5 \\ 4 & 4 & 2 & 1/3 & 1 & 1/2 & 1/2 & 5 & 6 & 6 & 3 \\ 5 & 5 & 3 & 1/2 & 2 & 1 & 1 & 6 & 7 & 7 & 4 \\ 5 & 5 & 3 & 1/2 & 2 & 1 & 1 & 6 & 7 & 7 & 4 \\ 1/2 & 1/2 & 1/4 & 1/7 & 1/5 & 1/6 & 1/6 & 1 & 2 & 2 & 1/3 \\ 1/3 & 1/3 & 1/5 & 1/8 & 1/6 & 1/7 & 1/7 & 1/2 & 1 & 1 & 1/4 \\ 1/3 & 1/3 & 1/5 & 1/8 & 1/6 & 1/7 & 1/7 & 1/2 & 1 & 1 & 1/4 \\ 2 & 2 & 1/2 & 1/5 & 1/3 & 1/4 & 1/4 & 3 & 4 & 4 & 1 \end{bmatrix}$$

用层次分析法得到各行元素连乘积为 $M_i = \prod_{j=1}^{n} a_{ij}$，即 M=[0.01　0.01　25.00　3870720.00　1440.00　88200.00　88200.00　0.00　0.00　0.00　0.40]$^\mathrm{T}$。

矩阵行元素连乘积开方：各行元素连乘积n次方根公式为 $m_i = \sqrt[n]{M_i}$，可得到 m = [0.618　0.618　1.340　3.971　1.937　2.816　2.816　0.417　0.289　0.289　0.920]$^\mathrm{T}$。

归一化处理：对 m_i 归一化处理，计算公式为 $W_i = m_i / \sum_{j=1}^{n} m_i$，最终得到 W_A=[0.039　0.039　0.084　0.248　0.121　0.176　0.176　0.026　0.018　0.018　0.057]$^\mathrm{T}$。

一致性检验：对归一化结果进行一致性检验，检验公式为 $\lambda_{\max} = \sum_{i}^{n} \frac{(A \cdot W_A)_i}{n \cdot W_{Ai}}$,

$CI = \frac{\lambda_{\max} - n}{n-1}$, $CR = \frac{CI}{RI} = \frac{\lambda_{\max} - n}{(n-1) \cdot RI}$ 。具体计算过程如下：

$$A \cdot W_A = \begin{bmatrix} 1 & 1 & 1/3 & 1/6 & 1/4 & 1/5 & 1/5 & 2 & 3 & 3 & 1/2 \\ 1 & 1 & 1/3 & 1/6 & 1/4 & 1/5 & 1/5 & 2 & 3 & 3 & 1/2 \\ 3 & 3 & 1 & 1/4 & 1/2 & 1/3 & 1/3 & 4 & 5 & 5 & 2 \\ 6 & 6 & 4 & 1 & 3 & 2 & 2 & 7 & 8 & 8 & 5 \\ 4 & 4 & 2 & 1/3 & 1 & 1/2 & 1/2 & 5 & 6 & 6 & 3 \\ 5 & 5 & 3 & 1/2 & 2 & 1 & 1 & 6 & 7 & 7 & 4 \\ 5 & 5 & 3 & 1/2 & 2 & 1 & 1 & 6 & 7 & 7 & 4 \\ 1/2 & 1/2 & 1/4 & 1/7 & 1/5 & 1/6 & 1/6 & 1 & 2 & 2 & 1/3 \\ 1/3 & 1/3 & 1/5 & 1/8 & 1/6 & 1/7 & 1/7 & 1/2 & 1 & 1 & 1/4 \\ 1/3 & 1/3 & 1/5 & 1/8 & 1/6 & 1/7 & 1/7 & 1/2 & 1 & 1 & 1/4 \\ 2 & 2 & 1/2 & 1/5 & 1/3 & 1/4 & 1/4 & 3 & 4 & 4 & 1 \end{bmatrix} \cdot \begin{bmatrix} 0.039 \\ 0.039 \\ 0.084 \\ 0.248 \\ 0.121 \\ 0.176 \\ 0.176 \\ 0.026 \\ 0.018 \\ 0.018 \\ 0.057 \end{bmatrix} = \begin{bmatrix} 0.435 \\ 0.435 \\ 0.953 \\ 2.867 \\ 1.373 \\ 1.991 \\ 1.991 \\ 0.295 \\ 0.207 \\ 0.207 \\ 0.653 \end{bmatrix}$$

$$\lambda_{\max} = \sum_{i}^{n} \frac{(A \cdot W_A)_i}{n \cdot W_{Ai}}$$

$$= \frac{1}{11} \left(\frac{0.435}{0.039} + \frac{0.435}{0.039} + \frac{0.953}{0.084} + \frac{2.867}{0.248} + \frac{1.373}{0.121} + \frac{1.991}{0.176} + \frac{1.991}{0.176} \right.$$

$$\left. + \frac{0.295}{0.026} + \frac{0.207}{0.018} + \frac{0.207}{0.018} + \frac{0.653}{0.057} \right) = 11.392$$

$$CR = \frac{\lambda_{\max} - n}{(n-1) \cdot RI} = \frac{11.392 - 11}{10 \times 1.51} = 0.026 < 0.100$$

其中 RI=1.51，由此可知评估矩阵满足一致性要求。因此，由评估矩阵得到的 W_A=[0.039　0.039　0.084　0.248　0.121　0.176　0.176　0.026　0.018　0.018　0.057]^T 可以作为安全风险事件发生率的相对权重值。

同理，9 位专家对支架工程各施工阶段风险发生的相对概率值的计算结果见表 6.18。

表 6.18　支架工程 11 个阶段事故发生的相对概率权重表

阶段	专家号								
	1	2	3	4	5	6	7	8	9
C1	0.039	0.025	0.024	0.021	0.026	0.029	0.022	0.031	0.019
C2	0.039	0.021	0.028	0.025	0.028	0.028	0.023	0.031	0.027
C3	0.084	0.040	0.055	0.058	0.027	0.050	0.035	0.071	0.062
C4	0.248	0.071	0.108	0.246	0.228	0.119	0.111	0.106	0.149

续表

阶段	专家号								
	1	2	3	4	5	6	7	8	9
C5	0.121	0.116	0.154	0.129	0.132	0.159	0.129	0.154	0.098
C6	0.176	0.177	0.188	0.157	0.152	0.225	0.194	0.221	0.218
C7	0.176	0.196	0.197	0.152	0.187	0.191	0.228	0.221	0.218
C8	0.026	0.111	0.098	0.074	0.077	0.083	0.069	0.071	0.062
C9	0.018	0.067	0.049	0.050	0.055	0.041	0.047	0.020	0.041
C10	0.018	0.041	0.027	0.039	0.041	0.036	0.036	0.020	0.027
C11	0.057	0.134	0.071	0.050	0.047	0.038	0.106	0.053	0.080

对表 6.18 的每组数据进行曲线拟合，其拟合结果如图 6.29 所示。

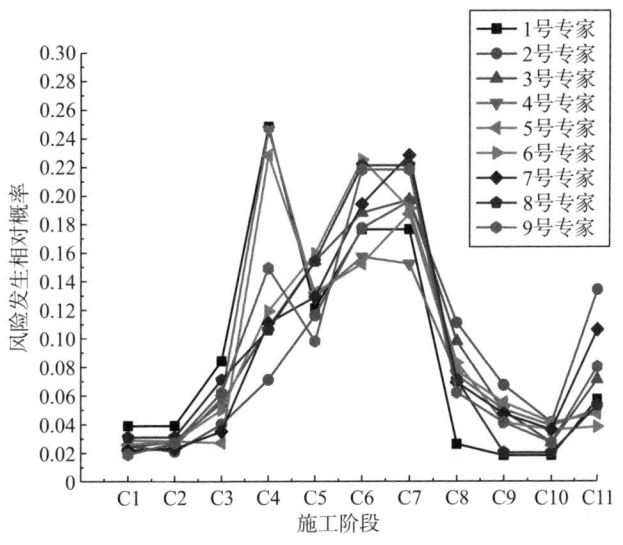

图 6.29　9 位专家打分结果综合图

从图 6.29 可以看出，对于支架工程，支架搭设预压、箱梁浇筑阶段的风险概率较大。但由多位专家根据层次分析法得到的数据很难达到一致，因此需进行概率值的确定。

2. 基于层次分析法的云理论概率分析

依据层次分析法得到支架工程 11 个阶段风险事件发生的概率值，并利用 MATLAB 计算其隶属度，得到最终的风险事件概率值。根据 MATLAB-云模型得到的云图如图 6.30～图 6.32 所示。

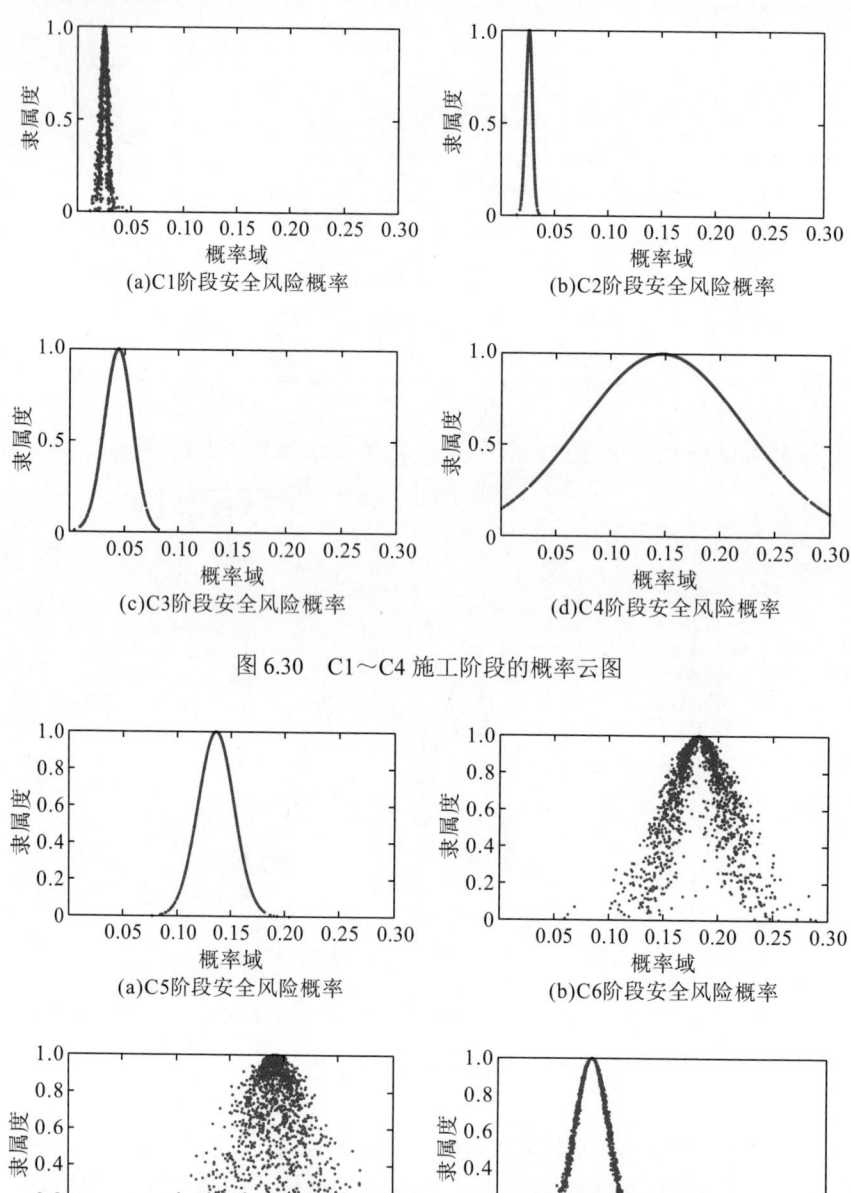

图 6.30　C1～C4 施工阶段的概率云图

图 6.31　C5～C8 施工阶段的概率云图

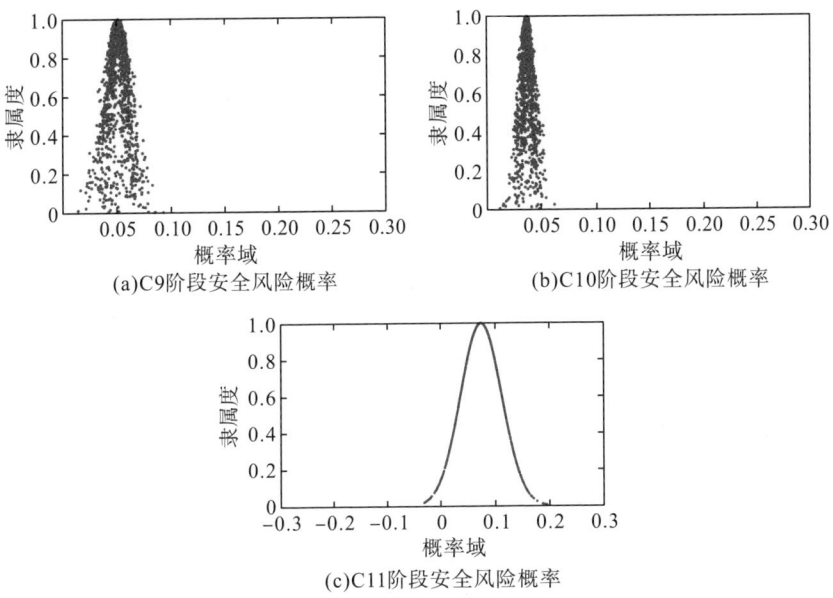

图 6.32 C9~C11 施工阶段的概率云图

根据逆向云发生器得到 11 个阶段的初次云图,从图 6.30~图 6.32 可以看出,C6、C7、C9 和 C10 阶段云滴的离散程度较大,云图整体呈雾状,因此要对这 4 个阶段重新进行打分,直至得到比较集中的云图,如图 6.33 所示。

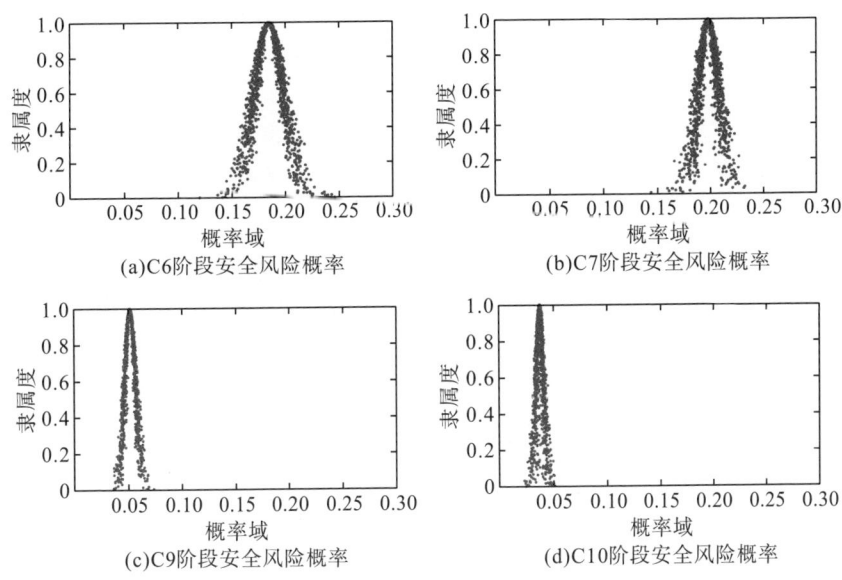

图 6.33 C6、C7、C9 和 C10 阶段第 n 次得到的云图

在层次分析法的基础上，应用云理论计算出混凝土现浇阶段各施工阶段的风险概率期望值 Ex，见表 6.19 和图 6.34。

表 6.19　混凝土现浇各施工阶段风险概率期望值

施工阶段	C1	C2	C3	C4	C5	C6	C7	C8	C9	C10	C11
Ex	0.025	0.026	0.044	0.147	0.137	0.185	0.198	0.085	0.051	0.038	0.074

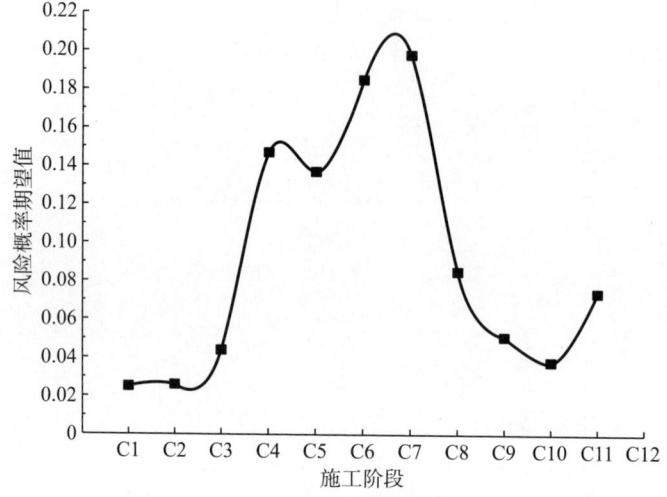

图 6.34　各施工阶段风险概率期望值分布图

根据上述分析可得，在支架工程中，支架搭设预压阶段、箱梁腹板浇筑阶段、箱梁顶板浇筑阶段的相对风险概率值较大，要加强这三个阶段的风险预防措施。同时，层次分析法结合云模型的风险概率研究方法可以应用于其他风险项目研究过程中。

6.4.3　基于空间维度的分析

对支架进行时间维度风险分析的同时也要对支架进行空间维度的风险分析。支架工程在空间维度的风险分析过程如图 6.35 所示。主要的评估过程分为四个阶段，分别为确定施工区域的分布、安全风险事件的确定、风险事件的概率评估和损失评估、各施工区域风险综合评估。其中确定施工区域是指将支架工程分为基础层、SPS 支架第一施工阶段、SPS 支架第二施工阶段、SPS 支架第三施工阶段、贝雷梁结构层、满堂支架结构层、混凝土浇筑层。

根据图 6.35 所示的空间维度风险分布图，可知在支架建设过程中各个区间段可能发生的风险事件种类以及风险事件的等级。通过专家评估后基础层可能发生的安全事故为施工机具事故和其他安全事故，且风险等级为中度风险；SPS支架可能发生的安全事故有施工机具事故、高空坠落事故、物体打击事故以及其他安全事故，且相应的风险等级为中度风险、低度风险、低度风险以及高度风险。同理，可以得到其他施工区域的风险等级。若将此方法应用于整个工程项目中，则需要庞大的工作量和计算量，因此该方法适用于专项风险分析。

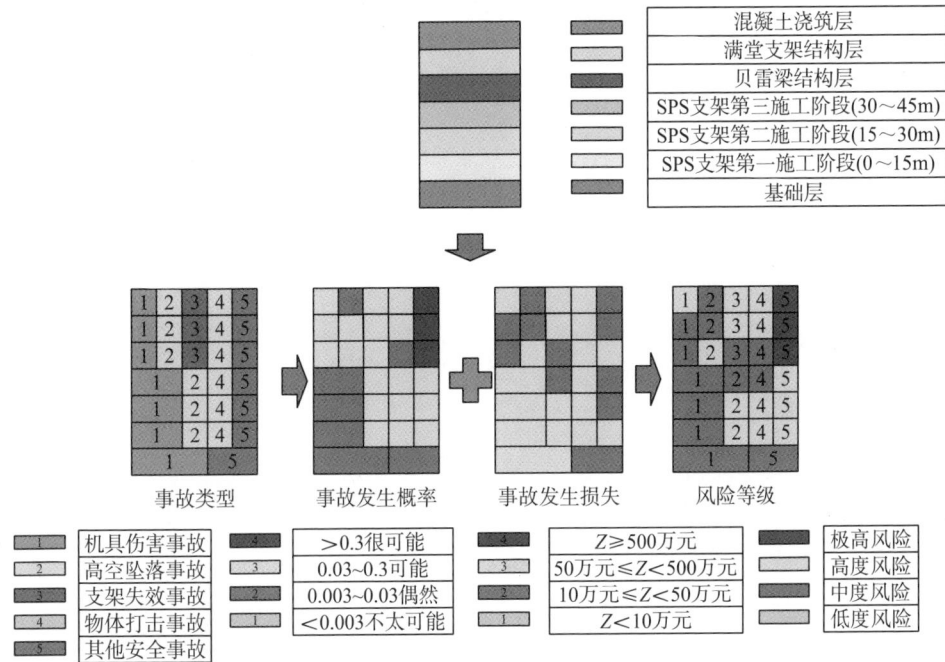

图 6.35　支架工程基于空间维度的风险分析

参 考 文 献

[1]张倩萍.山区超高互通立交混凝土箱梁现浇安全风险评估[D].重庆：重庆交通大学，2019.

[2]浙江省交通运输厅.桥梁支架安全施工手册[M].北京：人民交通出版社，2011.

[3]交通运输部工程质量监督局.公路桥梁和隧道工程施工安全风险评估制度及指南解析[M].北京：人民交通出版社，2011.

[4]阮欣，陈艾荣，石雪飞.桥梁工程风险评估[M].北京：人民交通出版社，2008.

[5]张喜刚.公路桥梁和隧道工程设计安全风险评估[M].北京：人民交通出版社，2010.

[6]苏卫国，刘剑.现浇箱梁高支模满堂支架的有限元分析[J].华南理工大学学报(自然科学版)，2013，41(2)：82-87.

[7] 万震. 大型桥梁施工安全风险管理技术与应用[D]. 郑州：郑州大学，2017.

[8] 袁杰，梁雪春. 层次分析法中判断矩阵的一致性改进[J]. 统计与决策，2014(12)：15-17.

[9] 周冬江，陈建国. 市政分段现浇连续刚构桥施工风险管理研究[J]. 工程经济，2015，25(9)：85-91.

[10] 柴继昶，万玉玲. 公路桥梁施工安全风险评估体系增加墩柱高度指标探析[J]. 公路，2018，63(6)：166-172.

[11] 阚有俊. 基于BORA法的长大桥梁运营安全风险评估技术研究[J]. 安全与环境工程，2018，25(3)：155-159，165.

[12] 朱治宝，马长飞，王波，等. 平潭海峡公铁两用大桥施工安全风险评估[J]. 桥梁建设，2017，47(1)：12-16.

[13] Hackl J，Adey B T，Woźniak M，et al. Use of Unmanned Aerial Vehicle Photogrammetry to Obtain Topographical Information to Improve Bridge Risk Assessment[J]. Journal of Infrastructure Systems，2018，24(1)：04017041.

[14] Zayed T，Minchin R E Jr，Boyd A J，et al. Model for the Physical Risk Assessment of Bridges with Unknown Foundation[J]. Journal of Performance of Constructed Facilities，2007，21(1)：44-52.

[15] Esmaeili B，Hallowell M R，Rajagopalan B. Attribute-Based Safety Risk Assessment. I：Analysis at the Fundamental Level[J]. Journal of Construction Engineering & Management，2015，141(8)：1-15.

[16] Dharmapalan V，Gambatese J A，Fradella J，et al. Quantification and Assessment of Safety Risk in the Design of Multistory Buildings[J]. Journal of Construction Engineering & Management，2015，141(4)：04014090.

[17] Johnson P A，Whittington R M. Vulnerability-Based Risk Assessment for Stream Instability at Bridges[J]. Journal of Hydraulic Engineering，2011，137(10)：1248-1256.

[18] Davis-Mcdaniel C，Chowdhury M，Pang W，et al. Fault-Tree Model for Risk Assessment of Bridge Failure：Case Study for Segmental Box Girder Bridges[J]. Journal of Infrastructure Systems，2013，19(3)：326-334.

[19] Washer G，Connor R，Nasrollahi M，et al. New Framework for Risk-Based Inspection of Highway Bridges[J]. Journal of Bridge Engineering，2016，21(4)：04015077.

[20] 李凌俊. 超高墩连续刚构桥施工期内风险评估研究[D]. 重庆：重庆交通大学，2012.

[21] 曾宪云. 城市高架路施工安全风险评价研究[D]. 成都：西南交通大学，2016.

第 7 章 大跨度自锚式悬索桥施工风险评估

地锚式悬索桥产生至今已有一千多年历史，但自锚式悬索桥产生至今只有一百多年[1]。和一般悬索桥相比，自锚式悬索桥的优点有[1,2]：

(1) 主缆直接锚固在加劲梁端，不再需要建大的锚锭，所以适合于地质条件较差的地区和都市区域。

(2) 自锚式悬索桥适应性较好，受地形制约的可能性比较小，能够筑造成为双跨独塔的悬索桥，但通常筑造成为三跨双塔的悬索桥。

(3) 因为主梁承担由主缆传送的纵向压力，主缆给加劲梁施加了无偿的纵向预应力，从而提升了加劲梁相应刚度。相对钢筋混凝土加劲梁，钢梁能够节约锚具与预应力筋，从而形成了自锚式悬索桥，其拥有突出的优势，在众多中或小跨度的桥梁里独树一帜。

(4) 自锚式悬索桥在满足人们需求的桥梁美学时，也留存传统悬索桥外形的漂亮。在跨径适中或小的桥梁中其优势突出，与小于 400m 跨度悬索桥相比，自锚式悬索桥已是一个优势明显的解决方案。

我国的自锚式悬索桥发展相对较晚，主要集中在近几十年，但发展十分迅速，且结构形式多样，我国在 2002 年建成了世界上第一座混凝土加劲梁的自锚式悬索桥——大连市金湾桥。此后我国的桥梁研究者改写了多项世界纪录，为世界自锚式悬索桥的发展贡献了巨大力量。随着自锚式悬索桥在我国的不断建设和应用，其施工方法也进一步得到发展。

7.1 大跨度自锚式悬索桥的施工工艺

相较于其他类型的桥梁[3]，自锚式悬索桥有其独特的结构形式和施工特点，它是由主塔、主缆、拉索、加劲梁构成的结构受力体系。主梁将其自重、车辆荷载等通过拉索传递至主缆，而主缆又将受到的力传至主塔和加劲梁。自锚式悬索桥受力更加复杂，且自锚式悬索桥的加劲梁比传统的地锚式悬索桥主梁的刚度更大；同一般桥梁相比，影响施工风险的因素更多，各风险因素间相互关系更加复杂。在施工风险分析中，必须紧密联系自锚式悬索桥自身的结构形式与施工特点。

在自锚式悬索桥施工过程的风险识别中应注意以下特点。

(1) 加劲梁的结构特性。自锚式悬索桥加劲梁的主要作用是承受主缆提供的巨大水平分力并提供行车桥面，防止桥面发生过大的扭曲变形和挠曲变形，且在主缆和加劲梁锚固区受力复杂，随着桥梁跨径增大，加劲梁刚度减小，加劲梁对风险因素更加敏感，同时风险因子也更多，风险识别更复杂。

(2) 桥梁结构的复杂程度。随着科学技术和施工技术的不断发展，桥梁向着轻型化、工业化、大跨度化的趋势发展，各种新结构、新材料在桥梁工程中得到不断的应用。自锚式悬索桥以独特的结构形式、复杂的受力状态而闻名。这就使得自锚式悬索桥施工难度更大，桥梁设计人员在计算分析自锚式悬索桥受力时，更难以准确模拟其受力情况，某些简化的计算分析难以反映自锚式悬索桥的实际受力。这就使风险识别更加困难，进而给自锚式悬索桥施工风险评估带来巨大的难度。

(3) 桥梁施工人员的技术水平。桥梁施工风险水平很大程度上和施工人员的技术水平成正比。特别是自锚式悬索桥近年来才在我国不断发展应用，虽然取得了很大的成绩，但相对于其他类型的桥梁而言，施工技术人员的技术熟练度还明显不足。并且随着桥梁施工技术不断发展，新的桥梁施工工艺不断出现，风险识别时更加难以把握施工人员对新技术的掌握程度。这就造成了风险识别时对人因不确定性因素识别的困难。

(4) 桥梁工程周边的自然环境。桥梁工程项目施工往往是在比较恶劣且变化无常的自然环境中进行的，受到气候条件、地质条件的影响。尤其对于在通航河流上建造桥梁，行驶的船舶对桥梁施工影响巨大，一旦船舶碰撞到正在施工或已建成的桥墩，很有可能造成巨大的生命、财产损失。这些都是对桥梁施工风险造成影响的外在因素，都应该在风险识别中得到体现。

(5) 施工队伍的素质。施工队伍素质的高低也对桥梁施工风险分析有着重要影响。这种素质不仅指施工技术水平，还包括工程管理水平、施工队伍对于风险的认知水平等。自锚式悬索桥作为相对新颖的桥型，不仅需要提升施工队伍的施工技术水平，还要完善项目风险管理制度，培养更多业务能力突出、综合素质高的技术骨干，丰富自锚式悬索桥的施工经验。在进行自锚式悬索桥施工风险识别时，应综合考虑桥梁工程施工技术难度和施工队伍素质能力。

基于自锚式悬索桥风险识别的以上特点，进行风险识别前应收集准备以下资料：①桥梁结构设计文件；②桥梁施工组织设计和施工方案；③施工队伍的组织管理及技术水平；④桥梁所需要的材料和设备；⑤桥梁所处地的水文、地质和气象情况；⑥社会环境和人文环境；⑦业主的服务水平(变更和索赔情况、工程进度款的支付、工程用电用水供应情况)；⑧分包商的业务水平(施工能力、合作态度、信誉等)。

1. 主塔施工工艺

自锚式悬索桥混凝土主塔施工按照施工模板提升方法可分为滑模法、爬模提升法、整体模板逐段提升法和翻转模板法，这四种方法都可实现无支架施工。爬模提升法和整体模板逐段提升法在设备能力满足要求的情况下适用于悬索桥的各种塔形。滑模法因滑模提升要求在混凝土凝结时间内进行，此时混凝土还未达到较高的强度，对向外倾斜的主塔而言，在模板滑升到位后，由于材料设备和模板自重的作用，将使新浇筑的混凝土内侧出现拉应力而引起开裂，故多用于垂直主塔。翻转模板法已较少采用。具体选用何种施工方法可根据桥梁实际情况而定。

2. 加劲梁施工工艺

由于自锚式悬索桥主缆产生的水平拉力需要由加劲梁来承担，故其施工顺序一般为"先梁后缆"，与地锚式悬索桥"先缆后梁"的施工顺序不同。目前主要的施工方法有顶推架设法、支架架设法、节段吊装法。

支架架设法：用于大跨度划分成若干跨段，架设前先施工临时支架（柱），然后将跨段架设到支柱上再进行梁段间连接和预应力施工后将支架拆除的架设方法。

节段吊装法施工是将钢梁梁段划分为若干节段，在工厂完成钢梁的制造，利用运输船将钢梁节段运输到梁段架设位置，利用现场吊机将梁段直接吊装到要求位置。

顶推架设法是指首先在顶推预制台上拼装梁体或分节段预制，再利用桥墩千斤顶和顶推平台拖动加劲梁梁体使其逐步向前移动就位。该施工方法由牵引与滑移、梁体安装、控制和导向三大子系统组成。传统要求加劲梁施工时梁体位于同一圆曲线内或同一直线段，且结构设计时加劲梁底面必须连续，不能出现阶梯形状。

顶推架设法的特点主要有不受河道、施工季节的影响，占用施工场地小；梁体节段可在工厂预制加工，工期短，质量好。该方法在当今自锚式悬索桥的修建中得到了广泛应用。

3. 主缆施工工艺

在自锚式悬索桥中主缆是承受桥梁自重和移动荷载的最主要结构，因此了解主缆的施工工艺对桥梁施工风险分析显得特别重要。

悬索桥主缆架设施工方法一般为预制平行钢丝索股逐根架设法，主要包括以下步骤：架设引导向线、架设猫道、架设基准索股和架设普通索股。在架设基准索股过程中应时刻注意测量基准索股的温度，测量索股几何位置，测量索股锚跨索力，以便使基准索股达到设计的线形。架设好基准索股后，普通索股可按先粗调后精调的方法进行架设。架设完成后，应对紧缆后空缆线形进行测量，并计算确定吊索长度和索夹安装位置。

自锚式悬索桥结构体系和施工过程复杂，且施工过程中影响桥梁结构安全和施工人员生命财产的风险因素众多，并贯穿整个施工过程，有效地对整个施工阶段进行风险识别是对自锚式悬索桥进行风险评估的第一步。运用层次分析法，将桥梁的施工过程划分为若干阶段和层次并分析每一个阶段的风险因素，并加以比较判断，从而形成该阶段各因素的相对重要性，最终得到各因素对整个自锚式悬索桥的风险权重。该方法在自锚式悬索桥的风险识别中方便、简单且易于理解，较容易找到影响桥梁施工安全的各个因素，能够有效解决自锚式悬索桥结构体系和施工阶段复杂的问题。

7.2 基于模糊综合评价法的风险评价

7.2.1 模糊综合评价法定义

模糊数学的概念最早由美国学者扎德提出，他在 1965 年发表了题为"Fuzzy Sets"的论文，该论文奠定了模糊数学及其发展的基础[4,5]。客观事物具有某种不分明性的差异，且没有明确外延的概念但却包含一定的含义，这就是模糊概念。

对于自锚式悬索桥施工的评价，常常涉及很多指标或者多个因素，并不能仅从某个因素或仅考虑某一指标对其评价，而是需要考虑在其施工过程中可能引起风险的各个方面对其进行综合评价，这将提升风险评价工作的全面性和科学性。模糊综合评价法就是一种能对受多因素影响的对象进行综合评价的数学工具。因此，该方法很适合于受到众多潜在风险影响的自锚式悬索桥施工的风险评估。

运用模糊综合法对自锚式悬索桥施工阶段进行评价的主要步骤：结合层次分析法求得全部风险因素的相对重要性，结合有限元分析和数学模型推算各风险因素发生的概率和风险发生后的损失程度，最终得出自锚式悬索桥施工阶段的风险水平。

7.2.2 模糊综合评价法原理

运用模糊综合评价法进行风险评价，一般可按照以下 7 个步骤进行：①建立模糊因素集；②建立模糊评价集；③确定风险因素的隶属度，建立单因素评价矩阵；④建立因素权重集；⑤初级模糊综合评价；⑥多层次模糊综合评价；⑦评

第7章 大跨度自锚式悬索桥施工风险评估

价结果。

1. 建立模糊因素集

影响桥梁施工安全的各种风险因素组成的集合，即为风险因素集。假设风险集 U 中有 n 种风险因素，可表示为

$$U = \{u_1, u_2, \cdots, u_n\} \tag{7.1}$$

式中，元素 $u_i (i=1,2,\cdots,n)$ 代表影响桥梁施工安全的风险因素。这些风险因素一般具有一定的模糊性，因此风险分析时所选取的风险因素应能从某个方面代表施工风险的某种可能性。

2. 建立模糊评价集

自锚式悬索桥施工风险评价中，由可能出现的评价结果所构成的集合就是评价集，一般以程度语言或者取值区间表示各评价等级。评价集可以表示为

$$V = \{v_1, v_2, \cdots, v_n\} \tag{7.2}$$

式中，V 代表评价集；通常用 $v_i (i=1,2,\cdots,n)$ 表示模糊评价标准。

对自锚式悬索桥施工风险进行评估，即分析自锚式悬索桥施工过程中风险因子引发风险事故的概率等级及风险后果损失等级。均采用 5 个等级来表示风险概率等级和风险后果损失等级。

1) 风险可能性的评价集

将风险因素引起风险事件的概率分为五级，一级为概率极高状态，二级为概率较高状态，三级为概率中等状态，四级为概率较低状态，五级为概率极低状态。因此建立风险概率评价集 $V=\{$极高，较高，中等，较低，极低$\}$。风险概率具体等级划分标准见表 7.1。

表 7.1 风险概率等级标准

概率状态	等级	概率区间	定义
极高	一级	$P>10^{-1}$	频频发生
较高	二级	$10^{-1}>P>10^{-2}$	多次发生
中等	三级	$10^{-2}>P>10^{-3}$	有可能会发生
较低	四级	$10^{-3}>P>10^{-6}$	有很低的可能会发生
极低	五级	$P<10^{-6}$	看起来不可能，但仍有可能

2) 风险后果的评价集

同样地，将风险事件发生后引起的后果分为五级，一级为极严重后果，二级

为严重后果，三级为中等后果，四级为较轻后果，五级为可忽略后果。因此建立风险后果损失评价集 $V=\{$极严重，严重，中等，较轻，可忽略$\}$。风险后果具体等级划分标准见表 7.2。

表 7.2 风险后果等级标准

后果描述	等级	定义
极严重	一级	桥梁发生整体破坏、环境污染严重、死亡人数多
严重	二级	主要结构破坏、环境污染中等、个别人员死亡
中等	三级	主要结构破坏、环境污染轻微、少数人重伤
较轻	四级	次要结构损坏、人员轻伤、职业病较少
可忽略	五级	次要结构轻微损坏、基本无人员受伤或患职业病

3. 确定风险因素的隶属度，建立单因素评价矩阵

通常情况下，在模糊集理论中模糊隶属度函数的取值为[0,1]。一般有三种建立模糊隶属度函数的方法，具体如下。

(1) 模糊统计法。在 x 因素的 n 次实验中，用隶属于 B 的次数来表示确定 x 因素对模糊集 B 的隶属度，可以用如下公式表示：

$$x对B的隶属度 = \frac{x \in B 的次数}{n} \quad (7.3)$$

(2) 主观经验法。通过专家学者丰富的经验和深厚的学识对风险作出判断，从而给出风险因素的隶属度数值。

(3) 指派法。根据桥梁施工风险的性质，使用典型函数作为隶属函数。常用的隶属度函数形式有抛物型分布、三角形分布、梯形分布、岭型分布、正态型分布等。

单因素模糊评价就是仅考虑某个风险因素，并通过某种隶属度函数求得该风险因素对评价目标的隶属度。

假设对评价目标中第 i 个因素 $u_i(i=1,2,\cdots,n)$ 进行评价，评价集中第 j 个元素 V_j 的隶属度为 r_{ij}，则第 i 个元素 $u_i(i=1,2,\cdots,n)$ 评价的结果，用模糊集合表示为 $R_i = \{r_{i1}, r_{i2}, \cdots, r_{in}\}$，由各基本风险因素评价集的隶属度所组成的矩阵为单因素矩阵：

$$\boldsymbol{R} = \begin{bmatrix} R_1 \\ R_2 \\ \vdots \\ R_m \end{bmatrix} = \begin{bmatrix} r_{11} & r_{12} & \cdots & r_{1n} \\ r_{21} & r_{22} & \cdots & r_{2n} \\ \vdots & \vdots & & \vdots \\ r_{m1} & r_{m2} & \cdots & r_{mn} \end{bmatrix} \quad (7.4)$$

4. 建立因素权重集

通常情况下，不同风险因素对评价目标即桥梁施工风险的影响程度不同。为更好地反映不同因素对目标结果的影响，结合层次分析法得出各风险因素对目标的相对重要程度，并根据各因素 $u_i(i=1,2,\cdots,n)$ 的相对重要程度得到权重向量 $w_i(i=1,2,\cdots,n)$。风险因素权重集 $W=\{w_1,w_2,\cdots,w_n\}$ 就是由这些权重向量组成。权重集反映了各风险因素对风险目标影响程度大小的数值量化。

一般情况下，各风险权重数 $w_i(i=1,2,\cdots,n)$ 必须满足非负性条件和归一性，即：

$$\sum_{i=1}^{n} w_i = 1; \quad w_i \geqslant 0 \quad (i=1,2,\cdots,n) \tag{7.5}$$

5. 初级模糊综合评价

要得出全部风险因素对风险目标的综合影响，以达到桥梁施工风险评价的目的，仅考虑某一个基本风险因素对风险目标的影响显然是不够的。因此需要对各层次进行初级模糊综合评价，即自下而上逐层得出下一层风险因素对上一层因素的评价结果。

从单因素评价矩阵 $\boldsymbol{R}$ 可以看出，$\boldsymbol{R}$ 的第 i 行反映第 i 个风险因素对风险目标评价等级的隶属度。$\boldsymbol{R}$ 的各项乘以相应的因素权重 $w_i(i=1,2,\cdots,n)$，则可以反映所有风险因素的综合影响。初级模糊综合评价表示为

$$B = W \times \boldsymbol{R} = (w_1, w_2, \cdots, w_n) \times \begin{bmatrix} r_{11} & \cdots & r_{1n} \\ \vdots & \ddots & \vdots \\ r_{m1} & \cdots & r_{mn} \end{bmatrix} = (b_1, b_2, \cdots, b_n) \tag{7.6}$$

式中，B 为模糊综合评价集；$b_j(j=1,2,\cdots,n)$ 为模糊综合评价指标，简称评价指标，是指仅考虑上一层风险因素的基本影响时，第 j 个元素对评价对象的隶属度。

6. 多层次模糊综合评价

桥梁施工风险评价中，只通过初级模糊综合评价，依然无法得到各风险因素影响下分析对象的风险等级，它仅得到上一层风险因素对目标备择集的第 j 个元素的隶属度。为进一步得出桥梁施工风险等级，应继续将上一层次全部风险因素对目标备择集的隶属度形成新的矩阵 $\boldsymbol{R}$，再将 $\boldsymbol{R}$ 的各行元素乘以相应元素的权重向量 $w_i(i=1,2,\cdots,n)$，便得到该层次风险因素的模糊综合评价指标。

7. 评价结果

在得到评价指标 $b_j(j=1,2,\cdots,n)$ 后，通常采用最大隶属度法确定评价结果。最大隶属度原则：设 $A_i \in F(U)(i=1,2,\cdots,n)$，对 $u_0 \in U$，若存在 i_0 使

$A_{i_0}(u_0) = \max\{A_1(u_0), A_2(u_0), \cdots, A_n(u_0)\}$，则认为 u_0 相对地隶属于 A_i。

大跨度自锚式悬索桥施工风险评估流程如图 7.1 所示。

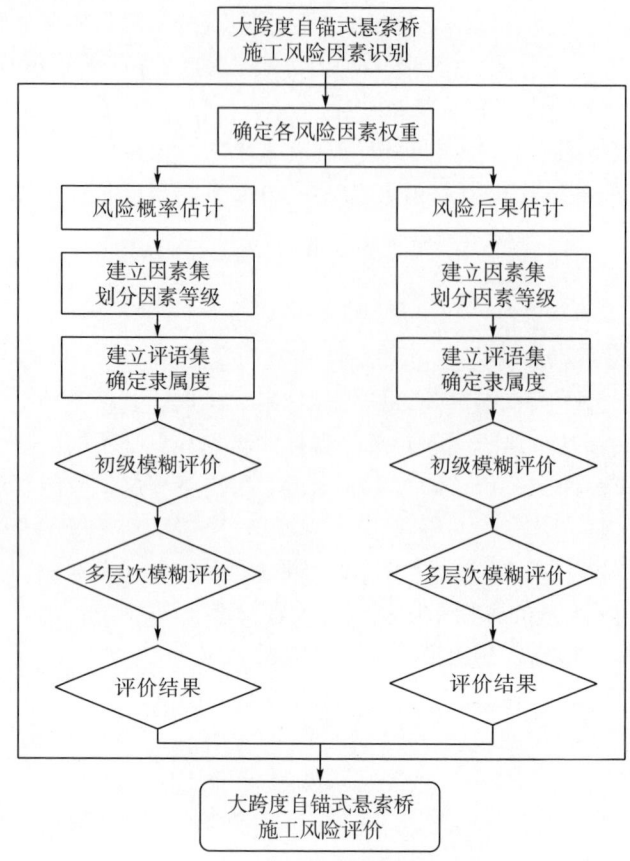

图 7.1　大跨度自锚式悬索桥施工风险评估流程

7.3　基于 ALARP 准则的风险决策

7.3.1　桥梁施工风险接受准则

桥梁施工风险接受准则是指在桥梁施工期间施工行为所造成的不良影响的接受水平，其反映项目管理者、社会、环境等主体对施工行为危险的接受程度[6-10]。桥梁施工风险评价、风险应对及决策等都需要依靠风险接受准则提供依据。根据不同的风险主体，风险接受准则可分为以下三类：社会风险接受准则、个人风险接受准则和环境风险接受准则。

1. 社会风险接受准则

桥梁施工中的社会风险主要表示桥梁施工行为所引起的工程事故，造成了严重影响，通常该类工程事故会引起社会的广泛关注，且社会影响恶劣。在桥梁施工中一般将事故中业主、施工方以及第三方统一为一个有机整体来承担风险后果。工程应用中通常有以下几种方法确定社会风险接受准则：风险矩阵法、最低合理可行(as low as reasonably practicable，ALARP)准则、潜在生命损失(potential loss of life，PLL)值、AFP(associate financial planner)值、社会风险曲线等。

2. 个人风险接受准则

桥梁施工中的个人风险一般指桥梁施工工作人员在桥梁施工现场工作或者生活过程中未采取安全措施的情况下遭受与施工行为相关的危害的频率。个人风险受到个人行为和主观性的高度支配，它在很大程度上受主观偏好影响。根据从事的施工活动特性和危险性，可将个人风险分为：非自愿的个人风险和自愿的个人风险。确定个人风险接受准则的方法有：ALARP 准则、AFR(annual failure rate，年不良率)值、AI(aggregated indicator，聚合指数)值、风险矩阵法、AIR(average individual risk，平均个人风险)值等。

3. 环境风险接受准则

桥梁施工中的环境风险与社会风险和个人风险相比具有一定的特殊性，这主要是因为桥梁施工活动存在于自然环境中，各种施工行为都可能会影响环境，如施工现场火灾、施工噪声、固体垃圾随意堆放等都会造成环境污染。

7.3.2 ALARP 准则

目前的桥梁工程风险接受准则普遍采用 ALARP 准则，该准则于 1999 年由英国国家健康和安全委员会提出。其含义是指任何桥梁工程活动都是存在风险的但其又无法采取预防措施完全消除，因此必须在风险水平和收益间做出平衡。

桥梁施工风险评价中运用 ALARP 准则的一般操作步骤为：首先明确风险承担者关于施工风险的接受标准，然后分析求得效用函数代表值，并根据其代表值确定合理的风险水平，同时确定基本的风险对策。根据确定的风险不可接受水平标准和风险可接受水平标准将整个桥梁施工风险域划分为风险可忽略区域(risk tolerable)、合理控制区域(ALARP)以及风险不可接受区域(risk unacceptable)。当风险处于可忽略区域时，表示其风险远低于可接受风险水平，不用采用任何措施，完全可以接受。当风险处于合理控制区域时，表示风险水平可以容忍但应以合理的成本降低风险。当风险处于不可接受区域时，表示风险水平过高无法接受，必须采取应对措施降低风险或直接放弃工程项目。具体风险区间如图 7.2 所示。

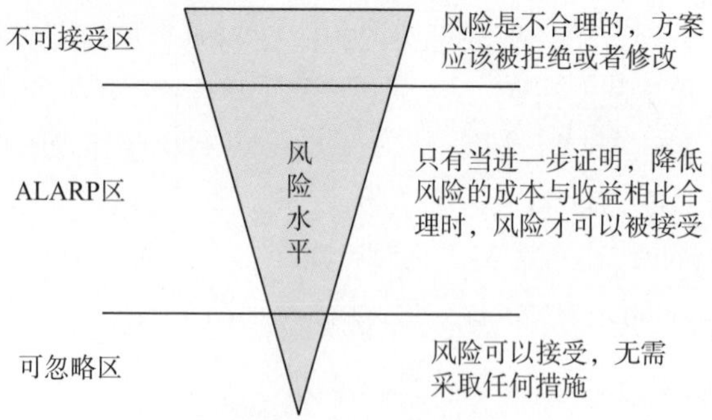

图 7.2 ALARP 准则

7.3.3 风险矩阵及风险应对策略

桥梁施工风险决策中将风险矩阵同 ALARP 准则结合在一起，结果清晰明了，有助于表明决策者对桥梁施工风险的态度和采取相应的风险应对策略。参考国际隧道协会颁布的《隧道风险管理指南》并根据相关研究成果，建立桥梁风险评估矩阵(表 7.3)和相应的对策(表 7.4)[9-15]。

表 7.3 风险评估矩阵

概率	损失				
	1	2	3	4	5
1	可忽略区	可忽略区	可接受区	可接受区	ALARP 区
2	可忽略区	可忽略区	可接受区	ALARP 区	ALARP 区
3	可接受区	可接受区	ALARP 区	ALARP 区	不可接受区
4	可接受区	ALARP 区	ALARP 区	不可接受区	不可接受区
5	ALARP 区	ALARP 区	不可接受区	不可接受区	不可接受区

表 7.4 基本风险对策

等级	风险损失描述	风险管理策略
不可接受	施工风险太大，无论采用何种措施或者付出多大代价，都必须降低风险，或者直接放弃项目	风险回避、风险转移
控制区	施工风险较大，但依然在可控制范围以内，当采用的风险应对策略所付出的成本低于其所能取得的效益时，应该采取措施，以降低施工风险	风险控制、风险缓解
可接受	施工风险较低，风险不可以无视，在整个施工过程中应时刻注意监控这类风险，但无须即采取相关措施	风险储备、超额保险
可忽略	施工过程中可以完全不考虑这类风险	风险自留

7.4 天河大桥施工风险识别

天河大桥总长3823m，其中桥梁长2794m，接线长1029m[16]。天河大桥主桥为40m+100m+266m+100m+40m=546m双塔空间索面自锚式悬索桥，其中边主跨比为1/2.66，矢跨比为1/5。塔为混凝土结构，横向采用仿埃菲尔铁塔轮廓的造型，在传统的直线型塔柱的基础上赋予一定的曲线要素和动感，形似"人"字，寓意"天人合一"。塔柱为变截面箱形断面，索塔高度82m，其中桥面以上塔高69m。桥塔截面纵向尺寸31.5m以上为6.5m，31.5m以下由6.5m渐变至10.5m；横桥向自索塔根部至上横梁交接处由5.5m渐变至3m。自锚式悬索桥全桥宽为27.5m，其加劲梁采用钢-混凝土组合梁，为纵、横梁体系，2根箱形纵系梁，梁高2.75m，宽2m。全桥共设两根主缆，由35×127×5.1的镀锌高强钢丝组成正六边形。其总体布置如图7.3所示，横断面和实图如图7.4和图7.5所示。

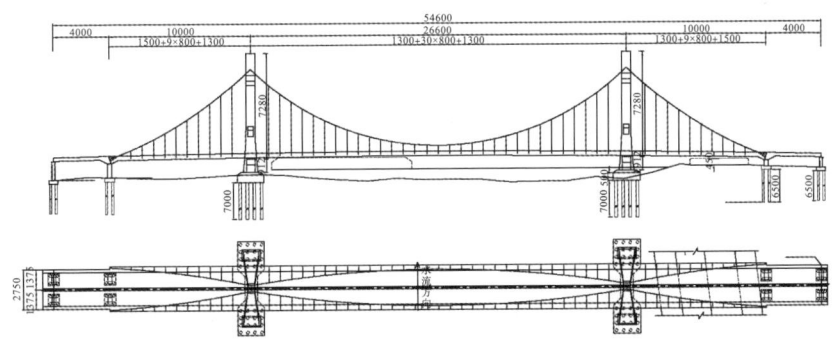

图7.3 天河大桥整体布置图

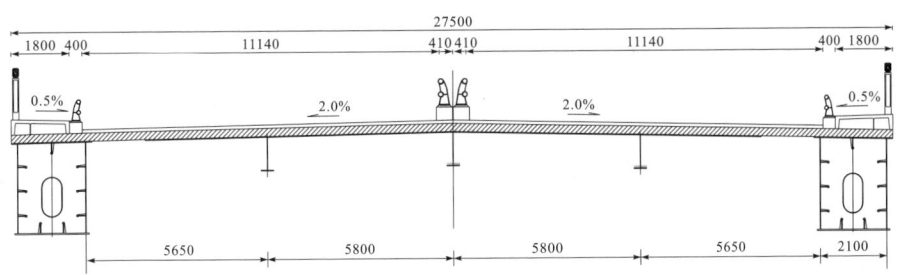

图7.4 桥梁的横断面图

图 7.5　天河大桥实桥图

主要技术指标如下：
(1)道路等级：城市主干路Ⅰ级。
(2)设计车速：60km/h。
(3)车道宽度：四车道：2×3.75m＝7.5m，路缘带宽度取用 0.5m，半幅机动车道宽度 8.5m。
(4)非机动车道宽度：2m。
(5)人行道宽度：全桥单侧人行道宽度 2.25m(含栏杆)。
(6)荷载标准：城-A 级；路面结构计算荷载：BZZ-100 型标准车；人群荷载：按《城市桥梁设计规范》(CJJ 11—2011)取用。
(7)抗震设防标准：地震动峰值加速度 0.2g(基本烈度 8 度)，主桥抗震设防类别 A 类，引桥抗震设防类别 B 类，场地类别为Ⅲ类。
(8)设计洪水频率：路基采用 1/100；桥涵采用 1/300，设计水位为 135.52m。
(9)环境类别：Ⅱ类。
(10)桥梁结构安全等级：一级。
(11)桥梁设计基准期：100 年。

7.4.1　构建风险层次模型

天河大桥为大跨度自锚式悬索桥，由缆索体系(主缆、吊索)、主塔和主梁组成，若将结构各部分的全部风险源识别出来必将是一个巨大的工程，因此根据大跨度自锚式悬索桥自身结构特点、桥梁所处环境及施工条件，结合以往类似桥梁的施工经验，将大桥系统分为缆索体系、主塔、主梁三个子系统，并结合有关专家意见，找出影响桥梁施工安全的主要风险源。天河大桥施工风险层次图如图 7.6～图 7.9 所示。

第 7 章　大跨度自锚式悬索桥施工风险评估

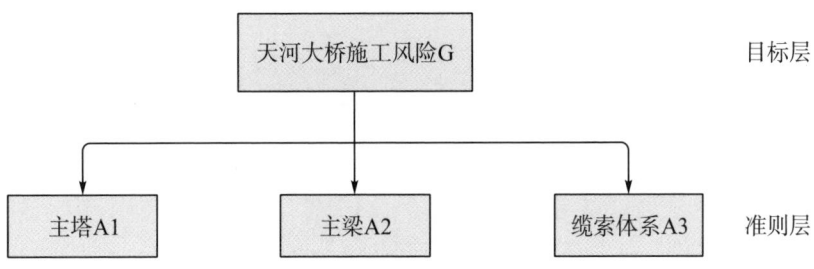

图 7.6　天河大桥施工风险总层次模型

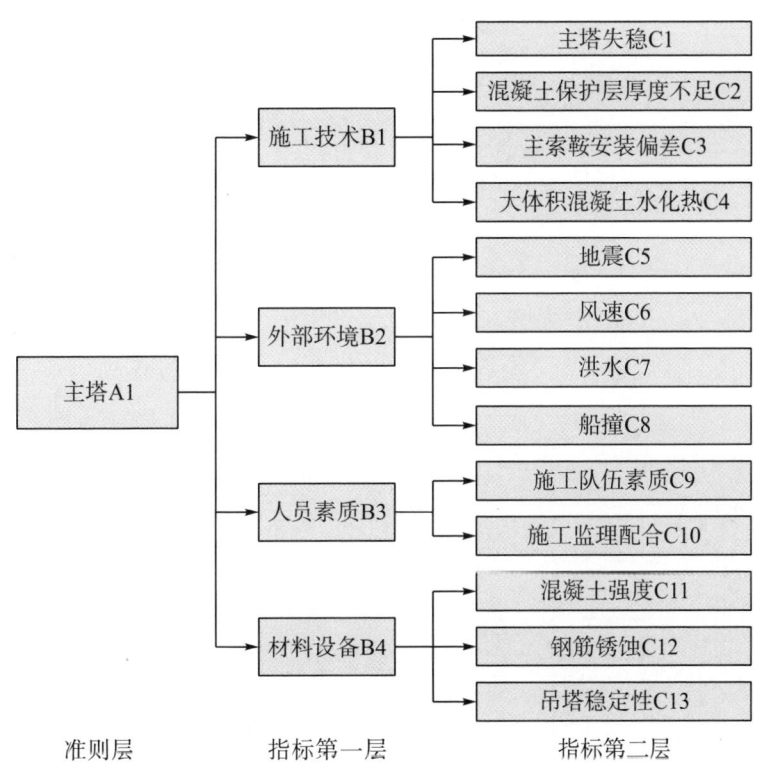

图 7.7　天河大桥主塔施工风险层次模型

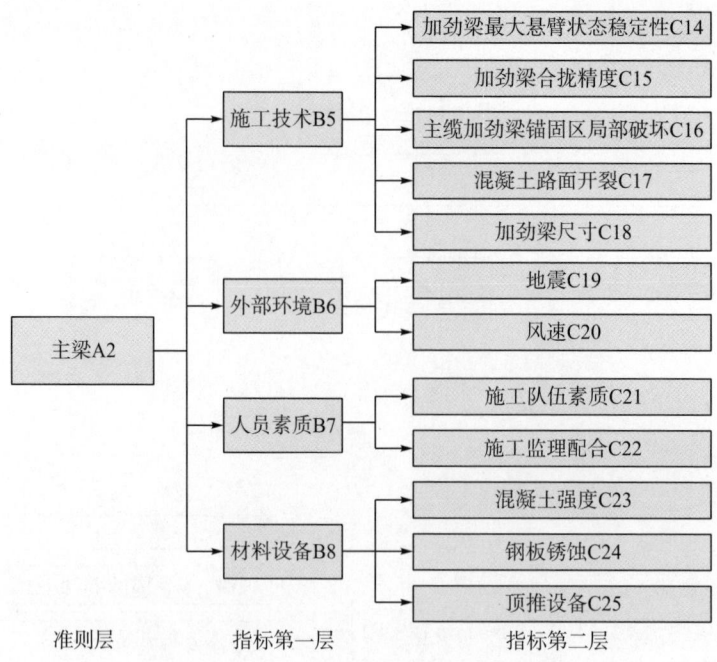

图 7.8 天河大桥主梁施工风险层次模型

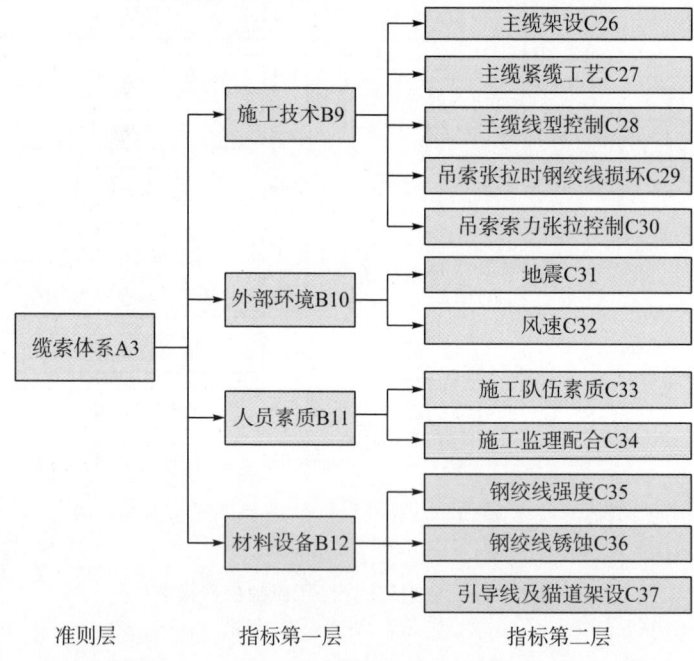

图 7.9 天河大桥缆索体系施工风险层次模型

7.4.2 风险权重排序

根据两两比较重要性评分原则,邀请 10 名专家,其中包括高校从事相关工作的教授、该桥的设计人员、施工单位从事该桥梁施工管理的人员,通过专家打分或者调查问卷的方法,将同一层次的风险因素项目对比判断,统计后建立判断矩阵。运用上一章的层次风险法求得权重,并编写 MATLAB 程序,可求得各风险因素权重。首先,两两对比准则层 A 各元素相对于目标层 G 的重要性,从而得出判断矩阵,利用方根法计算权重值,并检验其一致性(表 7.5 和表 7.6)。

表 7.5 G-A 判断矩阵

G	A1	A2	A3
A1	1	1/3	1/2
A2	3	1	1
A3	2	1	1

表 7.6 G-A 权重向量计算表

G-A 判断矩阵				各行元素乘积	各行元素积 n 次方根	归一化处理
G	A1	A2	A3	$M_i = \prod_{j=1}^{n} a_{ij}$	$\overline{W}_i = \sqrt[n]{M_i}$	$W_i = \overline{W}_i \bigg/ \sum_{j=1}^{n} \overline{W}_j$
A1	1	1/3	1/2	0.1667	0.5503	0.1692
A2	3	1	1	3.0000	1.4422	0.4434
A3	2	1	1	2.0000	1.2599	0.3874

注:n 为判断矩阵阶数;a_{ij} 为判断矩阵元素;W_i 为权重向量第 i 个元素,则权重向量 W=(0.1692, 0.4434, 0.3874)。

一致性检验过程如下。
(1)计算最大特征值根 $\lambda_{\max}$:

$$A \cdot W_A = \begin{pmatrix} 1 & 1/3 & 1/2 \\ 3 & 1 & 1 \\ 2 & 1 & 1 \end{pmatrix} \cdot \begin{pmatrix} 0.1692 \\ 0.4434 \\ 0.3874 \end{pmatrix} = \begin{pmatrix} 0.5107 \\ 1.3384 \\ 1.1692 \end{pmatrix}$$

$$\lambda_{\max} = \sum_{i=1}^{n} \frac{(A \cdot W_A)_i}{n \cdot W_{Ai}} = \frac{1}{3} \times \left(\frac{0.5107}{0.1692} + \frac{1.3384}{0.4434} + \frac{1.1692}{0.3874} \right) = 3.0183$$

(2)一致性检验:

$$CI = \frac{\lambda_{\max} - n}{n - 1} = \frac{3.0183 - 3}{2} = 0.00915$$

$CR = CI/RI = 0.0177 < 0.1$，满足一致性检验。

同理，依此步骤，求得天河大桥主塔施工风险各因素对主塔施工的相对权重，见表 7.7～表 7.11。

表 7.7　天河大桥主塔施工风险权重表

A1-B1～4	B1	B2	B3	B4	W_{Bi}
B1	1	3	4	2	0.4846
B2	1/3	1	1	1	0.1663
B3	1/4	1	1	2	0.1302
B4	1/2	1	2	1	0.2189

注：一次性检验指标 CI=0.015，一次性检验比率 CR=0.017＜0.1。

表 7.8　主塔 B1-C1～4 施工风险权重表

B1-C1～4	C1	C2	C3	C4	W_{Ci}
C1	1	2	7	3	0.5144
C2	1/2	1	3	1	0.2236
C3	1/7	1/3	1	1/2	0.0794
C4	1/3	1	2	1	0.1826

注：一次性检验指标 CI=0.008，一次性检验比率 CR=0.009＜0.1。

表 7.9　主塔 B2-C5～8 施工风险权重表

B2-C5～8	C5	C6	C7	C8	W_{Ci}
C5	1	3	2	2	0.4231
C6	1/3	1	1/2	1/2	0.1222
C7	1/2	2	1	1	0.2274
C8	1/2	2	1	1	0.2274

注：一次性检验指标 CI=0.003，一次性检验比率 CR=0.004＜0.1。

表 7.10　主塔 B3-C9~10 施工风险权重表

B3-C9～10	C9	C10	W_{Ci}
C9	1	5	0.833
C10	1/5	1	0.167

注：一次性检验指标 CI=0，一次性检验比率 CR=0＜0.1。

第7章 大跨度自锚式悬索桥施工风险评估

表 7.11 主塔 B4-C11~13 施工风险权重表

B4-C11~13	C11	C12	C13	W_{Ci}
C11	1	1	3	0.4286
C12	1	1	3	0.4286
C13	1/3	1/3	1	0.1429

注：一次性检验指标 CI=0，一次性检验比率 CR=0＜0.1。

(3) 各风险因素对主塔施工风险的相对权重见表 7.12。

表 7.12 主塔施工风险因素权重计算表

风险类别	B1 0.4846	B2 0.1663	B3 0.1302	B4 0.2189	指标层权重总排序
C1	0.5144				0.2493
C2	0.2236				0.1084
C3	0.0794				0.0385
C4	0.1826				0.0885
C5		0.4231			0.0704
C6		0.1222			0.0203
C7		0.2274			0.0378
C8		0.2274			0.0378
C9			0.833		0.1085
C10			0.167		0.0217
C11				0.4286	0.0938
C12				0.4286	0.0938
C13				0.1429	0.0313

同理，运用上述计算主塔施工风险因素权重的方法，得到天河大桥主梁及缆索体系施工风险因素权重表，见表 7.13 及表 7.14。

表 7.13 主梁施工风险因素权重计算表

风险类别	— 0.5835	B6 0.0996	B7 0.1097	B8 0.2072	指标层权重总排序
C14	0.3833				0.2237
C15	0.2106				0.1229
C16	0.1208				0.0705
C17	0.1168				0.0682
C18	0.1685				0.0983

续表

风险类别	B5 0.5835	B6 0.0996	B7 0.1097	B8 0.2072	指标层权重总排序
C19		0.25			0.0249
C20		0.75			0.0747
C21			0.75		0.0823
C22			0.25		0.0274
C23				0.4286	0.0888
C24				0.4286	0.0888
C25				0.1429	0.0296

表 7.14 缆索体系施工风险因素权重计算表

风险类别	B9 0.4630	B10 0.1356	B11 0.1383	B12 0.2631	指标层权重总排序
C26	0.1762				0.0816
C27	0.1274				0.0590
C28	0.4447				0.2059
C29	0.1166				0.0540
C30	0.2082				0.0964
C31		0.1180			0.0160
C32		0.5870			0.0796
C33			0.6414		0.0887
C34			0.2140		0.0296
C35				0.6312	0.1661
C36				0.2263	0.0595
C37				0.1425	0.0375

求得各风险因素对天河大桥施工风险总权重值，并对其进行排序，结果见表 7.15 及表 7.16。

表 7.15 天河大桥施工风险权重计算表

指标层 B	准则层 A	A1	A2	A3	综合权重
	指标层 C	0.1692	0.4434	0.3874	
B1	C1	0.2493			0.0422
	C2	0.1084			0.0183
	C3	0.0385			0.0065
	C4	0.0885			0.0150

续表

指标层 B	准则层 A	A1	A2	A3	综合权重
	指标层 C	0.1692	0.4434	0.3874	
B2	C5	0.0704			0.0119
	C6	0.0203			0.0034
	C7	0.0378			0.0064
	C8	0.0378			0.0064
B3	C9	0.1085			0.0184
	C10	0.0217			0.0037
B4	C11	0.0938			0.0159
	C12	0.0938			0.0159
	C13	0.0313			0.0053
B5	C14		0.2237		0.0992
	C15		0.1229		0.0545
	C16		0.0705		0.0313
	C17		0.0682		0.0302
	C18		0.0983		0.0436
B6	C19		0.0249		0.0110
	C20		0.0747		0.0331
B7	C21		0.0823		0.0365
	C22		0.0274		0.0122
B8	C23		0.0888		0.0394
	C24		0.0888		0.0394
	C25		0.0296		0.0131
B9	C26			0.0816	0.0316
	C27			0.0590	0.0229
	C28			0.2059	0.0797
	C29			0.0540	0.0209
	C30			0.0964	0.0373
B10	C31			0.0160	0.0062
	C32			0.0796	0.0309
B11	C33			0.0887	0.0344
	C34			0.0296	0.0115
B12	C35			0.1661	0.0643
	C36			0.0595	0.0231
	C37			0.0375	0.0145

表 7.16　天河大桥施工风险因素排序表

序号	风险因素	综合权重
1	C14 加劲梁最大悬臂状态稳定性	0.0992
2	C28 主缆线型控制	0.0797
3	C35 钢绞线强度	0.0643
4	C15 加劲梁合龙精度	0.0545
5	C18 加劲梁尺寸	0.0436
6	C1 主塔失稳	0.0422
7	C23 主梁混凝土强度	0.0394
8	C24 钢板锈蚀	0.0394
9	C30 吊索索力张拉控制	0.0373
10	C21 主梁施工队伍素质	0.0365
11	C33 缆索体系施工队伍素质	0.0344
12	C20 主梁施工时风速	0.0331
13	C26 主缆架设	0.0316
14	C16 主缆加劲梁锚固区局部破坏	0.0313
15	C32 缆索体系施工时风速	0.0309
16	C17 混凝土路面开裂	0.0302
17	C36 钢绞线锈蚀	0.0231
18	C27 主缆紧缆工艺	0.0229
19	C29 吊索张拉时钢绞线损坏	0.0209
20	C9 主塔施工队伍素质	0.0184
21	C2 混凝土保护层厚度不足	0.0183
22	C11 主塔混凝土强度	0.0159
23	C12 主塔钢筋锈蚀	0.0159
24	C4 大体积混凝土水化热	0.0150
25	C37 引导线及猫道架设	0.0145
26	C25 顶推设备	0.0131
27	C22 主梁施工监理配合	0.0122
28	C5 主塔施工时地震	0.0119
29	C34 缆索体系施工监理配合	0.0115
30	C19 主梁施工时地震	0.0110
31	C3 主索鞍安装偏差	0.0065
32	C7 主塔施工时洪水	0.0064
33	C8 主塔施工时船撞	0.0064
34	C31 缆索体系施工时地震	0.0062
35	C13 吊塔稳定性	0.0053
36	C10 主塔施工监理配合	0.0037
37	C6 主塔施工时风速	0.0034

7.5 天河大桥施工风险评估

将根据风险识别所筛选确定的主塔施工、主梁施工以及缆索体系施工的风险因素作为模糊综合评价的因素集,分别记为:$U_塔 = \{C1,C2,\cdots,C13\}$,$U_梁 = \{C14,C15,\cdots,C25\}$,$U_{缆索} = \{C26,C27,\cdots,C37\}$。

根据风险概率及后果模糊评判集分别建立天河大桥施工风险概率和后果的综合评价的评判集,分别记为:$V_{概率}$={极低,较低,中等,较高,极高},$V_{后果}$={可忽略,较轻,中等,严重,极严重}。

根据确定的风险因素,参考天河大桥主塔、主梁及缆索体系施工现场环境及条件的具体调查,邀请10名专家对该桥主塔、主梁和缆索体系施工中的各风险因素发生的概率和后果进行估计,统计见表7.17~表7.20。

表7.17 天河大桥主梁施工风险因素等级调查表

风险事态	风险因素	风险发生概率等级					风险损失等级				
		极低	较低	中等	较高	极高	可忽略	较轻	中等	严重	极严重
施工技术风险	加劲梁最大悬臂状态稳定性		2	6	2				6	2	2
	加劲梁合龙精度		4	4	2			3	5	2	
	主缆加劲梁锚固区局部破坏	2	5	3				3	4	3	
	混凝土路面开裂	4	4	2			5	3	2		
	加劲梁尺寸		3	6	1			5	4	1	
外部环境风险	地震	9	1							2	7
	风速		4	4	2		3	4	3		
人员素质风险	施工队伍素质		3	6	1			7	2	1	
	施工监理配合	1	4	5				6	3	1	
材料设备风险	混凝土强度	6	4						4	6	
	钢板锈蚀	5	4	1				5	4		
	顶推设备		5	3	2		4	5	1		

表7.18 天河大桥主塔施工风险因素等级隶属表

风险事态	风险因素	风险发生概率等级					风险损失等级				
		极低	较低	中等	较高	极高	可忽略	较轻	中等	严重	极严重
施工技术风险	主塔失稳	0.4	0.5	0.1				0.3	0.4	0.2	0.1
	混凝土保护层厚度不足		0.6	0.4			0.1	0.4	0.5		
	主索鞍安装偏差	0.2	0.7	0.1				0.3	0.6	0.1	
	大体积混凝土水化热		0.2	0.6	0.2		0.1	0.5	0.4		

续表

风险事态	风险因素	风险发生概率等级					风险损失等级				
		极低	较低	中等	较高	极高	可忽略	较轻	中等	严重	极严重
外部环境风险	地震	0.9	0.1							0.4	0.6
	风速		0.5	0.4	0.1		0.4	0.3	0.3		
	洪水		0.7	0.3			0.3	0.5	0.1	0.1	
	船撞	0.1	0.6	0.3				0.2	0.5	0.2	0.1
人员素质风险	施工队伍素质		0.3	0.6	0.1			0.7	0.2	0.1	
	施工监理配合	0.1	0.4	0.5				0.6	0.3	0.1	
材料设备风险	混凝土强度	0.6	0.4					0.3	0.4	0.2	0.1
	钢筋锈蚀	0.5	0.4	0.1				0.5	0.3	0.2	
	吊塔稳定性		0.5	0.3	0.2		0.4	0.6			

表 7.19 天河大桥主梁施工风险因素等级隶属表

风险事态	风险因素	风险发生概率等级					风险损失等级				
		极低	较低	中等	较高	极高	可忽略	较轻	中等	严重	极严重
施工技术风险	加劲梁最大悬臂状态稳定性		0.2	0.6	0.2				0.6	0.2	0.2
	加劲梁合龙精度		0.4	0.4	0.2			0.2	0.5	0.2	0.1
	主缆加劲梁锚固区局部破坏	0.2	0.5	0.3				0.3	0.4	0.3	
	混凝土路面开裂		0.4	0.2	0.2	0.2	0.2	0.3	0.5		
	加劲梁尺寸		0.3	0.6	0.1			0.3	0.6	0.1	
外部环境风险	地震	0.9	0.1						0.2	0.7	
	风速		0.3	0.4	0.3			0.2	0.3	0.5	
人员素质风险	施工队伍素质		0.3	0.6	0.1			0.2	0.3	0.4	0.1
	施工监理配合	0.1	0.4	0.5				0.6	0.3	0.1	
材料设备风险	混凝土强度	0.6	0.4					0.3	0.4	0.4	
	钢板锈蚀	0.5	0.4	0.1				0.2	0.5	0.3	
	顶推设备		0.5	0.3	0.2			0.5	0.4	0.1	

表 7.20 天河大桥缆索体系施工风险因素等级隶属表

风险事态	风险因素	风险发生概率等级					风险损失等级				
		极低	较低	中等	较高	极高	可忽略	较轻	中等	严重	极严重
施工技术风险	主缆架设	0.4	0.4	0.3				0.2	0.3	0.4	0.1
	主缆紧缆工艺	0.5	0.5					0.2	0.6	0.2	
	主缆线型控制	0.3	0.5	0.2				0.3	0.4	0.3	
	吊索张拉时钢绞线损坏	0.3	0.5	0.1	0.1			0.3	0.6	0.1	
	吊索索力张拉控制	0.2	0.5	0.3				0.1	0.5	0.4	

续表

风险事态	风险因素	风险发生概率等级					风险损失等级				
		极低	较低	中等	较高	极高	可忽略	较轻	中等	严重	极严重
外部环境风险	地震	0.9	0.1							0.2	0.7
	风速		0.3	0.4	0.3		0.2	0.3	0.5		
人员素质风险	施工队伍素质		0.3	0.6	0.1		0.2	0.3	0.4	0.1	
	施工监理配合	0.1	0.4	0.5			0.6	0.3	0.1		
材料设备风险	钢绞线强度	0.6	0.4				0.3	0.4	0.2	0.1	
	钢绞线锈蚀	0.5	0.4	0.1				0.2	0.5	0.3	
	引导线及猫道架设		0.5	0.3	0.2		0.5	0.4	0.1		

1. 主塔施工风险等级评价

1) 主塔施工风险概率等级评价

构造主塔施工中指标第二层每类风险发生概率的模糊矩阵 R_i，分别为

$$R_1 = \begin{bmatrix} 0.4 & 0.5 & 0.1 & 0 & 0 \\ 0 & 0.6 & 0.4 & 0 & 0 \\ 0.2 & 0.7 & 0.1 & 0 & 0 \\ 0 & 0.2 & 0.6 & 0.2 & 0 \end{bmatrix}, \quad R_2 = \begin{bmatrix} 0.9 & 0.1 & 0 & 0 & 0 \\ 0 & 0.5 & 0.4 & 0.1 & 0 \\ 0 & 0.7 & 0.3 & 0 & 0 \\ 0.1 & 0.6 & 0.3 & 0 & 0 \end{bmatrix}$$

$$R_3 = \begin{bmatrix} 0 & 0.3 & 0.6 & 0.1 & 0 \\ 0.1 & 0.4 & 0.5 & 0 & 0 \end{bmatrix}, \quad R_4 = \begin{bmatrix} 0.6 & 0.4 & 0 & 0 & 0 \\ 0.5 & 0.4 & 0.1 & 0 & 0 \\ 0 & 0.5 & 0.3 & 0.2 & 0 \end{bmatrix}$$

求得主塔施工各个风险因素的权重向量，则有

$$B_1 = W_1 \times R_1 = \begin{bmatrix} 0.5144 & 0.2236 & 0.0794 & 0.1826 \end{bmatrix} \times \begin{bmatrix} 0.4 & 0.5 & 0.1 & 0 & 0 \\ 0 & 0.6 & 0.4 & 0 & 0 \\ 0.2 & 0.7 & 0.1 & 0 & 0 \\ 0 & 0.2 & 0.6 & 0.2 & 0 \end{bmatrix}$$

$$= \begin{bmatrix} 0.2216 & 0.4835 & 0.2584 & 0.0365 & 0 \end{bmatrix}$$

$$B_2 = W_2 \times R_2 = \begin{bmatrix} 0.4231 & 0.1222 & 0.2274 & 0.2274 \end{bmatrix} \times \begin{bmatrix} 0.9 & 0.1 & 0 & 0 & 0 \\ 0 & 0.5 & 0.4 & 0.1 & 0 \\ 0 & 0.7 & 0.3 & 0 & 0 \\ 0.1 & 0.6 & 0.3 & 0 & 0 \end{bmatrix}$$

$$= \begin{bmatrix} 0.4035 & 0.3990 & 0.1853 & 0.0122 & 0 \end{bmatrix}$$

$$B_3 = W_3 \times R_3 = \begin{bmatrix} 0.833 & 0.167 \end{bmatrix} \times \begin{bmatrix} 0 & 0.3 & 0.6 & 0.1 & 0 \\ 0.1 & 0.4 & 0.5 & 0 & 0 \end{bmatrix}$$

$$= \begin{bmatrix} 0.0167 & 0.3167 & 0.5833 & 0.0833 & 0 \end{bmatrix}$$

$$B_4 = W_4 \times R_4 = \begin{bmatrix} 0.4286 & 0.4286 & 0.1429 \end{bmatrix} \times \begin{bmatrix} 0.6 & 0.4 & 0 & 0 & 0 \\ 0.5 & 0.4 & 0.1 & 0 & 0 \\ 0 & 0.5 & 0.3 & 0.2 & 0 \end{bmatrix}$$

$$= \begin{bmatrix} 0.4715 & 0.4143 & 0.0857 & 0.0286 & 0 \end{bmatrix}$$

将向量 $B_1 \sim B_4$ 作为主塔施工风险的第一层模糊关系矩阵 R_A：

$$R_A = \begin{bmatrix} 0.2216 & 0.4835 & 0.2584 & 0.0365 & 0 \\ 0.4035 & 0.3990 & 0.1853 & 0.0122 & 0 \\ 0.0167 & 0.3167 & 0.5833 & 0.0833 & 0 \\ 0.4715 & 0.4143 & 0.0857 & 0.0286 & 0 \end{bmatrix}$$

然后计算主塔施工风险事态发生概率等级向量 $B_{塔}$：

$$B_{塔} = W \times R_A = \begin{bmatrix} 0.4846 & 0.1663 & 0.1302 & 0.2189 \end{bmatrix}$$

$$\times \begin{bmatrix} 0.2216 & 0.4835 & 0.2584 & 0.0365 & 0 \\ 0.4035 & 0.3990 & 0.1853 & 0.0122 & 0 \\ 0.0167 & 0.3167 & 0.5833 & 0.0833 & 0 \\ 0.4715 & 0.4143 & 0.0857 & 0.0286 & 0 \end{bmatrix}$$

$$= \begin{bmatrix} 0.2799 & 0.4326 & 0.2507 & 0.0535 & 0 \end{bmatrix}$$

由最大隶属度原则得到天河大桥主塔施工风险概率等级为二级：较低。

2) 主塔施工风险后果评价

同理，即可计算主塔施工风险后果等级向量 $B_{塔}$：

$$B_{塔} = W \times R_A = \begin{bmatrix} 0.4846 & 0.1663 & 0.1302 & 0.2189 \end{bmatrix}$$

$$\times \begin{bmatrix} 0.2866 & 0.3885 & 0.1370 & 0.1365 & 0.0514 \\ 0.2035 & 0.1990 & 0.1453 & 0.1756 & 0.2766 \\ 0.0267 & 0.5167 & 0.3833 & 0.0733 & 0 \\ 0.2615 & 0.3770 & 0.1857 & 0.1286 & 0.0472 \end{bmatrix}$$

$$= \begin{bmatrix} 0.2334 & 0.3712 & 0.1811 & 0.1330 & 0.0812 \end{bmatrix}$$

由最大隶属度原则得到天河大桥主塔施工风险后果等级为二级：较低。

2. 主梁施工风险等级评价

根据天河大桥主塔施工风险概率等级和风险后果等级的计算方法，可得到主梁施工风险概率等级及风险后果等级。

1) 主梁施工风险概率等级

$$B_{梁}=W \times R_A=[0.5835 \quad 0.0996 \quad 0.1097 \quad 0.2072]$$

$$\times \begin{bmatrix} 0.0242 & 0.3186 & 0.4749 & 0.1590 & 0.0234 \\ 0.4500 & 0.3250 & 0.1500 & 0.0750 & 0 \\ 0.0250 & 0.3250 & 0.5750 & 0.0750 & 0 \\ 0.4715 & 0.4143 & 0.0857 & 0.0286 & 0 \end{bmatrix}$$

$$=[0.1594 \quad 0.3398 \quad 0.3729 \quad 0.1144 \quad 0.0137]$$

由最大隶属度原则得到天河大桥主梁施工风险概率等级为三级：中等。

2) 主梁施工风险后果等级

$$B_{梁}=W \times R_A=[0.5835 \quad 0.0996 \quad 0.1097 \quad 0.2072]$$

$$\times \begin{bmatrix} 0.098 & 0.1686 & 0.1564 & 0.4790 & 0.098 \\ 0 & 0.1057 & 0.1753 & 0.1940 & 0.5250 \\ 0 & 0.1750 & 0.5750 & 0.1750 & 0.0750 \\ 0 & 0.3171 & 0.4257 & 0.1286 & 0.1286 \end{bmatrix}$$

$$=[0.0573 \quad 0.1938 \quad 0.2600 \quad 0.3447 \quad 0.1443]$$

由最大隶属度原则得到天河大桥主梁施工风险后果等级为四级：严重。

3. 缆索施工风险等级评价

同理，根据主塔和主梁施工风险概率等级和风险后果等级的计算方法，可得到缆索施工风险概率等级及风险后果等级。

1) 缆索施工风险概率等级

$$B_{缆索}=W \times R_A=[0.4630 \quad 0.1356 \quad 0.1383 \quad 0.2631]$$

$$\times \begin{bmatrix} 0 & 0.3166 & 0.3664 & 0.2190 & 0.0980 \\ 0.1503 & 0.2854 & 0.7033 & 0.1940 & 0 \\ 0.0250 & 0.4127 & 0.2850 & 0.1873 & 0 \\ 0.4918 & 0.2618 & 0.1362 & 0.1102 & 0 \end{bmatrix}$$

$$=[0.1532 \quad 0.2849 \quad 0.3403 \quad 0.1785 \quad 0.0454]$$

由最大隶属度原则可以得到天河大桥缆索施工风险概率等级为三级：中等。

2)缆索施工风险后果等级

$$B_{缆索}=W\times R_A=\begin{bmatrix}0.4630 & 0.1356 & 0.1383 & 0.2631\end{bmatrix}$$
$$\times\begin{bmatrix}0 & 0.1726 & 0.4594 & 0.2195 & 0.1487\\ 0 & 0.2854 & 0.4153 & 0.1940 & 0.1169\\ 0 & 0.1927 & 0.4750 & 0.2573 & 0.0752\\ 0.0631 & 0.3218 & 0.3962 & 0.1502 & 0.0679\end{bmatrix}$$
$$=\begin{bmatrix}0.1532 & 0.3112 & 0.3403 & 0.1826 & 0.0454\end{bmatrix}$$

由最大隶属度原则得到缆索施工风险后果等级为三级：中等。

4. 天河大桥总体施工风险等级

1)天河大桥施工风险概率等级

$$B=W\times R_A=\begin{bmatrix}0.1692 & 0.4434 & 0.3874\end{bmatrix}$$
$$\times\begin{bmatrix}0.2799 & 0.4326 & 0.2507 & 0.0535 & 0\\ 0.1594 & 0.3398 & 0.3729 & 0.1144 & 0.0137\\ 0.1532 & 0.3112 & 0.3404 & 0.1826 & 0.0454\end{bmatrix}$$
$$=\begin{bmatrix}0.1774 & 0.3444 & 0.3396 & 0.1305 & 0.0237\end{bmatrix}$$

由最大隶属度原则可以得到天河大桥施工风险概率等级为三级：中等。

2)天河大桥施工风险后果等级

$$B=W\times R_A=\begin{bmatrix}0.1692 & 0.4434 & 0.3874\end{bmatrix}$$
$$\times\begin{bmatrix}0.2334 & 0.3712 & 0.1811 & 0.1330 & 0.0812\\ 0.0573 & 0.1938 & 0.2600 & 0.3447 & 0.1443\\ 0.1532 & 0.2012 & 0.2998 & 0.1886 & 0.1129\end{bmatrix}$$
$$=\begin{bmatrix}0.1242 & 0.2267 & 0.2621 & 0.2484 & 0.1215\end{bmatrix}$$

根据最大隶属度原则可以得到天河大桥施工风险后果等级为三级：中等。

根据天河大桥施工风险概率等级和施工风险后果等级，结合风险评价矩阵，可得天河大桥施工风险等级为三级，即中等风险，应采取一定降低施工风险的措施。

7.6 天河大桥施工风险决策

天河大桥施工风险概率等级为三级，施工风险后果等级同样为三级，根据

ALARP 准则结合风险矩阵，可得天河大桥风险接受水平为风险可控。因此天河大桥施工过程中在风险控制成本与降低风险所取得的收益相对合理时应采取风险控制、风险缓解等应对措施。根据天河大桥施工风险等级和风险接受水平，针对那些对桥梁施工风险影响大且风险后果严重的因素，采取风险控制措施，以降低桥梁施工风险整体水平，并保证桥梁施工安全。单一风险因素具体应对策略见表 7.21。

表 7.21　单一风险因素具体应对策略

风险因素	风险控制措施
加劲梁最大悬臂状态稳定性	制定专门的加劲梁顶推施工方案，并在顶推过程中严格按照施工方案进行，且在顶推过程中加强施工监控，当加劲梁达到最大悬臂状态时，应及时监测其线形是否满足相关要求，并做好临时固结措施
主缆线型控制	主缆架设应选择在温度变化不大的天气下进行，并计算基准束的空载线型，并进行调整、锁定。在张拉吊索的过程中，应随时监测主缆线型变化
钢绞线强度	选择购买生产规模较大、业内信誉良好的生产厂家，并要求厂家出具质量合格书，购买时扩大抽样检测的数量，保证钢绞线质量合格，施工前再次抽样检测钢绞线的张拉强度，且张拉施工中严格按照施工要求进行以免对钢绞线造成损坏
加劲梁合龙精度	顶推施工中严格控制合龙前加劲梁线形，合龙前考虑温度对线形的影响，加劲梁在工厂预制时，按照设计图纸，把控好尺寸精度，选择好合适的温度合龙，计算好合龙时间后选合龙时间内温度变化不大的时间段进行合龙，且合龙的过程中随时监测加劲梁线形，加劲梁合龙后应迅速拆除临时固结
加劲梁尺寸	加劲梁的制作主要在工厂完成，因此对于加劲梁尺寸的控制应选择生产工艺先进，且制作精度较高的厂家，在加劲梁制作拼接过程中应定期检查，严格按照生产标准执行
主塔失稳	由于桥塔较高，因此桥塔施工中需添加缆风绳和临时横撑，以保证施工中桥塔的稳定性
混凝土强度	对混凝土骨料的含水率要经常进行检测，特别是雨天更应增加测定次数，根据所测数据调整配合比，拌制完成后及时检查坍落度，并进行试件荷载实验，满足强度要求才可进行浇筑。在浇筑前应对模板内积水、杂物和钢筋上的污垢进行清理，均匀性和坍落度合格后开始浇筑，浇筑过程中严防混凝土离析，在浇筑过程中应按一定的顺序、厚度和方向分层分段进行，浇筑时应采用振动器振实，混凝土需连续浇筑，若中途间断，间断时间应小于前层混凝土的初凝时间
吊索索力张拉控制	施工前必须对吊索张拉制定施工组织设计方案，并在施工方案中详细规定相关的安全技术要求。明确每一根吊索的张拉值，提高拉索索力的控制精度，增大斜拉索索力的测试精度，严格按照设计说明张拉索力，控制索力误差值
大体积混凝土水化热	水化热主要是由于水化反应早期，内外部体积膨胀不均，导致混凝土处于"外拉内压"的状态，从而对混凝土造成损害。在混凝土施工时尽量采取分层浇筑，降低混凝土拌和物的入模温度，在混凝土内部预埋冷水管，采取表面保温措施，严格控制拆模时间
主索鞍安装偏差	施工前必须对索鞍的安装与使用制定施工组织设计方案，并在施工方案中详细规定相关的安全技术要求。参与安装施工人员必须具有相应的技术水平，安装过程中必须严格按照相关的设计标准进行，安装完成后必须检验合格才能进行下一步施工

参 考 文 献

[1] 胡建华. 现代自锚式悬索桥理论与应用[M]. 北京：人民交通出版社，2008.

[2] 张哲. 混凝土自锚式悬索桥[M]. 北京：人民交通出版社，2005.

[3] 中交第二公路工程局有限公司. 公路桥梁施工系列手册：悬索桥[M]. 北京：人民交通出版社，2014.

[4] 李鸿吉. 模糊数学基础及实用算法[M]. 北京：科学出版社，2005.

[5] 邓聚龙. 灰色系统理论教程[M]. 武汉：华中理工大学出版社，1990.

[6] 阮欣，陈艾荣，石雪飞. 桥梁工程风险评估[M]. 北京：人民交通出版社，2008.

[7] 张喜刚. 公路桥梁和隧道工程设计安全风险评估[M]. 北京：人民交通出版社，2010.

[8] 余建星. 工程风险评估与控制[M]. 北京：中国建筑工业出版社，2009.

[9] 张杰. 大跨度桥梁施工期风险分析方法研究[D]. 上海：同济大学，2007.

[10] Hakan F, Fredrik N. Risk Concepts in Fire Safety Design[C]. International Conference on Safety, Risk and Reliability—Trends in Engineering. Malta：IABSE，2001：89-94.

[11] 范鑫. 自锚式悬索桥施工控制关键技术研究[D]. 昆明：昆明理工大学，2013.

[12] Salmon G M, Hartford D N D. Risk Analysis for Dam Safety[J]. International Water Power and Dam Construction，1995（3）：42-47.

[13] Swain A D, Guttmann H E. Handbook of Human-Reliability Analysis with Emphasis on Nuclear Power Plant Applications[R]. NUREG/CR-4639，1988.

[14] 陈艾荣，阮欣，等. 苏通长江大桥主梁和索塔施工期间施工方案风险评估报告[R]. 上海：同济大学，2005.

[15] 范维澄，孙金华，陆守香. 火灾风险评估方法学[M]. 北京：科学出版社，2004.

[16] 李中华. 大跨径自锚式悬索桥施工风险评估方法研究[D]. 重庆：重庆交通大学，2015.

第8章 大跨度预应力混凝土V腿连续梁桥施工风险评估

随着我国经济的发展和人们生活水平的日益提升,在保证结构安全的前提下,对城市桥梁的美观要求越来越高。预应力混凝土梁桥因其结构简单、受力合理等特点深受人们青睐,广泛应用于城市桥梁之中。在此结构基础上的创新更是层出不穷,其中V腿桥梁凭借其造价经济、受力合理、轻盈美观等特点脱颖而出。更有在大角度V腿上增添一个腹拱结构,不仅可用来支撑V腿间的主梁,还为桥梁美观增添了些许色彩,但目前很少有关于此类桥型施工风险评估的研究。本章以主跨106m的龙门大桥作为研究对象,开展大跨度预应力混凝土V腿连续梁桥施工风险评估。

8.1 工 程 概 况

龙门大桥全长720m,主桥纵坡2.47%,主桥平面线形为直线,桥梁设双向2%横坡。主桥采用全预应力混凝土结构[1,2]。主桥桥型为三跨预应力钢筋混凝土V腿连续梁,跨径组合为65m+106m+65m=236m。横向为双幅桥梁,桥面组成为人行道3m+非机动车道3.5m+机非防撞栏0.5m+机动车道12m+中央防撞栏0.5m+机动车道12m+机非防撞栏0.5m+非机动车道3.5m+人行道3m。设计荷载:汽车荷载为城-A级,人群荷载为3.5kN/m²。龙门大桥主桥桥型布置如图8.1所示。龙门大桥实桥图见图8.2。

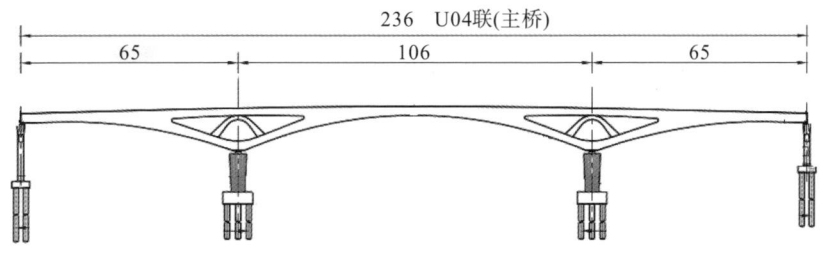

图8.1 龙门大桥主桥桥型布置(单位:m)

图 8.2　龙门大桥实桥图

主桥主梁(图 8.3)采用等宽变高预应力混凝土梁，单箱三室，梁宽为 19.25m，边支点和跨中梁高 2.5m，V 腿(图 8.4)之间梁高为 2.0m。顶板厚 0.24m，底板厚 0.24m，腹板厚从 0.45m 变化到 0.70m。V 腿采用等截面钢筋混凝土结构，单箱三室，顶板厚 0.3~0.7m，底板厚 0.3~0.6m，腹板厚 0.4~0.7m，V 腿底部的板厚 0.5m，底板厚 0.6m，腹板厚 1.0m。箱梁与 V 腿均采用 C50 混凝土。腹拱采用等截面钢筋混凝土结构，单箱三室，顶底板厚为 0.22~0.5m，腹板厚度为 0.4~0.7m，腹拱顶部高度为 1.2m，根部高度为 2.222m。

主桥连续箱梁采用搭设支架现浇施工，主桥 0 号块长度为 40m，分为 V 腿、腹拱、V 腿上箱梁部分和合龙段 4 个节段施工，待 0 号块 V 腿施工完，再逐步对称搭设支架施工标准节段、边跨梁段、边跨合龙段和跨中合龙段。

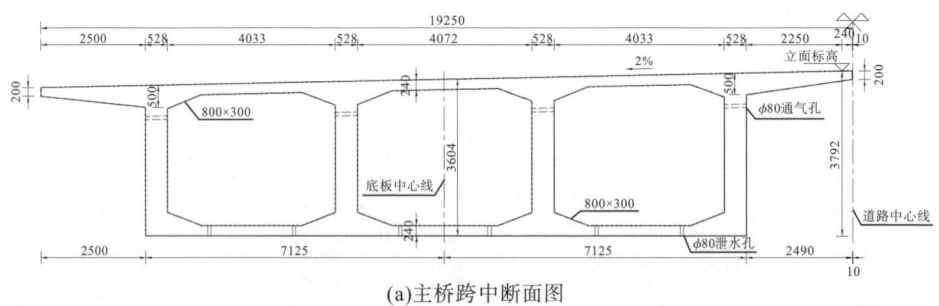

(a)主桥跨中断面图

第8章 大跨度预应力混凝土V腿连续梁桥施工风险评估

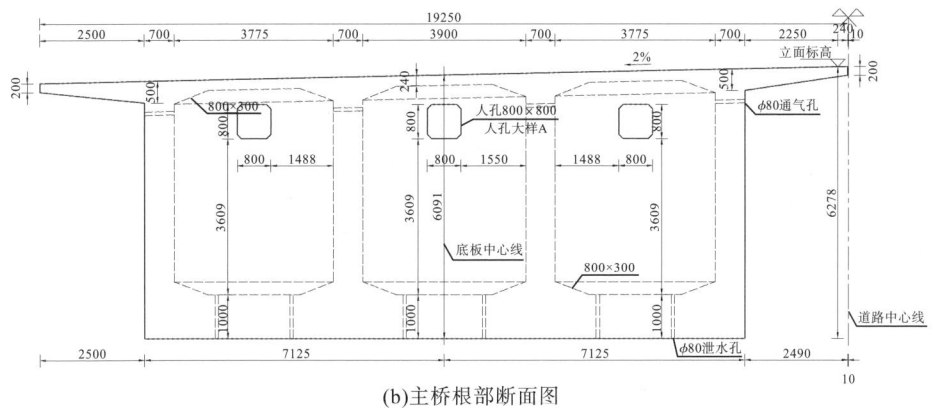

(b)主桥根部断面图

图 8.3 龙门大桥主梁断面图(单位：mm)

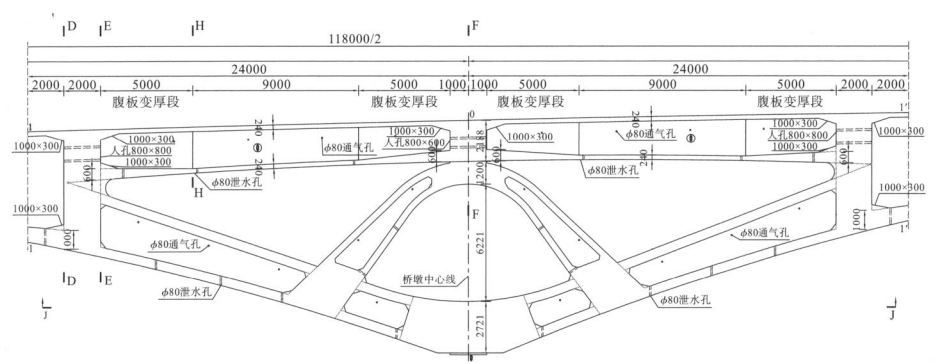

图 8.4 V腿及腹拱纵向截面图(单位：mm)

根据龙门大桥施工图，将桥梁上部结构施工主要分为34个阶段，见表8.1。

表 8.1 主要施工阶段

施工梁段号	施工阶段	施工内容
1	C1	搭设V腿支架及V腿第 浇筑1号块
2	C2	V腿第二浇筑2号块
3	C3	V腿第三浇筑3号块
	C4	V腿临时预应力束张拉
4	C5	搭设腹拱支架及腹拱浇筑4号块
5	C6	搭设主梁支架，主梁5号块第一次浇筑

续表

施工梁段号	施工阶段	施工内容
6	C7	主梁合龙段 6 号块浇筑
	C8	主梁 5 号、6 号块预应力张拉 F1、F2、T0、T1、B0
	C9	拆除 V 腿临时预应力束
	C10	主梁 5 号块和 6 号块支架拆除
	C11	腹拱支架拆除
	C12	V 腿支架全部拆除,保留临时支墩
7	C13	边跨 7 号、主跨 7 号块浇筑
	C14	边跨 7 号、主跨 7 号块预应力张拉 F3、F4、T2
	C15	边跨 7 号、主跨 7 号块拆除支架
8	C16	边跨 8 号、主跨 8 号块浇筑
	C17	边跨 8 号、主跨 8 号块预应力张拉 F5、F6、T3
	C18	边跨 8 号、主跨 8 号块拆除支架
9	C19	边跨 9 号、主跨 9 号块浇筑
	C20	边跨 9 号、主跨 9 号块预应力张拉 F7、T4
	C21	边跨 9 号、主跨 9 号块拆除支架
10	C22	搭设边跨现浇段支架以及浇筑边跨 10 号块
11	C23	边跨合龙 11 号块浇筑
	C24	解除现浇段临时水平约束
	C25	边跨合龙束张拉 F8、TA1、TA2、B1、B2、B3、B4
	C26	拆除边跨现浇段及合龙段支架
	C27	拆除 V 腿临时支撑
主跨合龙段	C28	搭设主跨合龙段支架及浇筑
	C29	中跨合龙束张拉 TB1、TB2、TB3、TB4、TB5、B5、B6、B7、B8、B9
	C30	拆除中跨合龙支架
	C31	解除主墩支座临时固结,进行桥梁结构体系转
	C32	防撞护栏及调平层浇筑
	C33	沥青混凝土铺装
	C34	计入十年收缩徐变对桥梁结构的影响

施工流程如图 8.5 所示。

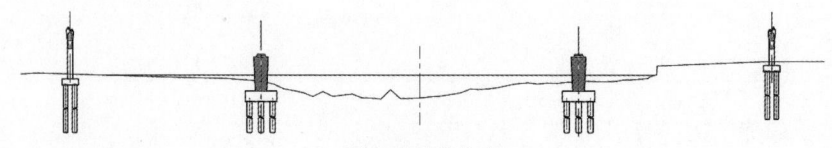

(a)桩基础及墩台施工

第 8 章　大跨度预应力混凝土 V 腿连续梁桥施工风险评估　　175

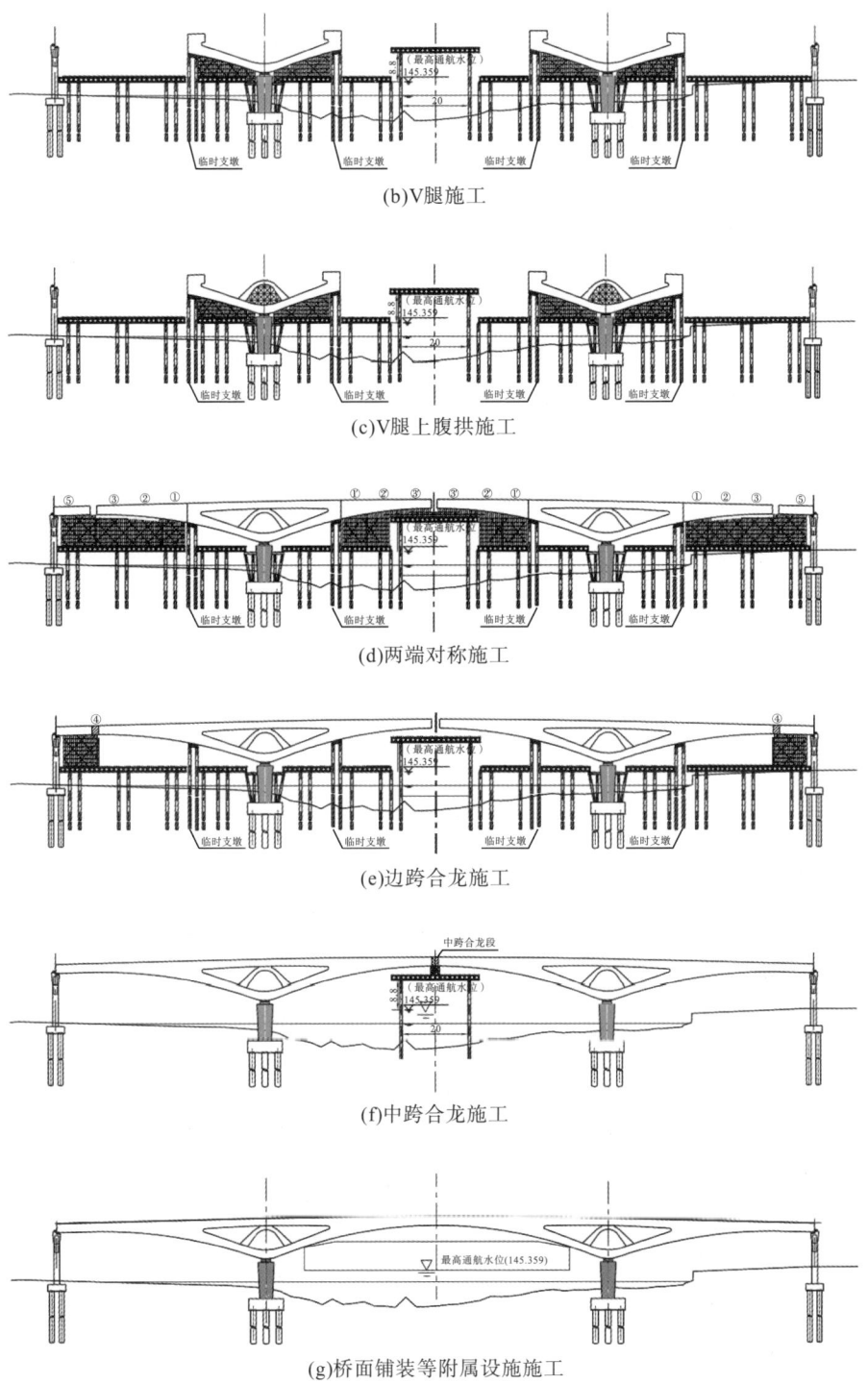

图 8.5　大桥的施工流程图(单位：m)

该桥的施工阶段比较多，而且主梁 0 号块为 V 形结构，V 形支撑的受力较为复杂，施工工艺也比较烦琐，0 号块能否顺利施工是成桥的关键，也是本次施工期间风险分析的重点，因此此对于 0 号块的施工方案上，综合慎重考虑了多种方案，最终选择在 V 腿浇筑时，设置临时拉索来控制 V 腿的变形和应力的方案，如图 8.6 所示。

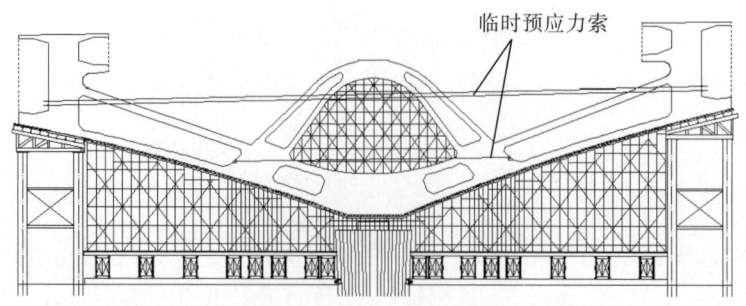

图 8.6　0 号块 V 腿临时拉索

大桥施工过程的有限元计算模型建立和参数如下。

(1)建立几何模型。采用有限元软件 MIDAS/Civil 对该桥施工阶段进行模拟。由于龙门大桥采用搭设支架施工，全桥关于跨中合龙段左右对称，根据设计图纸中的结构布置和结构尺寸，取左半桥结构作为研究对象，将左半桥结构离散成 194 个单元，其中 1～61 号单元为主梁单元，62～192 号单元为 V 腿和腹拱单元，193 号和 194 号单元为临时拉索单元。模型中沿桥纵向为 X 轴、竖向为 Z 轴、横向为 Y 轴。

(2)几何参数。主梁混凝土材料采用 C50 混凝土，临时支墩用 C30 的钢管混凝土，按照《公路钢筋混凝土及预应力混凝土桥涵设计规范》(JTG D62—2004)计算混凝土的收缩徐变。

预应力钢绞线采用标准强度 $f_{ck}=1860\text{MPa}$，弹性模量为 $E=1.95\times10^5\text{MPa}$，端锚具回缩为 0.006m，预应力管道摩阻系数 μ 为 0.15，预应力管道局部偏差 K 为 0.0015，预应力松弛系数 ξ 为 0.3，张拉控制应力为 1329MPa。

(3)边界条件。成桥前，主墩支座处墩梁临时固结，V 腿与主梁之间支架采用只受压弹簧节点约束模拟，腹拱支架采用只受压弹性连接模拟。

(4)作用参数。施工阶段模拟只考虑结构的自重、预应力钢绞线张拉力、临时拉索张拉力。自重由程序根据各个单元的长度、截面面积以及材料容重自动计算。主梁混凝土容重按 26kN/m³ 取值。预应力钢绞线张拉力按设计图纸规定取值，钢束按设计图纸施工顺序张拉。临时拉索张拉力先按施工方案计算取值。

根据依托工程设计资料，采用有限元软件 MIDAS/Civil 建立主桥的空间杆系单元全桥模型。全桥模型共计 813 个节点，784 个单元，其中桁架单元 24 个（模拟临时拉索），梁单元 760 个，预应力筋 334 根（仅考虑纵向预应力筋），具体模型如图 8.7 所示。

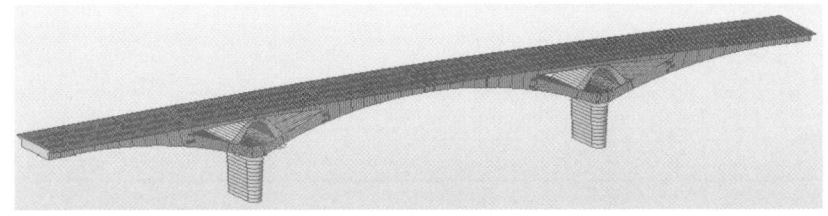

图 8.7　主跨模型图

8.2　风险分析方法

8.2.1　风险识别

借鉴现有桥梁施工风险分析的理论与方法，根据连续梁施工建设的实际特点，形成一个连续梁施工风险分析的理论框架，该框架主要由桥梁施工风险分析任务、风险源识别、风险概率估计、风险损失估计、风险评价、风险决策等部分组成[3-7]。

风险识别是进行桥梁施工风险研究和评估的第一要务。施工期间引起工程风险的因素有很多，其带来的影响也大小不一，所以不可能将所有的因素都完全考虑到施工风险体系中。因此为了有效地进行桥梁施工风险分析工作，首先必须识别出风险的来源，重点考虑影响性较大且可能导致严重损失的风险因素，为后续的风险评估打下基础。

风险评估之前需要搜集整理桥梁工程的实际资料和工程环境资料，这些资料主要包括：国内外相关法规和标准、类似的工程资料、本工程相关设计和施工资料、工程区域内的水文气候资料、与工程相关的可行性研究报告、工程地质勘察报告、工程施工组织文件等。

从工程的实际情况着手，对施工中可能发生的风险事故进行普查，再采用一定的分析方法进行风险识别。通过已有的桥梁工程事故，或者通过与该领域的专家进行询问和交流，基于专家们丰富的理论知识和工程实践经验筛选确定风险源，建立桥梁施工风险源普查表。本书所采用的风险源普查表见表 8.2。

表 8.2　桥梁施工风险源普查表

序号	风险模式	风险源	备注
1	风险模式 1	风险源 1	
2	风险模式 2	风险源 2	
3	风险模式 3	风险源 3	
⋮	⋮	⋮	
N	风险模式 N	风险源 N	

桥梁结构体系和施工过程复杂,结构面临着各种风险,影响结构安全的因素贯穿施工的整个过程,这些风险因素与结构施工安全的关系错综复杂,难以用明确的函数关系式描述,所以需要寻找一种从繁到简的方法。同时桥梁风险事故的统计资料比较少,给风险分析工作带来不少麻烦,所以应该根据工程的实际情况,从有限的人力、财力和资源出发,尽量采用效率和准确性更高的方法。

采用模糊层次分析法进行桥梁施工风险因素识别。该方法同传统的层次分析法相比,在保证度量准确的情况下,避免了判断矩阵是否满足一致性的检验,同时模糊矩阵更符合人们的逻辑思维,且计算量更小。

通过建立模糊一致判断矩阵,经过单层次元素排序和层次元素总排序,就可以得到指标层 C 中各元素相对于总目标 A 的权重值,指标层 C 中各元素的相对重要性大小也就得以确定,相对应的桥梁施工期主要失效模式、重要的风险因素也得以确定。

综上所述,模糊层次分析方法进行风险识别的流程如下。

(1) 统计工程施工背景资料。

(2) 将风险因素分类,将多个风险因素按照影响主要失效模式程度大小分成若干层次。

(3) 建立模糊递阶层次结构模型。

(4) 构成优先关系判断矩阵。

(5) 生成模糊一致判断矩阵。

(6) 对目标层和准则层排序。

(7) 对指标层和中间层排序。

(8) 进行层次总排序。

(9) 选择重要的风险因素建立风险清单,完成风险因素识别。

8.2.2 施工风险概率估计

桥梁施工风险概率估计和桥梁施工风险损失估计是桥梁施工风险评估重要的组成部分，即通过施工风险源的识别结果，依据一定的数学方法，综合考虑主要的风险模式的发生概率，依据一定的原则和方法，对主要风险模式发生后造成的各种损失，进行全面、合理的估计和分析，为施工风险评价提供科学依据。

风险概率代表风险事故发生的可能性和概率大小，对于桥梁结构而言，风险概率可以用结构的失效概率来表示，也就是说可以转化为桥梁施工期的结构失效概率求解问题。

对大型复杂桥梁结构进行失效概率计算，考虑单个极限状态方程失效概率计算时，如位移或者应力，可以转化为先求解其可靠指标 β，也就是可以转化为寻找标准正态空间内坐标原点到极限状态曲面的最短距离的问题，最后把可靠指标 β 转化为失效概率 $\beta=-\varPhi^{-1}(P_f)$。如果结构的功能函数是显式的，可以采用常规的一次二阶矩法、二次二阶矩法(second-order reliability method，SORM)等计算其可靠指标。然而对于桥梁工程这类复杂结构的可靠指标计算，功能函数一般是隐式的，常规的可靠度分析方法在求解可靠度时存在各种困难。为了解决这个问题，本章提出了一种基于均匀设计-有限元-遗传算法-BP 神经网络-SORM 的混合可靠度分析方法。该方法利用均匀设计法产生具有一定代表性的样本点，然后采用有限元软件进行分析，通过样本点的学习，用遗传算法优化 BP 神经网络后，形成输入参数和输出参数的映射关系，最后采用二次二阶矩法求可靠指标。

8.2.3 结构失效概率的求解

目前桥梁结构可靠度分析一般可在两个水平上进行：结构构件水平和结构体系水平。在结构构件水平上最常用的分析方法是一次二阶矩法、二次二阶矩法以及响应面法等。结构体系可靠度评估主要包含两方面的内容：一个是结构主要失效模式的搜索，另一个是结构体系失效概率的计算。为了简化起见，只考虑一种失效模式，如强度破坏模式；同时桥梁上部结构，从结构体系上讲，每一个施工梁段都可以看成是组成系统的一个构件，因此桥梁上部结构可以看成是由 n 个梁段组成的串联体系，任何一个梁段的失效都将导致桥梁上部结构体系的失效，如图 8.8 所示。

图 8.8　桥梁上部结构施工梁段体系示意图

因此，可以建立一个失效准则来定义连续梁上部结构施工阶段结构体系的失效：任意一个承重构件失效，则结构体系失效。根据此准则，可以将连续梁桥结构模拟为等效的结构体系，根据结构等效体系可以定义相应的结构体系可靠度。

串联等效体系：由 n 个主要承重构件组成串联体系，串联等效体系可靠度即为结构体系可靠度。

在串联等效系统中，同类单元的极限状态方程之间相关系数都很大（大于0.99），则所有的同类单元可以用可靠指标最小的同类单元代替，可以简化结构体系可靠指标计算。所有的施工梁段可以用可靠指标最小的施工梁段 i 代替，如图 8.9 所示。采用二次二阶矩法计算结构体系失效概率。

图 8.9 连续梁桥的简化串联等效体系

8.2.4 施工风险损失估计

风险事故一旦发生，就会对工程目标造成一定的影响，或者拖延工程进度，或者造成人员伤亡、经济损失、环境破坏等问题，因此很有必要对施工期工程风险后果进行全面、合理的估计。当考虑某一风险所产生的后果时，需要考虑与此风险有关的因素，如风险造成的最大损失，是桥梁结构损失还是人员伤亡，或者是环境破坏和不良社会影响等；如风险造成的各种损失能用多少经济损失进行量化，直观体现对风险损失的了解。

定性的后果评价使用定性的指标，如严重、一般、轻微等来描述风险后果。定性评价方法简单但是容易受人的主观因素影响。定量的后果评价要对风险损失进行量化。风险损失是对施工期桥梁工程发生危险事故所造成的危害程度大小的一种度量。工程遭到破坏带来的损失值 D_L 可以分为两部分：

$$D_L = D_Z + D_J \tag{8.1}$$

式中，D_Z 为工程破坏本身的直接损失；D_J 为工程破坏而引发的间接损失，包括人员伤亡、社会经济损失、环境损失等。

基于传统风险损失评估方法，要建立如式(8.1)的损失后果评估模型，需对各分项损失分别详细考虑。这样的做法是尽量考虑周全，但是要精确计算风险损失是不可能的，也是不现实的。但是对 D_L 总是可以大致进行估算的，所以用式(8.1)描述的方法不失为一种可采取的便捷方法，根据工程的具体情况，可以对工程遭受破坏的损失值 D_L 进行估算。则有：

$$C = C_Z + C_J + C_R + C_H + C_S \tag{8.2}$$

式中，C_Z 为直接经济损失；C_J 为间接经济损失；C_R 为生命损失；C_H 为环境损失；

C_S 为社会损失。

为了简化运算，可以按以下公式粗略地评估破坏造成的直接损失：

$$D_Z = C + \beta(B_i)C \tag{8.3}$$

式中，$\beta(B_i)$ 为破坏状态 B_i 所引起的直接损失系数；C 为结构造价预估值。

间接损失包括施工单位停工损失、加固或重建损失、社会经济损失、环境损失等，间接损失涉及的面比较广，很难定量计算，一般采用经验系数法，即假定间接损失与直接损失构成一定的比例关系：

$$D_J = \delta(B_i)D_Z \tag{8.4}$$

式中，$\delta(B_i)$ 为破坏状态 B_i 所引起的间接损失系数，见表 8.3。

表 8.3 结构破坏损失系数

项目		构件重要性等级			
		一般构件	一般重要构件	重要构件	非常重要构件
β		0.00	0.30	0.90	1.00
δ	一般工程	0.50	1.00	1.50	3.00
	重要工程	0.50~1.00	1.00~2.00	2.00~4.00	6.00~10.00

求得风险概率和风险损失后，就可以对风险大小进行计算，假定某桥梁的某一个失效模式的失效概率为 P_f，导致的直接损失为 D_Z，根据工程的重要程度，确定直接损失系数 $\beta(B_i)$ 和间接损失系数 $\delta(B_i)$，该失效模式的风险大小为

$$\begin{aligned} L &= P_f \times (D_Z + D_J) = P_f \times [C + \beta(B_i)C + \delta(B_i) \times (C + \beta(B_i)C)] \\ &= P_f \times [1 + \delta(B_i)] \times [1 + \beta(B_i)] \times C \end{aligned} \tag{8.5}$$

8.3 龙门大桥施工期风险评估

8.3.1 风险识别

风险识别采用模糊层次分析方法，结合龙门大桥的实际施工情况以及以往预应力钢筋混凝土桥梁的施工经验，仅对龙门大桥主梁施工阶段进行风险源分析，其主要风险源见表 8.4。

表 8.4　龙门大桥施工风险源

风险模式	风险源
主梁受剪破坏 B_1、主梁受弯破坏 B_2	截面惯性矩 C_1
	混凝土收缩徐变 C_2
	弹性模量 C_3
	主梁截面尺寸 C_4
	桥面临时荷载 C_5
	有效预应力 C_6
	温度误差 C_7
	主梁自重 C_8
	风荷载 C_9
整体倾覆失效 B_3	弹性模量 C_3
	桥面临时荷载 C_5
	主梁自重 C_8
	支座至梁段距离 C_{10}
	风压差 C_{11}
	梁段长度 C_{12}

建立龙门大桥施工阶段结构风险递阶模型如图 8.10 所示，龙门大桥左半桥结构及对应的有限元模型单元号如图 8.11 所示，根据模糊层次分析法的三标度法规则，建立 A-B 层优先关系判断矩阵 r，见表 8.5。

在取得了优先关系判断矩阵 r 后，根据 R 和 r 的转换关系，可以得到模糊一致矩阵 R。计算中间层 B 上三个元素相对于目标层 A 的权重值向量 $W_{AB}^{(B)}$，计算结果与模糊一致矩阵 R 见表 8.6。

由表 8.6 可以看出，三种失效模式的重要排序为 $B_2>B_1>B_3$，即主梁截面的受弯破坏模式是最主要的失效模式，其次是主梁的受剪破坏模式，最后是整体倾覆失效模式。

第8章 大跨度预应力混凝土V腿连续梁桥施工风险评估

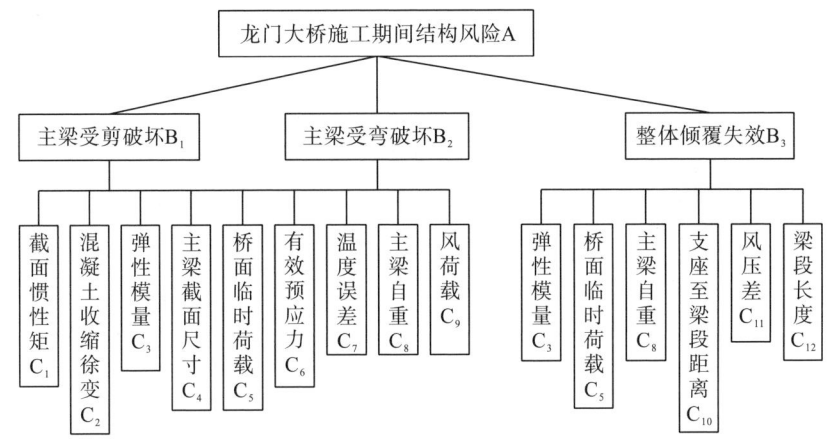

图 8.10 龙门大桥施工阶段结构风险递阶模型

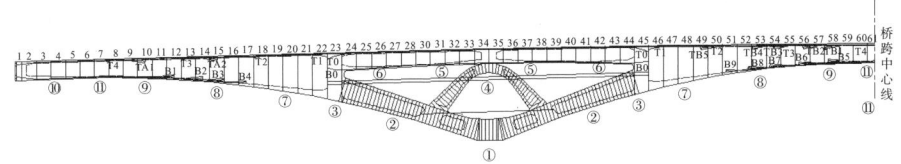

图 8.11 龙门大桥左半桥结构及对应的有限元模型单元号

表 8.5 A-B 优先关系矩阵 r

A	B_1	B_2	B_3
B_1	0.5	0	1.0
B_2	1.0	0.5	1.0
B_3	0	0	0.5

表 8.6 A-B 模糊一致矩阵 R 及相对权重 $W_{AB}^{(B)}$

A	B_1	B_2	B_3	相对权重值 $W_{AB}^{(B)}$
B_1	0.5000	0.3333	0.6667	0.3333
B_2	0.6667	0.5000	0.8333	0.4537
B_3	0.3333	0.1667	0.5000	0.2130

同理可以根据 B-C 层的优先关系矩阵 r^{B_1}、r^{B_2}、r^{B_3}（表 8.7~表 8.9），计算出 B_1-$C_{1\sim9}$、B_2-$C_{1\sim9}$、B_3-$C_{3,5,8,10,11,12}$ 的模糊一致矩阵 R 以及相对权重值 $W_1^{(C)}$、

$W_2^{(C)}$、$W_3^{(C)}$，见表 8.10~表 8.12。

表 8.7　优先关系矩阵 r^{B_1}

B_1	C_1	C_2	C_3	C_4	C_5	C_6	C_7	C_8	C_9
C_1	0.5	1.0	1.0	0	1.0	1.0	1.0	1.0	1.0
C_2	0	0.5	0	0	1.0	0	0	0	1.0
C_3	0	1.0	0.5	0	1.0	1.0	1.0	1.0	1.0
C_4	1.0	1.0	1.0	0.5	1.0	1.0	1.0	1.0	1.0
C_5	0	0	0	0	0.5	0	0	0	1.0
C_6	0	1.0	0	0	1.0	0.5	1.0	0	1.0
C_7	0	1.0	0	0	1.0	0	0.5	0	1.0
C_8	0	1.0	0	0	1.0	1.0	1.0	0.5	1.0
C_9	0	0	0	0	0	0	0	0	0.5

表 8.8　优先关系矩阵 r^{B_2}

B_2	C_1	C_2	C_3	C_4	C_5	C_6	C_7	C_8	C_9
C_1	0.5	1.0	1.0	1.0	1.0	1.0	1.0	1.0	1.0
C_2	0	0.5	0	0	1.0	0	0	0	1.0
C_3	0	1.0	0.5	0	1.0	1.0	1.0	1.0	1.0
C_4	0	1.0	1.0	0.5	1.0	1.0	1.0	1.0	1.0
C_5	0	0	0	0	0.5	0	0	0	0
C_6	0	1.0	0	0	1.0	0.5	1.0	0	1.0
C_7	0	1.0	0	0	1.0	0	0.5	0	1.0
C_8	0	1.0	0	0	1.0	1.0	1.0	0.5	1.0
C_9	0	0	0	0	1.0	0	0	0	0.5

表8.9　优先关系矩阵 r^{B_3}

B_3	C_3	C_5	C_8	C_{10}	C_{11}	C_{12}
C_3	0.5	1.0	0	0	1.0	0
C_5	0	0.5	0	0	1.0	0
C_8	1.0	1.0	0.5	0	1.0	1.0
C_{10}	1.0	1.0	1.0	0.5	1.0	1.0
C_{11}	0	1.0	0	0	0.5	0
C_{12}	1.0	1.0	1.0	0	1.0	0.5

表8.10　B_1-$C_{1\sim 9}$ 模糊一致矩阵 R 及其相对权重值 $W_1^{(C)}$

B_1	C_1	C_2	C_3	C_4	C_5	C_6	C_7	C_8	C_9	相对权重值 $W_1^{(C)}$
C_1	0.5000	0.7778	0.5556	0.4444	0.8333	0.6667	0.7222	0.6111	0.8889	0.1517
C_2	0.2222	0.5000	0.2778	0.1667	0.5556	0.3889	0.4444	0.3333	0.6111	0.0840
C_3	0.4444	0.7222	0.5000	0.3889	0.7778	0.6111	0.6667	0.5556	0.8333	0.1382
C_4	0.5556	0.8333	0.6111	0.5000	0.8889	0.7222	0.7778	0.6667	0.9444	0.1653
C_5	0.1667	0.4444	0.2222	0.1111	0.5000	0.3333	0.3889	0.2778	0.5556	0.0705
C_6	0.3333	0.6111	0.3889	0.2778	0.6667	0.5000	0.5556	0.4444	0.7222	0.1111
C_7	0.2778	0.5556	0.3333	0.2222	0.6111	0.4444	0.5000	0.3889	0.6667	0.0976
C_8	0.3889	0.6667	0.4444	0.3333	0.7222	0.5556	0.6111	0.5000	0.7778	0.1247
C_9	0.1111	0.3889	0.1667	0.0556	0.4444	0.2778	0.3333	0.2222	0.5000	0.0569

表8.11　B_2-$C_{1\sim 9}$ 模糊一致矩阵 R 及其相对权重值 $W_2^{(C)}$

B_2	C_1	C_2	C_3	C_4	C_5	C_6	C_7	C_8	C_9	相对权重值 $W_2^{(C)}$
C_1	0.5000	0.8333	0.6111	0.5556	0.9444	0.7222	0.7778	0.6667	0.8889	0.1653
C_2	0.1667	0.5000	0.2778	0.2222	0.6111	0.3889	0.4444	0.3333	0.5556	0.0840

续表

B_2	C_1	C_2	C_3	C_4	C_5	C_6	C_7	C_8	C_9	相对权重值 $W_2^{(C)}$
C_3	0.3889	0.7222	0.5000	0.4444	0.8333	0.6111	0.6667	0.5556	0.7778	0.1382
C_4	0.4444	0.7778	0.5556	0.5000	0.8889	0.6667	0.7222	0.6111	0.8333	0.1517
C_5	0.0556	0.3889	0.1667	0.1111	0.5000	0.2778	0.3333	0.2222	0.4444	0.0569
C_6	0.2778	0.6111	0.3889	0.3333	0.7222	0.5000	0.5556	0.4444	0.6667	0.1111
C_7	0.2222	0.5556	0.3333	0.2778	0.6667	0.4444	0.5000	0.3889	0.6111	0.0976
C_8	0.3333	0.6667	0.4444	0.3889	0.7778	0.5556	0.6111	0.5000	0.7222	0.1247
C_9	0.1111	0.4444	0.2222	0.1667	0.5556	0.3333	0.3889	0.2778	0.5000	0.0705

表 8.12 B_3 - $C_{3,5,8,10,11,12}$ 模糊一致矩阵 R 及其相对权重值 $W_3^{(C)}$

B_3	C_3	C_5	C_8	C_{10}	C_{11}	C_{12}	相对权重值 $W_3^{(C)}$
C_3	0.5000	0.5833	0.3333	0.2500	0.5833	0.3333	0.1418
C_5	0.4167	0.5000	0.2500	0.1667	0.5000	0.2500	0.1119
C_8	0.6667	0.7500	0.5000	0.4167	0.7500	0.5000	0.2015
C_{10}	0.7500	0.8333	0.5833	0.5000	0.8333	0.5833	0.2314
C_{11}	0.4167	0.5000	0.2500	0.1667	0.5000	0.2500	0.1119
C_{12}	0.6667	0.7500	0.5000	0.4167	0.7500	0.5000	0.2015

由表 8.13 可以看出，龙门大桥施工期间结构的风险源重要性排序为主梁自重 C_8、弹性模量 C_3、截面惯性矩 C_1、主梁截面尺寸 C_4、有效预应力 C_6、温度误差 C_7、桥面临时荷载 C_5、混凝土收缩徐变 C_2、风荷载 C_9、支座至梁段距离 C_{10}、梁段长度 C_{12}、风压差 C_{11}。

表 8.13 层次总排序结果

层次 C	单权重			权重值 $W_{AC}^{(C)}$	重要性排序
	B_1	B_2	B_3		
	0.3333	0.4537	0.2130		
C_1	0.1517	0.1653	0	0.1256	3

续表

层次 C	单权重 B₁	B₂	B₃	权重值 $W_{AC}^{(C)}$	重要性排序
	0.3333	0.4537	0.2130		
C_2	0.0840	0.0840	0	0.0661	8
C_3	0.1382	0.1382	0.1418	0.1390	2
C_4	0.1653	0.1517	0	0.1239	4
C_5	0.0705	0.0569	0.1119	0.0731	7
C_6	0.1111	0.1111	0	0.0874	5
C_7	0.0976	0.0976	0	0.0768	6
C_8	0.1247	0.1247	0.2015	0.1411	1
C_9	0.0569	0.0705	0	0.0510	9
C_{10}			0.2314	0.0493	10
C_{11}			0.1119	0.0238	12
C_{12}			0.2015	0.0429	11

8.3.2 随机变量选取与极限状态方程

根据风险识别的结果，施工期间桥梁结构的主要失效模式是主梁受弯破坏，对于主梁受弯破坏失效模式[7-10]，取主要风险因素：主梁自重、弹性模量、截面惯性矩、主梁截面尺寸、有效预应力、温度误差、桥面临时荷载、混凝土收缩徐变、风荷载、支座至梁段距离、梁段长度、风压差，对于桥面临时荷载、混凝土收缩徐变、风荷载的统计特性尚不充分，而且相对重要性排序处于靠后的位置，故不在随机变量的考虑范围内。

主梁自重的误差主要来自截面尺寸或者材料的容重，在结构构件长度不变的情况下，其误差主要来源于容重 r 和截面面积 A。

该桥采用抛物线型变截面主梁，每一个变化的截面的惯性矩都不同，可以将抛物线型变截面主梁分成几段等截面的梁段进行分析。将主梁梁段划分为 6 个截面，即 $A_1, A_2, \cdots, A_6$，对应的截面抗弯惯性矩为 $I_1, I_2, \cdots, I_6$。

由于材料的线性膨胀系数存在差异，温度的变化会对结构应力和变形造成一定的影响，但是温度变量与气候条件有关，而气候条件有明显的时间特征，因此作用在结构上的温度是一个随时间而变化的函数，而且这个温度的分布在几何上是多维的，无法得到温度变量准确的概率分布，于是假定温度的概率分布类型为极值 I 型。预应力索张拉后，受各种因素影响，预应力会有所降低，这里选择张拉控制力作为影响有效预应力的参数。经分析，对于主梁受弯破坏模式，考虑以下随机变量因素：截面面积 A、截面抗弯惯性矩 I、弹性模量 E、温度 C、预应力索张拉控制力 T。

各随机变量的基本特征主要参照我国现行的《公路工程结构可靠性设计统一标准》(JTG 2120—2020)、《公路桥涵施工技术规范》(JTG/T 3650—2020)等规定确定，各随机变量的均值根据龙门大桥设计图纸的设计值确定（表8.14）。

表 8.14 随机变量特征

随机变量	变量符号	分布类型	均值 μ	方差 σ
主梁弹性模量/MPa	E	正态分布	3.5×10^4	3.5×10^3
温度/℃	C	极值Ⅰ分布	0	10
容重/(kN/m³)	r	正态分布	26	1.82
预应力索张拉控制力/MPa	T	正态分布	1329	66.45
主梁截面面积/m²	A_1 (43～87)	对数正态分布	21.2273	1.0614
	A_2 (57.056～72.732)	对数正态分布	12.9379	0.6469
	A_3 (43～87)	对数正态分布	18.4044	0.9202
	A_4 (33～43, 87～97)	对数正态分布	31.0368	1.5518
	A_5 (23～33, 97～107)	对数正态分布	19.7894	0.9895
	A_6 (0～23, 107～118)	对数正态分布	14.5982	0.7299
主梁抗弯惯性矩/m⁴	I_1 (43～87)	对数正态分布	13.4757	0.6738
	I_2 (57.056～72.732)	对数正态分布	6.15776	0.3079
	I_3 (43～87)	对数正态分布	9.2177	0.4609
	I_4 (33～43, 87～97)	对数正态分布	133.7270	6.6864
	I_5 (23～33, 97～107)	对数正态分布	51.1972	2.5599
	I_6 (0～23, 107～118)	对数正态分布	20.4988	1.0249

龙门大桥采用搭设支架分阶段施工，在承载能力极限状态下基于材料强度建立施工期结构极限状态方程，根据主梁截面上缘或下缘的压应力达到应力限值建立极限状态函数，可以表示为

$$g(x) = \sigma_\mathrm{L} - \sigma(x) \tag{8.6}$$

式中，σ_L 为应力限值；$\sigma(x)$ 为当前主梁施工阶段上缘或下缘的压应力，可以表示为截面面积 A、截面抗弯惯性矩 I、弹性模量 E、温度 C、预应力索张拉控制力 T 等随机变量的函数。

如果考虑第 i 个施工阶段已完成的第 j 个梁段下结构的可靠度，可以先建立如下极限状态函数：

$$g(x)_i^j = \sigma_L - \sigma_i^j \tag{8.7}$$

式中，σ_L 为第 i 个施工阶段第 j 个梁段的应力限值；σ_i^j 为第 i 个施工阶段第 j 个梁段的压应力。σ_i^j 为随机变量的函数。

8.3.3 训练样本的产生

(1) 将样本点在参数 $E, C, r, T, A_1, A_2, A_3, A_4, A_5, A_6, I_1, I_2, I_3, I_4, I_5, I_6$ 组成的 16 维空间内充分均匀分散，根据试算确定试验水平数为 50，各参数变量的取值范围为 $[\mu-3\sigma, \mu+3\sigma]$，并将各参数在取值范围内分为 50 个水平。

(2) 根据设定的试验数和水平数，用 MATLAB 编制的均匀设计法程序产生均匀设计表 U_{50}，具体见表 8.15(限于篇幅，只列出了 15 组数据)。

(3) 将各参数按水平数均匀划分后，对均匀设计表中相对应的竖向指标进行重新排序。

(4) 将每一行样本点代入有限元软件进行计算，将得到相应的结构响应量，进而可以求得极限状态函数的函数值。各随机变量值和函数值组成了神经网络的训练样本集。

表 8.15 U_{50} 均匀设计表

	E	C	r	T	A_1	A_2	A_3	A_4	A_5	A_6	I_1	I_2	I_3	I_4	I_5	I_6
N1	1	3	11	13	17	19	21	23	27	29	31	39	41	43	47	49
N2	2	6	22	26	34	38	42	46	4	8	12	28	32	36	44	48
N3	3	9	33	39	1	7	13	19	31	37	43	17	23	29	41	47
N4	4	12	44	2	18	26	34	42	8	16	24	6	14	22	38	46
N5	5	15	5	15	35	45	5	15	35	45	5	45	5	15	35	45
N6	6	18	16	28	2	14	26	38	12	24	36	34	46	8	32	44
N7	7	21	27	41	19	50	47	11	39	3	17	23	37	1	29	43
N8	8	24	38	4	36	2	18	34	16	32	48	12	28	44	26	42
N9	9	27	49	17	3	21	39	7	43	11	29	1	19	37	23	41
N10	10	30	10	30	20	40	10	30	20	40	10	40	10	30	20	40

续表

	E	C	r	T	A_1	A_2	A_3	A_4	A_5	A_6	I_1	I_2	I_3	I_4	I_5	I_6
N11	11	33	21	43	37	9	31	3	47	19	41	50	1	23	17	39
N12	12	36	32	6	4	28	2	26	24	48	22	18	42	16	14	38
N13	13	39	43	19	21	47	23	49	1	27	3	7	33	9	11	37
N14	14	42	4	32	38	16	44	22	28	6	34	46	24	2	8	36
N15	15	45	15	45	5	35	15	45	5	35	15	35	15	45	5	35

8.3.4 风险概率计算

在主梁截面压应力失效模式下，对结构在施工期的风险概率进行分析。以第 11 号梁段施工（第 26 施工阶段）为例，介绍主梁施工风险概率求解的过程。

取 C50 混凝土抗压强度为 22.4MPa，根据应力限值准则，建立该施工阶段第 j 个梁段的极限状态函数如下：

$$g(x)_{26}^j = \sigma_L - \sigma_{26}^j = 22.4 - \sigma_{26}^j(E,C,r,T,A,I) \tag{8.8}$$

建立三层神经网络模型来近似替代上面的隐式极限状态函数。BP 神经网络的输入层为 16 个节点，隐含层为 6 个节点，输出层为 1 个节点。遗传算法的种群大小为 80，最大迭代次数为 300，采用随机联赛选择算子、散点交叉算子和高斯变异算子，其中联赛规模为 2。

将 50 组训练样本代入神经网络，根据设定的参数用遗传算法进行优化。为了检验所构建的网络，在各个变量取值范围内随机生成 10 组样本。图 8.12 为第 5 号块梁段检验样本的神经网络输出值和经有限元分析后的结果对比。由表 8.16 可知，神经网络训练效果比较好，最大相对误差为 4.211%，因此可以采用该神经网络近似代替龙门大桥第 11 号梁段施工时第 5 号梁段截面压应力与基本随机变量的映射关系。

在建立完 1~11 号块梁段的压应力与基本随机变量映射关系的神经网络模型后，利用二次二阶矩法等进行结构可靠度分析，其可靠度指标计算结果见图 8.13。在第 11 号梁段(26 阶段)施工时，各个梁段的可靠指标差别很大，其中可靠度指标最小的梁段为 5 号梁段；β_{26}^5=3.9833，相应的失效概率为 P_{f26}^5= 3.39824×10^{-5}，因此，基于串联等效体系，第 11 号梁段(26 阶段)体系的可靠度和失效概率为

$$\begin{cases} \beta_{26} = \min\left(\beta_{26}^1, \beta_{26}^2, \beta_{26}^3, \cdots, \beta_{26}^{11}\right) = 3.9833 \\ P_{f26} = \max\left(P_{f26}^1, P_{f26}^2, P_{f26}^3, \cdots, P_{f26}^{11}\right) = 3.39824 \times 10^{-5} \end{cases} \tag{8.9}$$

第 8 章 大跨度预应力混凝土 V 腿连续梁桥施工风险评估

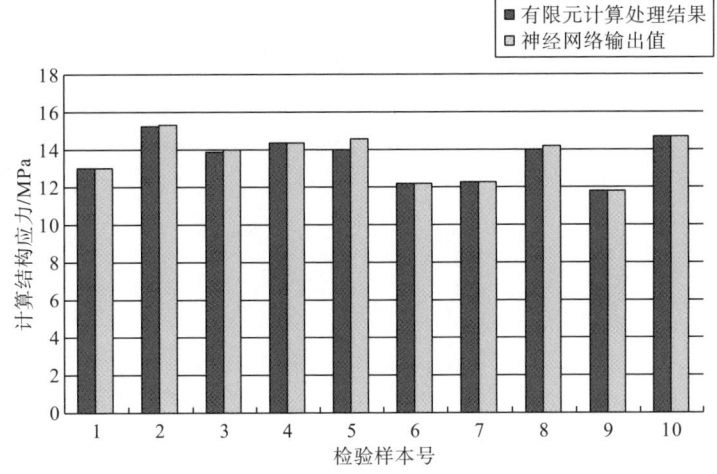

图 8.12 检验样本神经网络输出值与有限元处理值对比图

全部梁段(施工阶段)施工风险概率值计算结果见表 8.16 与图 8.13。

表 8.16 主梁各梁段(施工阶段)施工风险概率

施工阶段 i (梁段号)	C1(1#)	C2(2#)	C4(3#)	C5(4#)	C6(5#)	C12(6#)	C15(7#)
最危险梁段号 j	1#	1#	1#	1#	1#	5#	5#
最小可靠度指标 β_i^j	22.5231	19.6844	20.0485	17.1159	16.5467	6.3490	5.7205
施工阶段 i (梁段号)	C18(8#)	C21(9#)	C22(10#)	C26(11#)	C27	C30	C31
最危险梁段号 j	5#	5#	5#	5#	5#	5#	5#
最小可靠度指标 β_i^j	4.8925	4.5481	4.5347	3.9833	5.4288	5.3871	4.4533

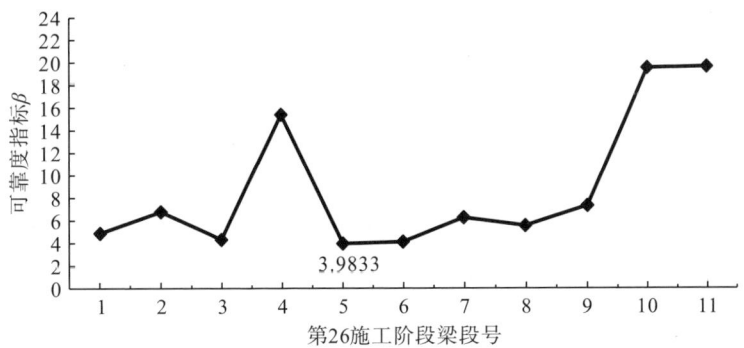

图 8.13 第 26 施工阶段(11 号梁段施工)主梁可靠度指标

按照计算 11 号梁段(26 阶段)施工可靠度指标的方法,依次计算了全部梁段施工的可靠度指标,见表 8.16。从表 8.16 可以看出,龙门大桥施工期主梁结构的可靠度指标在不同的阶段随作用的变化而变化。在 V 腿施工期间，1#、2#梁段浇筑时，混凝土的流动性和梁段之间存在高差，对 V 腿根部产生了很大的压应力，从而使得 1#梁段的压应力比较大；浇筑 3#梁段时，在 V 腿外侧设置了临时支墩，整个结构的受力由支座和临时支墩承受，V 腿的受力变得相对均匀；随着 4#梁段和 5#梁段的浇筑，整个结构的荷载全部作用在 V 腿结构上，此时在 V 腿和腹拱交接处、腹拱和主梁交接处应力都比较集中，同时为了控制 V 腿的变形和水平力，张拉临时拉索时，V 腿上作用的压应力进一步增大；浇筑 6#主梁节段时，V 形结构形成了一个几何不变体，同时随着预应力束的张拉，在 V 形结构的各主梁上产生了很大的压应力，结构的可靠度指标明显下降；在浇筑边跨的梁段时，V 形结构的支架已经拆除，同时随着预应力束的张拉，V 形结构的主梁要承受越来越多的预应力，主梁截面承受很大的压应力，结构的可靠度指标进一步下降；在边跨、中跨合龙后，桥梁结构形成一个比较完整的受力体系，各个梁段共同参与受力，第 5#主梁截面承受的压应力有减小的趋势。

从整个施工过程和表 8.16 看，第 5#主梁截面的可靠度指标最小，由结构失效概率计算方法可知，龙门大桥施工期间主梁结构的最小可靠度指标为 $\beta=\min\bigl[\min \beta_1^1,$ $\min(\beta_2^1,\beta_2^2),\min(\beta_3^1,\beta_3^2,\beta_3^3),\cdots,\min(\beta_{31}^1,\beta_{31}^2,\beta_{31}^3,\cdots,\beta_{31}^{31})\bigr]=\beta_{26}^5$，$\beta=3.9833$，对应的最大失效概率为 $P_f=3.39824\times10^{-5}$，β_{26}^5 即为龙门大桥串联等效体系的可靠度指标，如图 8.14 所示。

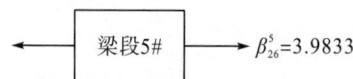

图 8.14　龙门大桥简化串联等效体系

8.3.5　风险损失估计

基于龙门大桥风险因素识别结果和风险概率计算找到的主梁最不利截面位置，采用风险估计方法，对其进行后果估计。

在整个施工过程中，第 5#梁段发生强度破坏，导致整个 V 形结构的主梁不能使用，同时从第 5#梁段开始，第 6～11#梁段无法继续使用，建议进行拆除重建，梁段总长为 85m，主梁造价(包含建安费)为 12 万元/延米。

根据构件和工程本身的重要性程度，取 $\beta=1.50$，$\delta=8.00$，风险损失由直接经济损失和间接经济损失组成，则施工期该工程的风险损失为

$$D_L=D_Z+D_J=[1+\delta(B_i)]\times[1+\beta(B_i)]\times C$$
$$=(1+1.5)\times(1+8)\times(85\times12)$$
$$=22950(万元)$$

在压应力失效模式下，第 26 施工阶段主梁风险值为
$$L = P_f \times D_L = 3.39824 \times 10^{-5} \times 22950 \times 10^4 = 7798.96(元/桥)$$
同理计算第 27 施工阶段、30 施工阶段和 31 施工阶段的风险值，计算结果见图 8.15。

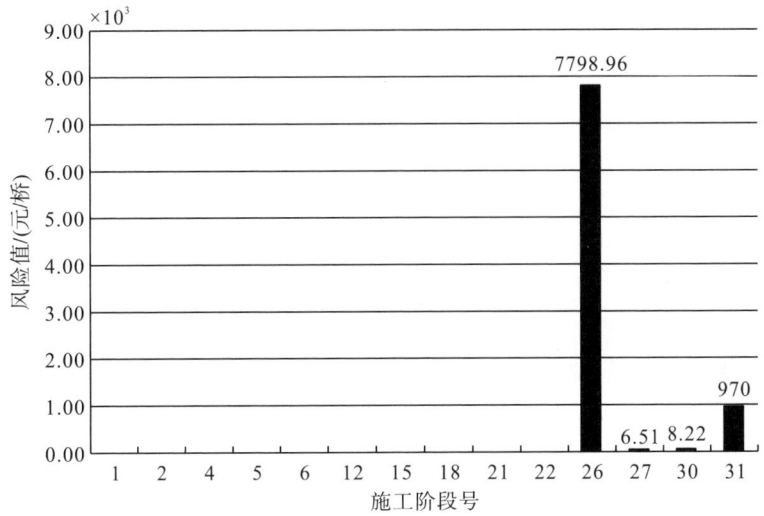

图 8.15 压应力失效模式下各施工阶段的风险值

8.3.6 风险评价

假定桥梁工程施工风险的最大可接受标准为 $L^* \leqslant 50000$(元/年/桥)。从图 8.15 可以看出，龙门大桥在施工期间，最大的施工风险值为 7798.96(元/桥)，根据龙门大桥的相关文件，龙门大桥的上部结构施工工期为 1 年，这样可以得到龙门大桥整个施工期间内的主梁风险值 L=7798.96(元/年/桥)。该风险值相对于拟定的龙门大桥最大允许风险值 $L^* \leqslant 50000$(元/年/桥)，满足条件 $L<L^*$，说明龙门大桥施工阶段的风险是可接受的，在定性的评价范围内，风险发生的等级为二级，属于中等风险，说明风险有可能会发生，因此各方应尽快采取措施降低风险，保障桥梁安全、顺利施工。

8.3.7 风险应对措施

经过风险识别、估计和评价后，对龙门大桥的施工风险有了一定的了解，为了减少和降低风险造成的损失，提出以下几点应对措施。

（1）对于桥梁建设者来说，结构的安全和造价是其最为关心的两件事，也就是说如何以最小的造价获得比较安全的结构是建设单位最注重的。因此针对结构施工风险，建设单位可以考虑采取风险转移、风险缓解、风险预防或者风险自留等方式予以应对，同时当建设单位认为接受此风险的代价过大时，可以考虑放弃方案，在结构安全和造价的平衡中做出一个合理的决策。

（2）对于施工风险来说，其本质是风险源的存在。针对具体的结构施工时，为了降低施工期间各种误差对结构安全的影响，可以加强施工管理和监督，同时加强施工监控等。在龙门大桥进行V形结构施工时，作为第三方的监控单位，首先要重点考察识别出风险因素对施工安全的影响，也要具体关注V腿的根部和V腿腹拱交接处以及主梁和腹拱顶部交接处，在这些部位存在着应力集中的现象，在埋设仪器时，在这些关键部位可以多预埋几个传感器。同时应根据结构实际状态进行计算分析和实时跟踪反馈，为结构安全提供数据基础。

（3）对施工方来说，桥梁的建设工期一般都比较长，在施工期间存在极大的不确定性，而现有的工程建设大部分采取工程承包制度，施工期间出现的风险大部分由施工方承担。针对这一情况，施工方更要采取恰当的分析和正确的预测加强对风险的管理，提高工作人员的风险管理意识、加大管理人员的安全教育、严格遵守施工组织文件、健全风险管理体系等对于降低风险损失有重要作用。

参 考 文 献

[1]李仁杰. 带拱形支撑的V腿PC连续梁桥静力性能研究[D]. 重庆：重庆交通大学，2021.

[2]郭平. 基于体系可靠度的连续梁施工风险分析[D]. 重庆：重庆交通大学，2016.

[3]张杰. 大跨度桥梁施工期风险分析方法研究[D]. 上海：同济大学，2007.

[4]Fabian C，Hadipriono F C. Analysis of Events in Recent Structural Failures[J]. Journal of Structural Engineering，1985，111（7）：1468-1481.

[5]李永盛，陶履彬，肖汝诚，等. 崇明越江通道工程风险分析研究报告[R]. 上海：同济大学，2003.

[6]张永清，冯忠居. 用层次分析法评价桥梁的安全性[J]. 西安公路交通大学学报，2001，21（3）：52-56.

[7]朱瑶宏. 杭州湾跨海大桥项目施工期风险分析[D]. 成都：西南交通大学，2004.

[8]阮欣，陈艾荣，石雪飞. 桥梁工程风险评估[M]. 北京：人民交通出版社，2008.

[9]张喜刚. 公路桥梁和隧道工程设计安全风险评估[M]. 北京：人民交通出版社，2010.

[10]阮欣. 桥梁工程风险评估体系及关键问题研究[D]. 上海：同济大学，2006.

第 9 章　风险控制及对策研究

为了降低安全风险事件的发生概率以及风险事件造成的损失，进行安全风险应对措施的研究是施工项目中不可避免的部分。传统的安全风险应对措施主要有风险规避、风险转移、风险缓解、风险自留四个方面[1]。从理论上讲，有必要根据项目风险的实际情况以及风险承担主体的责任范围、承受能力以及抗风险能力等来确定桥梁项目风险的应对策略和应对措施。

9.1　不同主体对风险的态度

工程实践表明，大部分决策者一般是比较保守的，而追求风险者和中立者则较少[2-4]。在工程项目建设中，不同主体由于在工程项目中担负的责任不同而对风险的态度也不尽相同。下面就业主、设计方、承包商以及科研咨询机构等不同主体对待风险的态度进行讨论。

9.1.1　桥梁建设者——业主

业主是桥梁结构的所有者和主要受益者，结构的长期安全与正常运营是业主所期望的，同时业主又是桥梁的建设者，桥梁建设、养护的资金来源也主要是业主，所以其对桥梁的总造价也是最关心的，从这一层意思上来说，如何以最低的造价获得比较安全的结构是业主最为关心的，在许多工程决策中也许业主更为关注安全与造价之间的平衡。

但对于国内目前的桥梁工程建设机制，桥梁建设资金大部分来源于国家或地方交通主管部门，结构的造价与结构失效后引起的损失、社会影响相比，国家或地方交通主管部门更倾向于尽可能降低结构失效概率和失效损失，因为结构失效给决策者所带来的负面影响要远大于为工程建设节约投资带来的经济效应。因此，尽管从造价与安全之间的平衡角度考虑是一个合理的决策，可能在最后决策时还是更愿意采取比较保守的决策方案。

9.1.2 桥梁设计者——设计方

设计方是桥梁结构的设计者，结构的安全与造价直接取决于设计，同时结构造价也是设计者所比较关心的，但在现有的设计制度、环境下设计者往往会采取保守的决策。

9.1.3 桥梁建造者——承包商

承包商（施工方）是桥梁结构的建造者，大型桥梁结构的施工期一般较长（3～6年），其间存在极大的不确定性，而现有的工程建设大部分采取工程承包制度，施工期间所出现的风险大部分要施工方承担，从自己的切身利益出发，桥梁施工期间的桥梁保险越来越多地为桥梁施工者所采用。另外，施工期间也是桥梁安全性最差的时期，这个时期存在的不确定性因素对桥梁安全的影响最大，许多工程事故也都是在桥梁施工期间发生的。工程承包商对桥梁工程项目的风险是直接的承担者，因此其更愿意通过购买保险等措施实现风险的转移。

从另一个角度也可以认为，工程承包商对桥梁工程的风险与造价的决策是比较理智的，更愿意取得两者的平衡。

9.1.4 科研咨询机构

大型桥梁的建设都离不开科研咨询机构的参与，而科研咨询机构许多新的技术与研究成果也是通过桥梁工程项目得以在实际中应用。以苏通长江公路大桥为例，相关的研究专题就有51个之多，涉及测绘、冲刷、水文、地质、气象、地震、船舶、下部结构、上部结构、抗风抗震、施工及成桥运营管理12个方面。许多关键参数的选取都直接或间接来源于这些专题研究成果，参数选取的"保守"与"冒险"也将直接影响工程结构的风险与造价，甚至会影响结构的主体设计。

综合以上分析可以看出，鉴于目前的建设体制和科研进展现状，业主、设计方、承包商及科研咨询机构等都普遍采用保守的做法，然而这样决策其风险程度仍是一个未知数，在结构的造价与风险之间目前还无法建立一个比较直观的联系。而这种联系建立的迫切性却早已被许多研究者所关注，如何在许多关键参数的选取上体现结构造价与风险的平衡显得十分重要。

9.2 工程风险应对策略介绍

风险应对策略的确定与风险承受主体的风险承受能力和抗风险能力息息相关[5-7]。工程风险管理的核心任务就是对工程项目存在的风险进行归类，根据风险指标的大小选择风险规避、风险转移、风险缓解与风险自留等措施加以管理。

9.2.1 风险规避

风险规避(risk avoidance)就是通过更改设计、更改参数来消除可能发生的风险及风险的损失。从施工管理的角度，最彻底消除风险的方法是风险规避。在工程项目风险管理中，属于风险规避的方法有终止法、工程法及程序法。

1. 终止法

终止法是避免风险的基本方法，通过中止一个项目的实施方法或修改项目计划规避风险。对于最大悬臂端竖向位移风险而言，如果通过风险分析，发现最大悬臂端位移大得无法接受，则可以选择改变桥梁设计方案(如改变桥跨布置)来规避风险。

2. 工程法

工程法规避风险是有形的，以实际施工技术为支撑，降低工程风险。工程法的核心就是避免风险因素的发生、消除现有的风险因素。如施工单位将安全网设置在高空作业下方、在一些施工洞口附近设置围栏是十分典型的工程法规避风险的措施。

3. 程序法

程序法可以以无形的方式避免风险的发生以及不必要的损失。这种方法是以一种十分制度化的方式进行项目活动。从宏观上，我国工程项目建设中规定有工程建设基本程序，是工程建设经济内部规律的反映；在实施项目建设过程中，按照程序对一些重要的环节逐步进行审查和批准，以防为后续工作留下不利条件、风险诱因等。

综上可以看出，风险规避是应对风险的有效策略，但该策略也存在一些缺点，如风险规避可能在某种程度上会阻碍创新(如任何新技术的应用都会有一定的风险)，或有时是不现实的(如要求放弃计划或彻底改变计划等)，同时风险规避还受到信息不完整的制约。

9.2.2 风险转移

在实际工程中，有些风险是必须面对的，必须借助风险转移来直面风险。风险转移是以一定的代价将某风险可能产生的后果以及风险应对的责任和权利转移给第三方。由此可以看出，风险转移只是将风险管理的责任转移出去，而风险本身并没有消除，但可以在工程项目进行中通过第三方的有效管理来达到降低风险的目的，因此，这种风险应对策略在工程实际中也是很值得提倡的。转移风险的方式具体分为两类：非保险转移和保险转移。

1. 非保险转移

采用担保或履约保函方式转移风险，通过第三方（如银行、保险公司）出具的履约担保或履约保函，将承包人可能出现的风险转移给出具担保的保险公司或出具保函的银行；以分包的形式转移风险，即履行合同过程中承包商当遇到一些特殊的施工项目（具有较大的风险）时，可以将其转包给经验丰富的承包商，从而降低自身风险以及工程风险；采用适当的合同计价方式转移风险，运用合同条件转移风险。从以上三种非保险转移模式来看，采用担保或履约保函方式只是风险的转移，不能从根本上降低风险；而工程分包不仅可以转移风险，还可以降低风险。

2. 保险转移

保险作为风险转移的一种主要方法，已经在人寿、财产、火灾等诸多领域有广泛的应用，对于工程项目的风险应对而言，也是一种主要的措施。工程保险是指业主、承包商或其他被保险人向保险人支付保险费，一旦被保险人的风险发生，造成相应的损失则按保险合同来给予补偿的一种制度。保险是一种风险转移的方法。

9.2.3 风险缓解

尽管风险规避和风险转移是工程风险应对的首选措施，但在有些情况下通过一些措施来降低风险发生的可能性或减轻损失可能会得到较好的技术经济效果，这便是风险缓解。即将项目风险产生的损失或发生的概率降低到某一可接受程度，风险缓解的根本是减轻风险，这包括风险发生的概率和风险产生的损失。控制风险的关键就是确定风险的可接受程度，这由项目具体情况、项目控制目标以及对风险的认识程度来决定。

风险缓解的具体措施包括降低风险概率、减小风险损失、疏散风险和其他后备措施等。风险缓解与风险规避和风险转移有本质的区别,风险缓解不是从根本上消除风险,而是在承认风险客观存在的前提下,采用适当方法来降低风险发生的可能性或减小损失。

9.2.4 风险自留

风险自留是一种风险结果由风险项目主体自行承担的风险应对策略。风险自留是一种风险财务技术,明知有风险而不去转移或控制,一旦风险发生,则通过自身的财力弥补损失。风险自留要求对风险损失有充分的估计,其损失不超过项目主体的风险承担能力。采取风险自留策略,则必须要制定一个应对策略,另外,从风险自留处理的风险来看,应该是一些残留风险,且即使发生损失也不是很大,是项目主体可以承担的。

综合以上四种风险应对策略可以看出,风险应对策略的制定不仅是一个技术问题,同时还涉及风险接受主体的风险态度以及接受能力等多方面因素,应对策略的现实选择应综合考虑这些因素,因此风险应对策略的制定是一个决策问题。

9.3 风险应对策略

根据大桥的实际施工状态,业主、设计方、承包商、科研咨询机构对风险的态度,结合具体风险因素,提出桥梁施工风险的主要应对策略[1,8]。

独塔单索面斜拉桥施工风险的主要应对策略见表9.1。

表 9.1 风险因素应对方法

排序	风险因素	风险应对策略
1	D_{29} 最大单悬臂状态的梁端竖向位移	风险规避(终止法)
2	D_{30} 最大双悬臂状态由于单索面影响的抗风稳定性	风险规避(工程法)
3	D_{22} 地震	风险转移(保险转移)
4	D_{45} 拉索安装精度低,锚固区局部弯曲应力过大,引起拉索断裂	风险缓解(降低发生概率)
5	D_{32} 钢桁梁施工对既有道路及管线的影响	风险规避(工程法)
6	D_{38} 螺栓连接处节点损坏	风险规避(程序法)
7	D_{23} 墩梁临时固结解除过程中发生事故	风险缓解(降低发生概率)
8	D_{33} 钢梁运输船吊装时晃动	风险规避(程序法)

续表

排序	风险因素	风险应对策略
9	D_{51} 索力调整难度大,索力绝对值与应对位置索力差超标	风险规避(工程法)
10	D_{42} 未对锚头采取严格的保护措施	风险避避(程序法)
11	D_{24} 梁体运输过程中横向支撑不足	风险规避(工程法)
12	D_{46} 斜拉索张拉过程中出现钢绞线断丝、扭曲现象	风险规避(工程法)
13	D_9 索塔锚固区的受力不可靠	风险缓解(降低发生概率)
14	D_{37} 支架不均匀沉降,引起构件整体失稳	风险规避(工程法)
15	D_{27} 合龙温度选取及合龙控制措施不当	风险缓解(降低发生概率)
16	D_{39} 单根钢管的垂直度以及接头质量差	风险规避(程序法)
17	D_{12} 过往船舶熄火或失控	风险规避(工程法)
18	D_{48} 拉索 PC 套管发生火灾事故	风险规避(工程法)
19	D_{25} 合龙精度差	风险规避(程序法)
20	D_{36} 桥面吊机吊装过程中出现碰撞晃动,引起构件破损、钢丝绳断裂等问题	风险规避(工程法)
21	D_{50} 索力均匀性较难控制	风险规避(程序法)
22	D_8 塔身倾斜度超标	风险规避(程序法)
23	D_{41} 斜拉索损伤	风险规避(终止法)
24	D_{28} 拉索与索孔轴线不一致	风险缓解(降低发生概率)
25	D_{31} 临时支架整体坍塌	风险规避(工程法)
26	D_1 桥塔横梁锚固区混凝土开裂或破碎	风险自留
27	D_{16} 主塔失稳	风险自留
28	D_7 侧拉板与混凝土塔壁间的连接不可靠	风险规避(工程法)
29	D_{26} 成桥线形不光滑	风险规避(工程法)
30	D_{44} 斜拉索过张或拉索锚固装置失效,引起拉索断裂、回弹	风险规避(工程法)
31	D_{10} 塔身施工残余预应力过大	风险规避(工程法)
32	D_{21} 船舶撞击	风险转移(保险转移)
33	D_{34} 桥面板焊接造成触电或火灾	风险规避(程序法)
34	D_{11} 施工荷载与设计值相差很大	风险规避(工程法)
35	D_{40} 高强螺栓未拧紧	风险缓解(降低发生概率)
36	D_{47} 施工期内斜拉索疲劳破坏	风险自留
37	D_5 大体积混凝土浇筑的水化热问题	风险规避(工程法)
38	D_{35} 桥面吊机吊装过程中,由于刹车或限位系统失效而引起的倾覆事故	风险规避(工程法)
39	D_{43} 斜拉索提升、牵引过程中,钢丝绳或钢绞线发生断裂事故	风险自留
40	D_{49} 斜拉索索力控制精度低、索力偏差大,引起结构线形及受力状态发生显著变化	风险规避(工程法)

续表

排序	风险因素	风险应对策略
41	D_3 混凝土保护层不足	风险规避(工程法)
42	D_{15} 支撑体系的施工质量差	风险规避(终止法)
43	D_4 混凝土的施工工艺不合理	风险规避(工程法)
44	D_{14} 模板安装质量及工艺不满足精度要求	风险规避(工程法)
45	D_{17} 塔吊抗风能力不足	风险规避(工程法)
46	D_{18} 洪水	风险转移(保险转移)
47	D_{13} 钢锚箱的定位不满足精度要求	风险规避(工程法)
48	D_2 节段浇筑完成后未及时处理塔身施工预埋件	风险规避(程序法)
49	D_6 混凝土表面蜂窝麻面	风险规避(程序法)
50	D_{19} 台风	风险转移(保险转移)
51	D_{20} 高空坠物	风险规避(工程法)

9.4 安全风险应对措施分析

9.4.1 工程施工安全管理措施

工程安全管理措施是指在生产活动过程中制定一套科学的制度分析生产过程中的各类风险因素,同时降低安全风险事件的发生概率,例如建立安全管理制度、成立安全管理机构、配备安全设施等。安全管理措施还将人、材、机、环境有效结合起来,提高生产效率的同时还可以保证安全生产。随着社会的快速发展,施工技术和施工工艺已经越来越成熟,各行各业也开始越来越重视安全生产,目前很多企业都已经形成了独立的工程安全管理体系。

只要存在生产经营活动就有安全生产事故发生的可能,因此,安全生产经营活动是每个企业管理的重要部分,工程安全管理是保证生产顺利进行不可缺少的措施。安全管理措施主要包括以下几个部分。

(1)建立各项安全管理制度。主要包括建立健全企业安全生产责任制,制定满足生产活动的各项规章制度和操作规程。

(2)安全管理机构的建立和人员配置。各参与企业要建立健全的安全管理机构,并配备专业的人员。

(3)建立安全培训、教育和考核制度。对所有的工作人员进行定期的安全培训、安全教育,对于特种作业人员要进行定期的考核。

(4)安全生产过程的控制和管理。主要包括工艺操作、重要岗位、特种作业、特种设备、重要施工阶段、重大风险源的控制和管理。

(5)安全生产监督和检查。主要指对各种危险和安全隐患的督促整改,及各项安全生产制度的督促实施。生产过程中的检查形式有自检、互检、综合检查、专项检查、季节性检查等。

9.4.2 基于人因因素和环境因素的风险应对措施

对于高危作业,需要制定严格规范的人员审查制度,选用高素质、能力强的人员从事,具体人员选择指标如下:

(1)生理指标。施工人员的各项生理指标要符合作业要求,对作业人员进行生理测试,各个工作岗位的工作人员生理情况都要符合要求。

(2)心理指标。定期对工作人员进行心理测试,要求各个岗位的工作人员不得存在心理缺陷等情况,要定期对工作人员进行心理沟通和思想教育。

(3)技术指标。对高危作业或其他特种作业,要求人员持证上岗,并在正式工作前对其技术能力进行测评,符合要求才能入岗。

(4)教育指标。对各岗位人员定期进行安全教育培训,培养工作人员较强的安全意识,不定期对工作人员进行安全意识检测评估。

(5)素质指标。工作人员的素质也可以称为对政策方针的服从程度,无论是施工现场的工作人员还是管理部门的管理人员都要遵循相关的规章制度,提高工作质量,严禁出现消极怠工、违反规章制度的现象。

同时,人因失误在很大程度上与环境因素有关,因此有必要为工作人员营造良好、舒适的环境,具体如下:

(1)减小自然环境因素影响。在高温、寒冷、潮湿等天气情况下,对施工设备要采取防护措施;在暴雪、大风等极端天气情况下,要及时暂停作业。

(2)改善员工生活环境。通过安装空调、隔音板等措施提高员工生活空间的舒适度,并与工作区进行适当的隔离。

(3)改善作业环境。科学摆放施工机具设备的作业位置,对危险施工区域采取隔离措施,并采取高安全系数的防护措施,提高工作人员的安全感;同时施工原材料的堆放要安全合理,维持良好的施工秩序。

(4)关心员工家庭状况。关注员工家庭状况,当工作人员家庭出现困难时,要第一时间予以慰问和帮助,使工作人员安心工作。

(5)营造良好社会环境。对工作人员的工作采取相应的奖罚措施,增强员工的工作积极性,增强工作人员的使命感和荣誉感,营造良好的工作环境。

9.4.3 基于具体风险事件的风险应对措施

在山区超高互通立交箱梁现浇的施工过程中，重要的安全事故依次为支架失效事故、高空坠落事故、施工机具事故、模板爆裂事故、物理因素事故、其他安全事故、化学因素事故、桥梁坍塌事故和自然灾害事故。针对风险概率较高的安全风险事件，应采取相应的安全风险应对措施，降低箱梁现浇过程中的风险。

支架失效事故应对措施如下：

(1) 对支架材料进行强度试验，验证其强度是否满足规范要求。

(2) 定期检查支架的搭设质量，特别是竖向钢管之间的连接是否符合要求，保证竖向钢管的垂直度，检查支架是否有松动、滑丝的现象，对支架搭设人员进行技术考核，确保其技术合格，确保支架搭设符合设计规范。

(3) 检验支架基础的强度是否符合规范要求，检验支架基础是否水平，检验支架基础排水是否顺畅。

(4) 对支架预压方案进行评审，确定其适用性，在支架预压过程中，要确保预压荷载均匀分布，避免出现集中分布，导致的支架不均匀沉降现象。

(5) 箱梁现浇过程中确保混凝土浇筑的力度、速度、角度，混凝土振捣力度要控制在适宜范围内，避免振捣力度过大造成支架坍塌。

(6) 设置防护措施，避免支架受到外力冲击。

高空坠落事故应对措施如下：

(1) 加强工作人员的安全教育，特别是特种作业人员，要定期进行安全教育培训和检查。

(2) 对高空作业，设置安全防护网、安全带、挡脚板等，并定期检查安全防护措施的安全系数。

(3) 安全作业应设置联系信号或通信装置，并由专职人员负责。

(4) 严禁高空作业期间，工作人员发生肢体冲突的行为，严禁高空行走攀爬时手持物件。

(5) 严禁利用起吊设备、升降设备运送人员；及时清除脚手架上的零散物件，以免工作人员在行走过程中摔倒发生意外事故。

(6) 高空作业地点必须设置安全通道，通道内不得堆放过多的物件，必须及时清理通道内的堆放物。

(7) 严禁在 6 级以上大风天气进行施工作业活动。

施工机具事故应对措施(混凝土浇筑过程)如下：

(1) 在布置混凝土浇筑泵送管道时，尽量缩短管线的长度和弯曲度，少用软管和弯管以减少堵管现象。

(2)泵送混凝土前对泵送管进行润滑处理,泵送管的拐弯处要进行加固处理,避免远距离的泵送时发生泵送管爆炸、开裂现象。

(3)混凝土泵刚开始浇筑时要控制泵送速度,开始泵送时管道会受到较大的阻力,要较匀速地加快泵送速度;为了确保混凝土的质量和施工进度,需要操作人员严格控制泵送过程。

(4)在泵送混凝土的过程中要加强对高压管、低压管、弯管等的检查,因为在混凝土的泵送过程中,泵管会出现相应的磨损现象,如不仔细检查,有可能会出现爆管等影响施工进度的情况。

(5)定期对机械设备进行维修检查,特别是塔吊、起重设备,例如:塔吊节段的连接方式一般为螺栓连接,在塔吊使用之前要检查螺栓是否松动、螺帽垫片是否齐全;对3年新的塔吊检查频率为2周一次,3年以上塔吊检查频率为1周一次。塔吊基础的强度一般要求达到设计要求的80%以上,塔吊基础必须平整无坑洼现象,基础水平度不能超过1/1000等。同时也要对各类机具设备进行维修管理,减小工作人员使用时发生安全事故的概率。

参 考 文 献

[1]郑慧君. 单大跨度单索面钢桁梁斜拉桥施工风险分析[D]. 重庆:重庆交通大学,2014.

[2]阮欣,陈艾荣,石雪飞. 桥梁工程风险评估[M]. 北京:人民交通出版社,2008.

[3]张喜刚. 公路桥梁和隧道工程设计安全风险评估[M]. 北京:人民交通出版社,2010.

[4]阮欣. 桥梁工程风险评估体系及关键问题研究[D]. 上海:同济大学,2006.

[5]余建星. 工程风险评估与控制[M]. 北京:中国建筑工业出版社,2009.

[6]郭平. 基于体系可靠度的连续梁施工风险分析[D]. 重庆:重庆交通大学,2016.

[7]张倩萍. 山区超高互通立交混凝土箱梁现浇安全风险评估[D]. 重庆:重庆交通大学,2019.

[8]李中华. 大跨度自锚式悬索桥施工风险评估方法研究[D]. 重庆:重庆交通大学,2019.